Kindertageseinrichtungen: Qualitätsentwicklung im Diskurs

D1734923

Armin Schneider
Sylvia Herzog
Catherine Kaiser-Hylla
Ulrike Pohlmann

Kindertageseinrichtungen: Qualitätsentwicklung im Diskurs

Theorie, Praxis und Perspektiven
eines partizipativen Instruments

Mit Gastbeiträgen von Monika Frink,
Michael Quinn Patton und Xenia Roth

Verlag Barbara Budrich
Opladen • Berlin • Toronto 2015

Bibliografische Information der Deutschen Nationalbibliothek
Die Deutsche Nationalbibliothek verzeichnet diese Publikation in der Deutschen
Nationalbibliografie; detaillierte bibliografische Daten sind im Internet über
http://dnb.d-nb.de abrufbar.

Gedruckt auf säurefreiem und alterungsbeständigem Papier.

ISBN   **978-3-8474-0706-5 (Paperback)**
eISBN   978-3-8474-0855-0 (eBook)

Umschlaggestaltung: Bettina Lehfeldt, Kleinmachnow – www.lehfeldtgraphic.de
Lektorat: Anja Borkam, Jena
Druck: paper & tinta, Warschau
Printed in Europe

Inhalt

Einleitung

Kindertageseinrichtungen sind längst zu einem festen Bestandteil der Biografie junger Menschen geworden. Sowohl der Anteil der betreuten Kinder als auch die Zeit, die sie in einer Kindertageseinrichtung verbringen, steigen seit Jahren (vgl. Rauschenbach 2014). Daher ist es umso wichtiger, nach der Qualität dieser Bildung, Erziehung und Betreuung zu fragen, oder noch besser, hierzu verlässliche Antworten zu geben, wo denn „Stellschrauben" zur Gewährleistung einer guten Qualität liegen.

Ausgehend von dem rheinland-pfälzischen Projekt „Kita!Plus", in dem vor allem die Eltern-, Familien und Sozialraumorientierung der Kindertageseinrichtungen im Fokus steht, soll in diesem Band die Entwicklung eines Instrumentariums zur „Qualitätsentwicklung im Diskurs" dargestellt und in seinen Hintergründen und Ergebnissen diskutiert werden.

Alle Bildungs- und Erziehungsempfehlungen, -leitlinien und -pläne der Bundesländer legen Wert auf die Einbeziehung und die Beteiligung der Eltern und Familien und heben die Bedeutung der Nutzung des Sozialraumes hervor.

„Qualitätsentwicklung im Diskurs" setzt an diesen Grundlagen an und fragt nach den Möglichkeiten der Qualitätsentwicklung in den beiden Feldern Eltern- und Familien- sowie Sozialraumorientierung. Dabei ist beabsichtigt, dass das Instrumentarium auch ergänzend zu bereits bestehenden Qualitätsentwicklungskonzepten genutzt werden kann. Entgegen vielen vorherrschenden Qualitätsmanagementmethoden, mit denen Einzelheiten gemessen, Standards vorgegeben und diese dann per Audit „abgefragt" werden, wurde mit „Qualitätsentwicklung im Diskurs" der (im Ergebnis erfolgreiche!) Versuch unternommen, einen qualitativen Zugang zum Thema Qualität zu finden, der von einer starken Partizipation und dem sich aus dieser ergebenden Diskurs aller Beteiligten ausgeht.

Ein wesentlicher Faktor ist dabei die Reflexion der Haltung pädagogischer Fachkräfte, die bei diesem Instrumentarium im Vordergrund steht. Diese soll weder als Alibi im Sinne von „die Haltung kann alle anderen Defizite übertünchen" noch als Allheilmittel gesehen werden. Vielmehr wird davon ausgegangen, dass eine pädagogische Haltung Einstellungen umfasst, die sich auch im konkreten Handeln niederschlagen. Es zeigt sich, dass sich eine professionelle Haltung nur dann entfalten kann, wenn sich im sprichwörtlichen Sinne auch Raum zum „Ausstrecken" bietet. Haltung kann nicht ohne Rahmenbedingungen auskommen, weder die Haltung der Träger, noch die Haltung der Leitungen, noch die Haltung der pädagogischen Fachkräfte. Und Haltung hat ihre Geschichte: Haltungen lassen sich nicht „verordnen" oder „per Dienstanweisung verändern", sondern sie bedürfen einer wertschätzenden Kommunikation und Reflexion auf allen Seiten.

Dabei wird zwar von dem Interaktionsgeschehen zwischen pädagogischen Fachkräften und Kindern ausgegangen - aber nicht stehengeblieben. Kompetenz und damit Qualität liegen im System der Kindertageseinrichtung, dazu gehören Träger, Leitung, Team, Kinder, Eltern und Sozialraum. Wesentlich ist dabei eine Kompetenz eines gesamten Systems in einer gemeinsamen Verantwortung (vgl. CORE-Studie: European Commission 2011).

Wenn Kinder die Bürger_innen und damit Entscheider_innen der Zukunft sind und Gesellschaft in der Zukunft gestalten, dann brauchen sie nicht erst in der Zukunft gute Rahmenbedingungen, verlässliche Beziehungen und Bildungsangebote. Genau wie Kinder im „Jetzt und Hier" leben, so muss auch die Qualität in den Kindertageseinrichtungen im „Jetzt und Hier" gewährleistet sein.

Dass dies gelingen kann, dazu will „Qualitätsentwicklung im Diskurs" ihren Beitrag leisten und die Notwendigkeit dessen in den Diskurs aller Verantwortungsträger_innen in einem kompetenten System einbringen. Nur wer in Bildung, Erziehung und Betreuung der Kinder investiert und die sich wandelnden „Normalbiographien" mit einer qualitativ hochwertigen Bildung, Erziehung und Betreuung bereichert, kann verlässlich darauf hoffen, dass sich Kinder und Jugendliche aus gelingenden Beziehungen heraus zu dem entwickeln, was das Kinder- und Jugendhilfegesetz als „selbstständige und gemeinschaftsfähige Persönlichkeit" als Ziel aller Kinder- und Jugendhilfe vorgibt.

Wie schön wäre es für die Kinder und für uns als Gesellschaft, wenn wir uns durch diese Investition in die Zukunft unserer Gesellschaft Kosten sparen könnten, die spätere Interventionen in den Biographien der Kinder und Jugendlichen erforderlich machen, nur, weil die Grundlagen falsch gelegt wurden. Oder noch besser und wirtschaftlicher durch James Heckman ausgedrückt:

Die Rendite selbst bei kostenintensiven Frühförderprogrammen ist hoch, nach unseren Kalkulationen zwischen sieben und zehn Prozent, das ist viel mehr als das, was Sparbücher oder Investitionen an der Börse bringen (Heckman 2013: 68).

In der Bildungs- und Sozialpolitik in den Parlamenten auf Bundes-, Landes- und kommunaler Ebene die Ausgaben für Kindertageseinrichtungen als renditeträchtige Investitionen zu behandeln, hätte in der Tat eine neue Qualität! Dennoch sollte diese Investition in Menschen nicht nur unter einem ökonomischen Nutzenkalkül sondern aus der Haltung einer Menschenwürde heraus geschehen.

Der vorliegende Bericht des Forschungsprojekts mit den Schwerpunkten der Eltern-, Familien- und Sozialraumorientierung soll die Perspektive auf eine positive Entwicklung der Qualität von Kindertageseinrichtungen eröffnen. Die vorliegende Publikation gliedert sich in vier inhaltliche Teile: die Grundlagen, Hintergründe, die eigentliche Forschungsarbeit und die Ergebnisse, die in Form des Instrumentariums und dessen Diskussion wiedergegeben werden. Der Diskurs war im Laufe des Projektes durch den fachpolitischen Landesbeirat und durch die Nutzung von verschiedenen Expert_innen gegeben. An dieser Stelle ein ganz herzliches Dankeschön an Monika Frink, Ralf Haderlein, Gerhard Kuntze, Sonja Kubisch, Michael Quinn Patton, Martin Schmid und Uwe Schmidt, die uns mit ihrer Expertise in verschiedenen Projektphasen unterstützt haben. Besonderer Dank gebührt dem fachpolitischen Beirat, der das Projekt in neun Beiratssitzungen sowie im Verlauf immer wohlwollend, konstruktiv und mit dem langjährigen Expertenwissen begleitet und das Projekt mitgestaltet hat. Nicht zuletzt waren uns die Mitarbeiter_innen des Grundsatzreferates im Ministerium für Integration, Familie, Kinder, Jugend und Frauen unter der Leitung von Xenia Roth wichtige Impulsgeber_innen und Diskurspartner_innen, die vieles ermöglicht haben.

Um diese Kultur des Diskurses auch in dieser Publikation deutlich werden zu lassen, konnten wir Monika Frink, Michael Quinn Patton und Xenia Roth für Gastbeiträge gewinnen, wofür wir herzlich danken. Auch waren die Vertreter_innen aus Praxis, Beirat und Elternschaft: Stefan Backes, Roberta Donath, Eva Hannöver-Meurer, Markus Holländer, Heike Huf, Elena Ibel, Doris Kleudgen und Gerald Kroisandt bereit, unsere Publikation mit ihrer Sicht auf das Forschungsprojekt und das Instrumentarium zu bereichern. Besonderer Dank gebührt Robert Wehn, der sorgfältig und genau unser Manuskript Korrektur gelesen und dieses mit seinen Vorschlägen bereichert hat. Danke!

Koblenz, im November 2015

Armin Schneider, Catherine Kaiser-Hylla, Sylvia Herzog und
Ulrike Pohlmann

1. Qualität im Wandel

Qualitätsentwicklung und Qualitätssicherung im Kontext von Bildung und von Sozialer Arbeit werden oft mehr oder weniger zu Recht als von außen auf diese Bereiche herangetragene und damit als (fach-)fremde Beeinflussung gesehen. In der Tat kamen die ersten Bemühungen um Qualitätsmanagement aus der industriellen Produktion. Dabei spielte es eine große Rolle, wie die Eingangsqualität, die Prozess- und Struktur- sowie schließlich die Ergebnisqualität gestaltet waren.

Bei Konzepten wie dem Total Quality Management steht die Qualität im Mittelpunkt allen Handelns einer Organisation. Als Ausgangspunkt des modernen Qualitätsmanagements wird das von Frederic Winslow Taylor (1856-1915) entwickelte Scientific Management gesehen, bei dem es um die Einhaltung bestimmter und vorgegebener Qualitäten ging (only one best way). Dies betraf die industrielle Fertigung, dabei sprach sich Taylor in seiner Zeit schon für die Trennung von ausführender und planender Tätigkeit aus. Qualitätssicherung und -kontrolle wurden in Deutschland erst ab den 1960er Jahren in der Industrie vorangetrieben, vor allem, um weniger „Ausschuss" zu produzieren. Normierungen im Sinne von Qualitätssicherungssystemen wurden noch in den 1970er Jahren von der Industrie abgelehnt, weil dadurch Eingriffe in die Organisationsfreiheit und eine Standardisierung des Managements befürchtet wurden (vgl. Walgenbach 2006: 4891). Im Jahre 1987 kam es auf Initiative der Europäischen Kommission (technische Harmonisierung) zur Normenreihe der IS0 9000. Ausschlaggebend war die Entwicklung der japanischen Automobilindustrie, die sehr stark auf Qualitätszirkel setzte und dadurch Wettbewerbsvorteile erlangte (vgl. ebd.: 4890f).

Im Feld der Kindertageseinrichtungen wurde 1995 im Kronberger Kreis über Qualitätsmanagement in sozialpädagogischen Einrichtungen diskutiert. Hierbei wurden Qualitätsdimensionen herausgearbeitet und Indikatoren benannt, welche die Spezifität von Kindertageseinrichtungen abbilden sollten (vgl. Kronberger Kreis 1998). Im Jahre 2001 wurde die erste Zertifizierung von Kindertageseinrichtungen in Anlehnung an DIN EN ISO vorgenommen (vgl. Amerein und Amerein 2011: 17).

Insgesamt ist eine Reihe von Qualitätskonzepten zu unterscheiden, die als Grundlage für Qualitätskonzepte für Kindertageseinrichtungen herangezogen werden. Neben dem Total Quality Management-Konzept, das Qualität anhand von beschriebenen Normen in den Mittelpunkt des Handelns einer Organisation bzw. eines Unternehmens mit dem Ziel der Zertifizierung stellt, ist hier vor allem auch das Modell der European Fundation for Quality Management (EFQM) zu nennen, das auf eine Selbsteinschätzung setzt und sehr differenziert verschiedene Faktoren berücksichtigt. Amerein und Amerein (2011:33) unterscheiden für den Bereich der Frühen Bildung folgende Ausrichtungen von Qualitätskonzepten:

- Individualistisch-normative Konzepte
- Dialogische Konzepte
- Fachlich-normative Konzepte und
- Organisationale Konzepte

Laut Amerein und Amerein (2011) zeichnen sich die individualistisch-normativen Konzepte dadurch aus, dass sie den Qualitätsbegriff auf die Person des Einzelnen beziehen. Es wird davon ausgegangen, dass die persönlichen Eigenschaften und Leistungen der pädagogischen Fachkraft entscheidend sind für die pädagogische Qualität. Beim dialogischen Konzept geht es stärker um die Qualität des Teams, also um den Dialog innerhalb der Einrichtung. Diesem Ansatz lässt sich z.b. das Konzept des Kronberger Kreises zuordnen. Analog zu Gliederungen von Zertifizierungsgesellschaften werden hier insgesamt acht qualitätsrelevante Bereiche definiert (Grundorientierung, Programm- und Prozessqualität, Leitungsqualität, Personalqualität, Einrichtungs- und Raumqualität, Trägerqualität, Kosten-Nutzen-Qualität und die Förderung von Qualität). Hiermit sollte eine sozialpädagogische Einrichtung umfassend abgebildet werden, unter anderem durch einen Fragebogen zur Fachkräfte-Selbst-Befragung. Im Rahmen von fachlich-normativ ausgerichteten Konzepten wird von gleichen Qualitätsstandards in allen Einrichtungen ausgegangen. Diesem Ansatz lässt sich unter anderem die Kindergarten-Einschätz-Skala (KES) zuordnen, welche allgemeingültige Qualitätsstandards beschreibt, die z.b. der NUBBEK-Studie (Nationale Untersuchung zur Bildung, Betreuung und Erziehung in der frühen Kindheit; Tietze et al. 2013) zu Grunde liegen. Die 43 Ratingskalen der KES, die aus dem Amerikanischen übersetzt wurden, sind jedoch teilweise deutlich zu hinterfragen. Als Beispiel sei ein Item zur Anzahl der Bauklötze zu nennen, welches nicht unwesentlich für eine Beurteilung der Einrichtungsqualität ist. Die Skala gibt vor, Qualität eindeutig messen zu können. Beim organisationalen Konzept, z.B. durch eine Zertifizierung nach DIN EN ISO, steht das System als solches im Vordergrund der Betrachtung.

Eine ähnliche Typisierung von Qualitätskonzepten nehmen Esch et al. (vgl. 2006: 32) in einer systematischen Analyse von nationalen und internationalen Qualitätskonzepten vor. Hier wird unterschieden zwischen:

- Allgemeinen Steuerungsverfahren (Akkreditierungsverfahren)
- Konzeptgebundenen Steuerungsverfahren
- Normierten Organisationsentwicklungsverfahren
- Fachspezifischen Organisationsentwicklungsverfahren.

Viele dieser Konzepte werden von unterschiedlichen Trägern in der Praxis mit ganz unterschiedlichen Erfolgen angewendet (vgl. hierzu auch die in der Studie durchgeführte Dokumentenanalyse Kaiser-Hylla und Pohlmann 2014). In den meisten Konzepten wird davon ausgegangen, dass Qualität von außen, d.h. durch externe Gutacher_innen, gemessen und kategorisiert werden kann.

Einige der Konzepte führen zu einer kleinteiligen Messung, ohne das Gesamtbild zu berücksichtigen. Wenn auch der erste hier beschriebene Ansatz eines individualistisch-normativen Konzeptes antiquiert erscheint, so richtet sich hier jedoch das Augenmerk auf die Fachkraft, was bei einigen der anderen Konzepte nicht berücksichtigt wird. Kaum Berücksichtigung gefunden haben die enormen Aufwendungen und Dokumentationserfordernisse, die gerade die Fachkräfte stärker in Anspruch nehmen, bei relativ mäßigem direkt erkennbaren Erfolg.

Inzwischen hat sich jedoch in der Entwicklung von Qualitätskonzepten insbesondere in den Kindertageseinrichtungen ein großer Wandel hin zu eher dialogischen Instrumenten vollzogen. Beispielhaft sei dies mit einigen Stichworten benannt (vgl. Schneider 2015b: 11):

Tabelle 1: Vergleich altes und neues „Denken von Qualität"

Altes Denken	Neues Denken
Statisches Denken	Qualität mit statischen und dynamischen Bestandteilen
Definition der Qualität durch Kunden und die Organisation	Definition von Qualität in der Beziehung verschiedener Anspruchsgruppen
Expertendominanz	Beteiligung ist entscheidend für Qualität
Indikatoren für Qualität	Indikatoren zeigen nur Einzelaspekte von Qualität und bedürfen der Ergänzung durch qualitative Beschreibungen
Qualität wird zu einem Zeitpunkt gemessen	Qualität bedarf mittel- und langfristiger Wirkungsbeschreibungen und -bewertungen
Kriterien zur Bewertung sind langfristig stabil	Bewertungskriterien verändern sich und müssen überprüft werden
Fokussierung auf Struktur-, Prozess- und Ergebnisqualität	Qualität zeigt sich auch und besonders in gelingenden Beziehungen und Interaktionen
Tendenz: Reduktion auf messbare Indikatoren	Bewertung orientiert sich an der Zielsetzung: Persönlichkeitsentwicklung des Kindes
Qualität ist einheitlich	Qualität misst sich am Bedarf und der Situation vor Ort
Analyse und Messbarkeit: Audits	Analyse, Bedarf, Evaluation und Entwicklung

Quelle: eigene Darstellung (Schneider 2015b:11)

Der Aufwand für die Qualitätsentwicklung, wenn dieses neue Denken konsequent umgesetzt wird, wird dadurch reduziert, dass Qualität nicht mehr nur ein Thema ist, das zu einem Zeitpunkt Bedeutung erhält, sondern ein Thema darstellt, das in die Abläufe und in die Besonderheiten einer Kindertageseinrichtung integriert ist.

Dabei ist von besonderer Bedeutung, dass Qualität nur dort stattfinden kann, wo Erwartungen bewusst wahrgenommen werden und die Besonderheiten der jeweiligen Kindertageseinrichtung Berücksichtigung finden:

Es geht also nicht darum, unsere Lieblingskonzepte umzusetzen, sondern darum, die jeweils sinnvollen Konzepte im Kontext unserer Einrichtung zu etablieren [...]. Ein Kindergarten mit vielen Kindern mit multikulturellem Hintergrund muss Antworten auf die speziellen Fragen dieser Klientel finden, denn ansonsten bietet er keine gute Dienstleistung, und seine Arbeit ist nicht von hoher Qualität (Orban und Wiegel 2009: 115).

Der so genannte PDCA-Zyklus (Plan-Do-Check-Act) kann zwar in vielen Bereichen der Qualitätsentwicklung zutreffend und hilfreich sein, er hat aber im Wesentlichen zwei Schwächen: Zum einen suggeriert er eine rational planbare, eher lineare Vorgehensweise, die so eindimensional kaum in der Realität vorkommt. Auf der anderen Seite ist der Zyklus so angelegt, dass er immer wieder von vorne anfängt, im Sinne einer durchaus gewünschten kontinuierlichen Verbesserung. Dennoch soll an dieser Stelle wie später bei dem darzustellenden Instrumentarium betont werden, dass es eine Balance zwischen Bewahrung und Veränderung geben muss, dass in der Sprache des PDCA-Zyklus auch die Kontinuität einmal bewusst ruhen muss. Ein falsch verstandener Zyklus kann auch zu einem „Hamsterrad" werden. Im Unterschied dazu sollten Qualitätsentwicklungsprozesse wertgebundene Ziele zum Gegenstand haben, die keine permanente Veränderung benötigen, sondern situationsadäquate Veränderungen bedingen.

König (2009) beschreibt wichtige Ansätze einer partizipativen Qualitätsentwicklung aus der Erfahrung heraus, dass mit Qualitätsmanagement oft schlechte Erfahrungen gemacht werden. Dies sei vielfach darauf zurückzuführen, dass kaum Beteiligung außerhalb der Managementebene stattgefunden habe oder Qualitätsmanagement als Selbstzweck verstanden worden sei (vgl. König 2009: 16). Zentrale Ideen einer partizipativen Qualitätsentwicklung sind die Beteiligung („von unten nach oben denken", „von innen nach außen denken"), die Selbstorganisation und das Organisationslernen (ebd.: 19). In insgesamt acht Schritten werden diese zentralen Bereiche (sowie das individuelle Lernen) als Effekte benannt: Leitbildentwicklung, Zielgruppenanalyse, Ist-Stand-Analyse, Zielentwicklung, Operationalisierung, Prioritätensetzung, Qualitätszirkel und Qualitätssicherung. König nennt verschiedene Empfehlungen, die eine partizipative Qualitätsentwicklung befördern, in denen aber auch Haltungen im hier genannten Sinne deutlich werden:

Hohes Engagement – vor allem auf Leitungsebene [...]
Auf die Echtheit von Beteiligung muss geachtet werden [...]
Ganzheitliche Lernprozesse sind zu empfehlen [...]
Die mentalen Modelle in den Köpfen der Mitarbeiter zum Gegenstand von Lernprozessen machen [...]
Fehlerfreundlichkeit [...]
Das Denken in Systemen ist hilfreich [...]
Die jeweilige Nutzerperspektive auf Vollständigkeit prüfen [...]
An die Beteiligung der politisch Verantwortlichen denken [...]
Gemeinsame Visionen entwickeln und alltägliche Situationen immer wieder im Hinblick auf deren Verwirklichung bewerten [...]
Selbstorganisation und Selbststeuerung konzeptionell verankern [...]

Kollegiale Beratung, Coaching und Hilfe [...]
Sichere Lernmöglichkeiten schaffen [...]
Mut und langer Atem [...] (König 2009: 87-90).

Gerade die Verzahnung der verschiedenen Lernebenen ist im Instrument von „Qualitätsentwicklung im Diskurs" für eine Partizipation im oben genannten Sinne essentiell.

1.1 Entwicklung einer eltern-, familien- und sozialraumorientierten Qualität

Ein dediziertes und kommuniziertes Qualitätsmanagement, eine Qualitätsentwicklung bzw. -sicherung im Handlungsfeld von Kindertageseinrichtungen ist – bezogen auf die Geschichte – relativ neu.

Dabei sind ganz unterschiedliche Herangehensweisen an einen Qualitätsbegriff im Kontext von Kindertageseinrichtungen erkennbar. Honig et al. unterscheiden zwischen einem Mainstream, der den Qualitätsbegriff von außen festlegt und anhand dieser Kriterien dann überprüft und einem eigenen Ansatz, der von Qualität als einer Zuschreibung und Voraussetzung aus einer Erfahrungsperspektive ausgeht:

Die Rede von der pädagogischen Qualität setzt einen normativen Begriff des Pädagogischen voraus, er ist von Sollensvorstellungen nicht zu trennen, die ihrerseits Voraussetzung, nicht Gegenstand empirischer Forschung sind (Honig et al. 2004: 13).

In dieser Folge werden „diskursive und operative Praktiken des Verbesserns" (ebd.: 14) untersucht. Wichtig ist in diesem Ansatz von Qualität, die soziale Hervorbringung zu betrachten (Honig 2004: 27). Hier wird auch die Bedeutung der Kontexte und Diskurse hervorgehoben:

Der dominierende frühpädagogische Qualitätsdiskurs in Deutschland blendet aus, dass Kindergärten *soziale Räume* sind, die in komplexe gesellschaftliche Funktionszusammenhänge und kulturelle Kontexte eingebettet sind. Daher sind die Maßstäbe für einen guten Kindergarten nicht nur vielfältig, sondern unvermeidlich strittig; bei genauerem Hinsehen weisen sie sogar eine dilemmatische Struktur auf, weil das System der Tageseinrichtungen für Kinder in ein Netz heterogener generalisierter Erwartungshorizonte eingebunden ist. (Honig et al. 2004: 14)

Die verschiedenen Vorstellungen von Qualität frühpädagogischer Erziehung, Bildung und Betreuung haben jeweils unterschiedliche Konsequenzen für die Praxis in den Kindertageseinrichtungen: Ist die Optimierung von Prozessen das Ziel einer Qualitätsentwicklung, hat dies andere Folgen für die Praxiseinrichtungen als etwa eine Orientierung am „Input" in eine Einrichtung, dem „Output" oder dem gesellschaftlichen „Outcome". Im ersten Fall etwa ginge es um die genaue Analyse und Verbesserung der Schlüsselprozesse. Im zweiten Fall würden die Sicherstellung von Strukturen („wenn der Fachkräfte-Kind-Schlüssel stimmt, stimmt auch die Qualität") oder die Messung und Auditierung von vorher festgelegten Ziellinien bzw. die Beschreibung von gesellschaftlichen Wirkungen der Einrichtungen angestrebt (z.b. Social Return on Investment). Die Beispiele zeigen, dass eine Teilgröße von Qualität ohne eine entsprechende professionelle Grundhaltung weder die Komplexität einer Kindertageseinrichtung hinreichend abbildet, noch dazu führen kann, nachhaltig Entwicklungen in einer Kindertageseinrichtung voranzutreiben oder besser gemeinsam mit den Akteuren bedarfsgerecht zu betreiben.

Im Konzept des Kronberger Kreises (vgl. 1998) wird der Situationsansatz als Bezugsrahmen gesehen. Hier wird von Kriterien einer „besten Fachpraxis" ausgegangen (Qualitätsstandards), woraus erkenntnisleitende Fragen für eine Qualitätsuntersuchung abgeleitet werden, die schließlich in Indikatoren und Merkmale einer guten Fachpraxis münden (vgl. ebd.: 24). In den verschiedenen Prozessbereichen (Programm- und Prozessqualität, Leitungsqualität, Personalqualität, Einrichtungs- und Raumqualität, Trägerqualität, Kosten-Nutzen-Qualität und Förderung von Qualität) werden u.a. eine Familienorientierung und eine Gemeinwesenorientierung mit Fragen und Indikatoren detailliert beschrieben. Insgesamt kann dieses Konzept trotz seines Anspruches „Qualität im Dialog entwickeln" wohl eher dem von Honig (2004) genannten „Mainstreamkonzept" des Festlegens der Qualität von außen zugeordnet werden. Dennoch spielt die Formulierung von Standards, Kriterien und Indikatoren im Rahmen der Qualitätsentwicklung eine wichtige Rolle. Sie finden sich selbst in den einzelnen Plänen und Empfehlungen der Bundesländer und dem Nationalen Kriterienkatalog wider.

Die im vorliegenden Projekt vertretene „Qualitätsentwicklung im Diskurs" unterscheidet sich in wesentlichen Merkmalen vom Kronberger Kreis. Sie ist nicht an ein Qualitätsmanagementsystem gebunden und bezieht den diskursiven Prozess sowohl auf den Entstehungsprozess von Standards als auch auf den gesamten Qualitätsentwicklungsprozess vor Ort in der jeweiligen Kindertageseinrichtung. Dort und nicht von außerhalb werden, vom jeweiligen Bedarf der Akteure ausgehend, zunächst die entsprechenden Themen und dann auch die Kriterien und Indikatoren mit dem Ziel der Implementierung individuell formuliert. Zusammengefasst lassen sich die Unterschiede verkürzt in der folgenden Tabelle 2 verdeutlichen.

Tabelle 2: Unterscheidungen zwischen „Qualitätsentwicklung im Diskurs" und „Qualität im Dialog entwickeln"

Bereich	Qualitätsentwicklung im Diskurs	Qualität im Dialog entwickeln (Kronberger Kreis)
Hintergrund Qualitätskonzept	Unterschiedliche Konzepte und in unterschiedlichen Konzepten anwendbar	Hintergrund Situationsansatz
Hauptsächliche Ausrichtung	Eher als Methode der Umset-	Eher Programm:

Bereich	Qualitätsentwicklung im Diskurs	Qualität im Dialog entwickeln (Kronberger Kreis)
	zung in der Einrichtung	„beste Praxis"
Begriff	Diskurs: als Ringen um gemeinsame Lösungen	Dialog als Gespräch, Erörterung im partnerschaftlichen Sinne
Evaluation	Vorwiegend Selbstevaluation als entwicklungsfördernde Evaluation	Evaluation als Überprüfung der Umsetzung von Qualitätsstandards
Entstehungshintergrund	Rheinland-pfälzisches Projekt im Rahmen von „Kita!Plus" 2013-2015	Situationsansatz, Projekte „Evaluation des Erprobungsprogrammes" und „Kindersituationen" vor allem in den neuen Bundesländern
Qualitätsbereiche	Zunächst Eltern-, Familien- und Sozialraumorientierung	Alle Bereiche
Haltung	Als grundlegender Reflexionshintergrund	Als qualitative Grundorientierung (Freundlichkeit, Partizipation, Integration, Kontext- und Bedarfsorientierung)
Diskurs/Dialog	Grundlegende diskursive und partizipative Methodik, die laufend reflektiert wird	Dialog keine eigene Dimension

Quelle: eigene Darstellung

Generell muss beiden Konzepten zugestanden werden, dass sie „Kinder ihrer Zeit" sind und die jeweiligen Qualitätsüberlegungen und pädagogischen Konzepte ihrer Zeit rezipieren und integrieren.

Im Fokus des hier vorzustellenden Instrumentariums „Qualitätsentwicklung im Diskurs" stehen exemplarisch die zwei in der Praxis eng miteinander verwobenen Handlungsfelder der Eltern- und Familienorientierung und der Sozialraumorientierung. Diese Felder wurden in den letzten Jahren von unterschiedlichen wissenschaftlichen, fachpolitischen und politischen Akteuren stark propagiert und vorangetrieben (vgl. Roth 2014a, DJI 2013), und so war es im Programm Kita!Plus der rheinland-pfälzischen Landesregierung auch folgerichtig, die Qualität vor allem in diesen Feldern in den Mittelpunkt der Betrachtung zu nehmen.

Gerade diese Themen könnten jedoch auch leicht falsche Erwartungen, Missverständnisse und sozial- und bildungspolitische Vereinnahmungen hervorrufen. Wenn von Bildungs- und Erziehungspartnerschaft die Rede ist, bedeutet dies nicht, dass Eltern die Rollen von pädagogischen Fachkräften übernehmen oder umgekehrt. Wenn Eltern und Familien stärker im Fokus der Kindertageseinrichtung stehen, dann heißt dies nicht, die Fachkräfte zu entlasten, indem pädagogische oder organisatorische Arbeiten auf die Eltern „abgewälzt" werden. Wenn von Sozialraumorientierung gesprochen wird, meint das nicht die Abschaffung von individuellen Rechtsansprüchen oder die Reduzierung von Hilfen für einen besonders entwicklungsbedürftigen

19

Stadtteil. Ganz im Gegenteil: Eine Neuausrichtung der Arbeit in Richtung Eltern, Familien und Sozialraum kann erst einmal die Aufwendung von viel Kraft und Ressourcen bedeuten, die sich aber idealerweise nachhaltig dergestalt auswirkt, dass dadurch die Arbeit für Kinder, deren Eltern, Familien und deren Sozialräume verbessert wird.

Dass Eltern eine wichtige Größe in der Kindertageseinrichtung sind, ist bekannt. Auch die Trierer Studie (vgl. Honig et al. 2004) hat im Rahmen einer Soll-Ist-Abfrage von Eltern und Erzieherinnen in Rheinland-Pfalz Ergebnisse erbracht, die die Notwendigkeit einer Eltern- und Familienorientierung nahelegen: „Das Elternurteil ist in manchen Punkten zuverlässiger, als Kindergarten-,Experten' glauben machen möchten" (Schreiber 2004: 39). Hier einige interessante Ergebnisse, die die besondere Kompetenz und die Perspektive der Eltern verdeutlichen (vgl. Honig et al. 2004):

• Eltern erwarten in besonderem Maße, die im SGB VIII genannten Zielsetzungen (Achtung der Person des Kindes, das Kind soll sich zu einer eigenverantwortlichen Person entwickeln,…).

• Die gute pädagogische Qualifizierung der Erzieherinnen ist den Eltern wichtig. Die Elternzufriedenheit korreliert positiv mit der Qualifizierung.

• Klare Erziehungsziele, die Förderung von Bildung und Kreativität, und eine gute Betreuung sind ebenfalls wichtige Punkte der Elternzufriedenheit.

• „Gerade Familien mit geringen Bildungsressourcen haben die Erwartung, dass die Tageseinrichtung ihren Kindern Bildungschancen bieten, die das Elternhaus nicht bieten kann" (Schreiber 2004: 43).

• Eltern wollen bei wesentlichen Angelegenheiten gefragt werden und mitentscheiden (vgl. ebd.: 46).

Eine Orientierung am Sozialraum bedeutet in erster Linie, die Kindertageseinrichtung nicht isoliert vom Lebens- und Sozialraum der Kinder zu sehen. Als wichtige Orientierung sieht hier z.B. auch der Situationsansatz die Lebensweltorientierung an:

Alle Bildungs- und Erziehungsprozesse knüpfen an den Erfahrungen der Kinder und ihrer Familien an und eröffnen ihnen so eine Orientierung in der Welt […]. Eltern sind die wichtigsten Partner in der Bildungs- und Erziehungsarbeit und wirken aktiv daran mit (Preissing und Ujma 2009: 13).

Eine Qualitätsentwicklung ist am Ergebnis zu messen, und das Ergebnis der Kindertageseinrichtung ist ganz klar gesetzlich vorgegeben, es geht entsprechend § 1 des SGB VIII immer um die Kinder und deren Entwicklung. Die Ergebnisse dieses Engagements für die Zukunft einer Gesellschaft lassen sich nicht direkt ermessen, sie liegen aber nach einhelligen in- und ausländischen Studien klar vor Augen und sind sowohl in ihren direkten sofortigen Auswirkungen auf eine Gesellschaft als auch in ihren indirekten und zukünftigen Auswirkungen messbar (vgl. hierzu Viernickel et al. 2015)[1].

Umso verwunderlicher ist es, immer wieder zu beobachten, wie Investitionen in die Zukunft einer Gesellschaft als „Kosten" verbucht werden, die es zu minimieren gilt. Genau das zeigt aber die Notwendigkeit auf, im öffentlichen Diskurs die Bedeutung der frühkindlichen Erziehung und Bildung herauszustellen und hier von Seiten der pädagogischen Fachkräfte, der Träger und anderer Verantwortlicher entsprechende Ressourcen einzufordern. Schließlich geht es bei der frühen Bildung um die Gestaltung der Zukunft unserer Gesellschaft!

Die OECD (vgl. Deutsches Jugendinstitut 2013: 7) hat zum Thema Qualität der frühkindlichen Bildung, Betreuung und Erziehung insgesamt fünf Politikstrategien vorgeschlagen, wobei sich diese Vorschläge aus einem Vergleich der OECD-Mitgliedsländer und entsprechenden Forschungen ergeben:

- Qualitätsziele und gesetzliche Regelungen festlegen
- Curricula und Standards konzipieren und umsetzen
- Qualifikationen, Fortbildungen und Arbeitsbedingungen verbessern
- Familien und Gemeinwesen einbeziehen
- Datenerhebungen, Forschung und Monitoring fördern

Wie später in dieser Publikation ausgeführt, werden mit dem rheinland-pfälzischen Programm Kita!Plus mehrere dieser Felder in den Blick genommen. Das hier fokussierte Thema der Eltern-, Familien- und Sozialraumorientierung kann als ein Teil der vierten Politikstrategie gesehen werden.

Mit der Politikstrategie 4 „Familien und Gemeinwesen einbeziehen" verbindet die OECD (vgl. ebd.: 272ff.) mehrere Handlungsfelder:

- **Forschung nutzen**, um Politik und Öffentlichkeit zu informieren: Hierbei gibt es sowohl kind- als auch einrichtungsorientierte Formen der Einbindung von Eltern und Gemeinwesen. Die OECD verweist auf mehrere Forschungen, die zeigen, dass
  - o die Mitwirkung der Eltern spätere Leistungen und die soziale Eingliederung verbessert;
  - o eine frühe Einbindung der Kinder in den Sozialraum Kindern mehr Chancen verschafft, in der Schule und im späteren Leben erfolgreich zu sein;
  - o sich das Umfeld, insbesondere sozio-ökonomische Faktoren auf die kognitive Entwicklung des Kindes

---

1   Hier werden u.a. Aussagen über die Fachkraft-Kind-Relation, über Leitungsfunktionen, Fachberatung, Raum und Ausstattung getroffen, die auf verschiedenen Studien auch internationaler Herkunft beruhen

auswirken (z.B. durch Ergebnisse der Adoptionsforschung);

- o sich Risikofaktoren im Umfeld (Familie, Nachbarschaft) auf intellektuelle Fähigkeiten, schulische Leistungen, sozial-emotionale Kompetenzen, soziale Integration und Gesundheit auswirken;
- o ein Zusammenwirken von Kitas, Eltern, Nachbarn und anderen Akteuren die Kooperation und Vernetzung mit Blick auf die Entwicklungsförderung der Kinder verbessert.
- Wichtig sind das **häusliche Lernumfeld** und insbesondere die Interaktion zwischen Eltern und Kind, die Anleitung und Beratung von Eltern, die Lernförderung in der Familie, die Förderung durch Vorlesen von Geschichten, ehrenamtliches Engagement sowie Kenntnisse über Erziehung und kindliche Entwicklung. Weiterhin von Bedeutung ist eine **strategische Partnerschaft zwischen Eltern, Gemeinwesen und Kindertageseinrichtung**, hierbei geht es vor allem um einen regelmäßigen Austausch, gemeinsame Ziele, die Erwartungen der Eltern und Hausbesuche. Ebenfalls wird die **strategische Partnerschaft mit Akteuren aus dem Sozialraum** genannt: Die Nutzung von Ressourcen des Sozialraums, die Unterstützung schwer erreichbarer Familien, die Ansprache von Familien und Nachbarschaften.
- Blickwinkel durch **internationale Vergleiche** erweitern. Hierzu gibt es die unterschiedlichsten Ansätze bei der Mitwirkung von Eltern und Gemeinwesen sowie die Einbindung in den Kindertageseinrichtungen.
- **Auswahl einer Strategieoption.** Hierbei geht es um die Bewältigung verschiedener Herausforderungen, folgende werden genannt:

Herausforderungen bei der **Einbeziehung von Eltern:**
- o Mangel an Bewusstsein und Motivation.
- o Kommunikation und Kontaktpflege.
- o Zeitliche Einschränkungen.
- o Wachsende Ungleichheit.
- Herausforderungen bei der **Einbeziehung von Gemeinwesen und Sozialräumen:**
- o Fehlendes Bewusstsein und mangelnde Motivation.
- o Kommunikation und Kontaktpflege.
- o Kooperation zwischen verschiedenen Dienstleistern und Ebenen des Bildungssystems.

- **Risiken bewältigen, von Erfahrungen anderer Länder lernen.** Hier nennt die OECD verschiedene Lektionen:
  - Überwinden von Verwaltungsgrenzen, Sozial- und Bildungspolitik sind betroffen.
  - Ziele klären, Wissen um die Kommunikation und Einbeziehung.
  - Anpassung der Kommunikationskanäle und -methoden an die unterschiedlichsten Bedarfe und Familienhintergründe.
  - Verweis auf langfristige Wirkungen.
- **Standortbestimmung**: Wo stehen wir?

Diese Auflistung der verschiedenen Strategien und Herausforderungen zeigt, dass eine Qualitätsentwicklung nicht allein von den Kindertageseinrichtungen zu bewältigen ist. Qualitätsentwicklung erfordert ein umfassendes Konzept, das gerade dort einen hohen Erfolg verspricht, wo Eltern und Sozialraum als wichtige Anspruchsgruppen bzw. Stakeholder involviert werden.

Wird der Sozialraum von den Verantwortlichen mitgedacht, so ist die Investition in frühpädagogische Erziehung, Bildung und Betreuung nicht nur ein Thema der Bildungs- und Sozialpolitik, sondern hat auch eine strukturpolitische und standortpolitische Dimension: Wenn Eltern sich nicht auf eine gute Einrichtung für ihr Kind vor Ort verlassen können, haben sie einen geringeren Anreiz, an diesem Ort zu bleiben. Wenn kleinere Kommunen sich nicht um Kinder sorgen, so ist die Schließung der Kindertageseinrichtung der erste Schritt, der die Zukunft der Kommune „zumauert" und die Kommune „sterben" lässt.

1.2 Qualitätsentwicklung im Diskurs – eine rheinland-pfälzische Tradition

In Rheinland-Pfalz hat die diskursive Entwicklung von Neuerungen im Bereich der Kindertageseinrichtungen eine Tradition, die weit zurückreicht. Das zeigt sich in den Bildungs- und Erziehungsempfehlungen (Ministerium für Bildung 2009) und den Empfehlungen zur Qualität der Erziehung, Bildung und Betreuung in Kindertagesstätten in Rheinland-Pfalz (Ministerium für Bildung 2010). Diese sind in enger Zusammenarbeit zwischen den Spitzen(verbänden) der Träger in Rheinland-Pfalz (Kirchen, Wohlfahrtsverbände, kommunale Spitzenverbände), dem Landeselternausschuss und dem jeweils zuständigen Ministerium unter breiter Beteiligung der Fachpraxis vor Ort entstanden. Diese Entwicklungen bilden die Grundlage für das Projekt „Qualitätsentwicklung im Diskurs".

Unabhängig von den einzelnen Parteigrenzen stellt der Diskurs der Beteiligten eine wichtige Tradition in Rheinland-Pfalz dar. Hierbei wurden die Praxis sowie die jeweiligen Träger eingebunden: Bereits im Jahr 1969 gab es in Kindergärten in Rheinland-Pfalz Modellversuche, 1977 wurden „Vorläufige Empfehlungen für die Bildungs- und Erziehungsarbeit im Kindergarten" verfasst. Die Orientierung an den unterschiedlichen Erfahrungen, Herkünften und „Lerngeschichten" wurden schon damals als wichtige Zielsetzung angesehen, und schließlich weist auch die Entwicklung des Situationsansatzes Wurzeln in Rheinland-Pfalz auf (vgl. Roth 2015: 19). Im Jahre 2002, in der Folge des so genannten Pisa-Schocks, vereinbarten die Kita-Spitzen (Vertreter der Kirchen, der Wohlfahrtsverbände, der kommunalen Spitzenverbände und des Landeselternausschusses) die gemeinsame Erarbeitung der Bildungs- und Erziehungsempfehlungen (BEE), die dann 2004 gemeinsam verabschiedet wurden. Zum Entwurf der BEE wurden vorab alle Kindertageseinrichtungen befragt und waren insofern an deren Entwicklung beteiligt. Diese Beteiligung wurde bereits 1974 zu Grunde gelegt, als das autonome und demokratische Verhalten „der Erzieherin" als Erwartung beschrieben wurde, mit den Worten von Roth:

Eine Fachpraxis, von der man erwartet, dass sie Kinder in ihrem eigenständigen Bildungsstreben durch Beteiligung und Orientierung an ihren Interessen fördert, muss selbst hinsichtlich ihrer eigenen Teilhabe an fachpolitischen und pädagogischen Entwicklungen ernst genommen werden (Roth 2015: 20).

Das Grundverständnis eines Gelingens von „Qualität im Diskurs" wurde seit 2007 auch in dem halbjährlichen „Kita-Tag der Spitzen" (Zusammenschluss der Vertretungen der für die Kindertagesbetreuung im Land verantwortlichen Organisationen und Verbände) unter Moderation des Landes verankert (vgl. Fußnote 7). 2010 wurden die gemeinsam erarbeiteten „Empfehlungen zur Qualität der Erziehung, Bildung in Betreuung in Kindertagesstätten in Rheinland-Pfalz" (Ministerium 2010) vereinbart. In der Präambel zu diesen heißt es:

Qualitätssicherung wird verstanden als fortwährender Prozess einer Qualitätsentwicklung, dem diskursive und dialogische Verfahren und Instrumente zugrunde liegen. Einer Haltung der Partizipation, d.h. der Beteiligung derjenigen, die die Weiterentwicklung betrifft, wird Rechnung getragen. Respekt und Wertschätzung gegenüber der Fachpraxis sind Voraussetzungen für das Interesse, die Qualität in Kindertagesstätten zu sichern und weiterzuentwickeln (Ministerium 2010: 10f.).

In der Neuauflage der Bildungs- und Erziehungsempfehlungen sowie der Qualitätsempfehlungen (Ministerium 2014) heißt es im Vorwort der zuständigen Ministerin Irene Alt:

Der besondere Wert der Bildungs- und Erziehungsempfehlungen ist durch die umfassende Beteiligung der Fachpraxis in der Zeit ihrer Entstehung gegeben, als Sie sich vielfältig an der Diskussion zu den ersten Entwürfen beteiligt haben. Sie sind herzlich eingeladen, jederzeit zu den jetzigen Änderungen Ihre Rückmeldungen bzw. weitere Anregungen zu geben. Zu gegebener Zeit greifen wir diese Sammlung für die Weiterentwicklung der Empfehlungen auf (Alt 2014: 6).

1.3 Entwicklung im Diskurs – eine Außenansicht von innen

von Xenia Roth

Folgende Zusammenhänge werden in diesem Kapitel herausgearbeitet: Pädagogische Praxis vollzieht sich in einem komplexen und dynamischen Beziehungsgeschehen. Systemische Denk- und Handlungsansätze bieten den geeigneten theoretischen Rahmen, Zusammenhänge in den Blick zu nehmen, ohne sich in Einzelheiten zu verlieren. Um dem Anspruch gerecht zu werden, der sich aus der Komplexität des Beziehungsgeschehens für die Gestaltung von guter pädagogischer Praxis in der Arbeit mit Kindern und Familien im jeweiligen Gemeinwesen ergibt, bedarf es eines kompetenten Systems. Ein kompetentes System ergibt sich nicht allein aus der Summe der Fähigkeiten frühpädagogischer Fachkräfte oder deren formaler Qualifizierung: „Kompetenz" entwickelt sich vielmehr in wechselseitigen Beziehungen zwischen Individuen, Teams, Einrichtungen, Gemeinwesen, Politik und Gesellschaft. Damit diese wechselseitigen Beziehungen für die Entwicklung von Kompetenzen und damit die Sicherung von Qualität in der pädagogischen Praxis genutzt werden können, ist gemeinsames und wechselseitiges Lernen erforderlich. Dies begründet die Notwendigkeit, interindividuelle und interinstitutionelle Diskurse anzuregen und sie laufend zu führen. Diskurse regen die Kompetenzentwicklung des Systems an. Zugleich bildet sich die Qualität der Kindertagesbetreuung aus diesem in Diskursen gewonnenen gemeinsamen Verständnis von guter Praxis. Qualität ist – wie das Beziehungsgefüge einer Kindertageseinrichtung – kontextabhängig und nicht absolut. Der Diskurs sichert und begründet die pädagogische Qualität und ihre Weiterentwicklung. Er erfordert Zeitressourcen und adäquate Unterstützungssysteme.

1.3.1 *Erziehung, Bildung und Betreuung vollzieht sich in einem komplexen Beziehungsgefüge*

Es ist eine geradezu banale Feststellung, dass sich Bildung, Erziehung und Betreuung von Kindern, ob nun im Elternhaus oder in institutionellen Angeboten der frühen Bildung, in Beziehungen vollzieht. Die Konsequenzen dieses trivialen Zusammenhangs sind weitreichend. Aus vermeintlicher Banali-

25

tät wird Komplexität. Denn wenn Beziehungsgestaltung maßgeblich für die Frühe Bildung ist, dann muss diese auch bei der Frage nach der Qualität institutioneller Kindertagesbetreuung als wesentlich betrachtet werden. Es spricht vieles dafür, dass Menschen und Systeme sich dann weiterentwickeln und lernen, wenn sie sich in „guten" und „verlässlichen" Beziehungen aufgehoben sehen. Als Kriterium für „gut" können Wertschätzung, Autonomie, Partizipation und die damit verbundene Erfahrung der Selbstwirksamkeit evidenzbasiert angenommen werden. Stellt sich die Frage: Welche Beziehungen sind für die Qualität institutioneller Kindertagesbetreuung relevant, und wie können diese verlässlich hergestellt werden? Antworten auf diese Frage fokussieren vielfach die Beziehung zwischen der (einzelnen) Fachkraft und dem (einzelnen) Kind. Entsprechend ist die Qualität bzw. die Qualifizierung der einzelnen Fachkraft prioritärer Gegenstand von Untersuchungen, Interventionen und erstrebtem Erkenntnisgewinn. Doch das Beziehungsgeschehen in Kindertagesstätten ist komplex. Die Frage muss erweitert werden: Welche Beziehungsgefüge sind für die Qualität institutioneller Kindertagesbetreuung relevant?

Allein im pädagogischen Alltag der einzelnen Kindertagesstätte ergibt sich ein exponentielles Beziehungsgeschehen: das einzelne Kind und die Kindergruppe, die Fachkraft, das Team und die Leitung, Mütter, Väter und die Elterngruppe. Diese Beziehungsvariationen werden wiederum wesentlich beeinflusst durch weitere Protagonisten und Strukturen, in die die Kindertagesstätte eingebunden ist: der Träger der Einrichtung, der örtliche Träger der öffentlichen Jugendhilfe, Verantwortungsträger und Verwaltungen auf örtlicher und überörtlicher Ebene. Oft unterschätzt werden weitere Einflussfaktoren, die das Beziehungsgeschehen bei allen Beteiligten und auf allen Verantwortungsebenen prägen. Dazu zählen individuelle, familiale, soziale, ethnische aber auch institutionelle Traditionen, Werte und Kulturen sowie das sich so ergebende Gepräge des jeweiligen Sozialraums[2].

---

2   Kulturelle Regeln sozialer Systeme aller Art sorgen für die Herstellung und Aufrechterhaltung der Grenzen dieser Systeme. Die Kulturen bestimmen, wer dazugehört und wer nicht. Das Erlernen der jeweils geltenden Spielregeln bestimmt die Zugehörigkeit. Wer neu hinzukommt, hat erst einmal Verständigungsschwierigkeiten – vieles ist ungeschriebenes Gesetz. Viele Regeln und Abläufe ergeben sich nicht aufgrund bewusster sachlicher Ziele, sondern sind Teil einer evolutionären Entwicklung und Historie; wir nehmen sie gewissermaßen, so sagt es eindrücklich der Volksmund, mit der „Muttermilch" auf. Hilfreich ist eine Unterscheidung in (1) grammatikalische kulturelle Regeln: das, was in dieser Kultur auf jeden Fall zu tun oder zu lassen ist und tief als Regeln verinnerlicht ist, ohne reflektiert zu werden, (2) technische Regeln: sie folgen einer Art »Rezeptbuch«, zum Beispiel Standards, Wissen etc. und (3) informelle Regeln: erlaubte und erwartete Möglichkeiten von Verhalten, zum Beispiel Mode. Regeln bestimmen die jeweilige Kultur (Simon 2006). Während „technische" Regeln leichter gelernt werden können, sind „grammatikalische Regeln" nur schwer „nachträglich" in das eigene Verhaltensrepertoire aufzunehmen (ebd.). Führt man sich diese Zusammenhänge vor Augen, dann erklärt sich zum Beispiel, warum die Globali-

Es mag daher dem verständlichen Reflex geschuldet sein, Komplexität zu reduzieren und die Bedingungen für eine gute Qualität der Erziehung, Bildung und Betreuung auf möglichst wenige Einflussgrößen zu beschränken. Einfache und klare Zusammenhänge machen vermeintlich leichter handlungsfähig. In einem komplexen Beziehungsgeschehen, wie es der pädagogische Alltag einer Kindertagesstätte darstellt, besteht jedoch das Risiko, dass gerade die Einflussfaktoren aus dem Blick geraten, die für die Beteiligten von besonderer Bedeutung sind, oder spezifische soziale oder ethnische Werte, Traditionen und Kulturen nicht erkannt werden können, die zugleich für das Aufwachsen von Kindern von zentraler Bedeutung sind.[3] Die Erzeugung von Qualität in pädagogischer Praxis ist vieldimensional und verbietet monokausale Zusammenhänge. Oder wie es Patton (vgl. in diesem Buch: Kapitel 2.3) formuliert (eigene Übersetzung): „Beziehungen sind nicht statisch. Sie müssen etabliert, gefördert, angepasst und weiterentwickelt werden. Beziehungen umfassen Strukturen, Prozesse, Interaktionen, Kommunikation, Verhaltensnormen und geteiltes Verständnis voneinander. Beziehungen sind komplex und dynamisch." Professionelle pädagogische Praxis ist nicht standardisier-

---

sierung in der digitalen Welt des Internets, wo es eher um technische und informelle Regeln geht, leichter fällt als in der analogen Kultur eines pädagogischen Alltags einer Kindertagesstätte (Roth 2014a:34). Es erklärt auch, warum die Änderung einer Team- oder Management-Kultur im Rahmen von Qualitätsentwicklungsprozessen der Zeit(ressourcen) und vielfach supervisorische Begleitung benötigt.

3   An dieser Stelle sei beispielhaft auf die Studien von Heidi Keller zur sozialen und ethnischen Diversität der Sozialisations- und Erziehungsstile verwiesen. Für die Zusammenarbeit mit Eltern sind vor allem zwei kulturelle Modelle relevant, die Prototypen darstellen und in vielfaltigen Mischformen wiederzufinden sind (Keller 2013: 13): Zum einen das vertraute, öffentlich sichtbare und entsprechend meist anzutreffende kulturelle Modell in Deutschland ist das der „psychologischen Autonomie". Autonomie wird dabei als eine psychologische Fähigkeit verstanden, Kontrolle über das eigene Leben und die eigenen Handlungen auszuüben und das eigene Leben selbstverantwortlich zu gestalten (Keller 2011, S. 16). Eine primär autonomiebezogene Sozialisation hat die Selbstständigkeit des heranwachsenden Kindes zum Ziel. In der Mehrheit der Weltbevölkerung gilt jedoch ein anderes Menschenbild: Relationalität, also Verbundenheit, als maßgeblicher Erziehungsstil findet sich insbesondere in eher bäuerlich geprägten Kulturen (ethnischer Hintergrund), in Familien mit eher niedrigem Bildungsstand (sozialer Hintergrund, unabhängig von der Ethnie) und in der ostasiatischen Denktradition, in der die Betonung der Individualität nicht so verankert ist wie in der westlichen philosophischen Tradition. Es geht um Eingebundensein statt psychologischer Autonomie. Das (familiäre) Beziehungsgefüge steht im Zentrum der Definition von sich selbst und anderen (Keller 2011). Gemeinschaftliche Ziele der Familie erfordern Kooperation und verantwortungsvolles Handeln (Keller 2013: 15). Solche Familien haben eine stärkere hierarchische Ausrichtung. Gehorsam, verbunden mit Respekt und respektvollem Verhalten Älteren gegenüber, ist oberstes Erziehungsziel, um den familiären Pflichten nachzukommen (ebd.). Auch in dieser Lebenswirklichkeit ist Autonomie bedeutsam, sie wird jedoch anders verstanden. Es geht um die bereits in frühem Alter wahrgenommene Handlungsautonomie. Hiermit ist das selbstständige und verantwortungsvolle Erledigen von Aufgaben unterschiedlichster Art im familiären Kontext gemeint, das selbstständiges und verantwortungsbewusstes Handeln fordert (Keller 2011: 17).

bar, oft hochkomplex und mehrdeutig, vielfach schwer vorhersehbar, und deshalb nur begrenzt planbar (Bock-Famulla 2015: 15). Sie erfordert jeweils begründete, kreative und „passgenaue" Lösungen im pädagogischen Alltag. Gute Kita-Qualität braucht daher eine professionelle pädagogische Handlungspraxis, die auf verlässlichen strukturellen Rahmenbedingungen beruht und sich in einem kompetenten Gesamtsystem vollzieht (ebd.).

1.3.2 Der Anspruch der Kinder- und Jugendhilfe: Handeln in komplexen Beziehungen

Dem achten Sozialgesetzbuch (SGB VIII), das die Kinder- und Jugendhilfe zum Gegenstand hat und die rechtliche Basis der Kindertagesbetreuung bildet, liegt bereits ein Anspruch zugrunde, der die Komplexität des Arbeitsfeldes erfasst. Die rechtliche Ausgestaltung fordert fachliches Handeln in komplexen Zusammenhängen, das die individuellen Perspektiven der Betroffenen und die strukturellen Spezifika beteiligter Institutionen und Organisationen im Rahmen der gesetzlichen Regelungen berücksichtigt. Diesem Anspruch wird durch zwei wesentliche Leitgedanken der Kinder- und Jugendhilfe Rechnung getragen: Autonomie und Beteiligung.

Der Anspruch auf Beachtung der Autonomie und einer Beteiligungskultur gilt sowohl für die betroffenen Individuen, Kinder und Eltern, die als Subjekte in Handlungsvollzüge einzubeziehen sind, als auch auf struktureller und institutioneller Ebene für das System der kommunalen Träger der öffentlichen Jugendhilfe, der freien Träger – einer in Europa sonst nicht anzutreffenden strukturellen Diversität – und der überörtlichen öffentlichen Träger. Entsprechend formuliert der Gesetzgeber:

- § 8 Abs. 1: „Kinder und Jugendliche sind entsprechend ihrem Entwicklungsstand an allen sie betreffenden Entscheidungen der öffentlichen Jugendhilfe zu beteiligen".
- § 9: „Bei der Ausgestaltung der Leistungen und der Erfüllung der Aufgaben sind die von den Personensorgeberechtigten bestimmte Grundrichtung der Erziehung [...] zu beachten; die wachsende Fähigkeit und das wachsende Bedürfnis des Kindes oder des Jugendlichen zu selbständigem, verantwortungsbewusstem Handeln sowie die jeweiligen besonderen sozialen und kulturellen Bedürfnisse und Eigenarten junger Menschen und ihrer Familien zu berücksichtigen [...]".
- § 3 Abs. 1 SGB VIII: „Die Jugendhilfe ist gekennzeichnet durch die Vielfalt von Trägern unterschiedlicher Wertorientierungen und die Vielfalt von Inhalten, Methoden und Arbeitsformen."

Damit ist im Regelungssystem der Kinder- und Jugendhilfe der Grundgedanke eines kompetenten Systems verankert. Leistungen und die Qualität dieser Leistungen werden in einer geteilten und gemeinsamen Verantwortung erbracht[4]. Im gemeinsam von Bund und Ländern 2014 unterzeichneten Communiqué „Frühe Bildung weiterentwickeln und finanziell sichern" (2014) wird dieser gemeinsamen und zugleich geteilten Verantwortung Rechnung getragen, in dem sich die Unterzeichner verpflichtet haben, den Prozess der Qualitätssicherung und -weiterentwicklung unter Beteiligung der Kommunalen Spitzenverbände als Vertreter der kommunalen örtlichen Verantwortungsträger und im Dialog mit den für die Kindertagesbetreuung Verantwortung tragenden Verbänden und Organisationen als Vertretungen der Einrichtungsträger zu gestalten (JFMK 2014: 6). Sicher ist aber auch, dass sich Verantwortungsträger dieses Gestaltungsauftrages bewusst sein müssen, damit er in der Praxis Relevanz entfaltet.

1.3.3 Systemische Ansätze bieten Orientierung in komplexen Zusammenhängen

Angesichts eines auch rechtlich verankerten komplexen Handlungsrahmens, wie er im Praxisfeld der Kindertagesbetreuung gegeben ist, verwundert es, dass systemische Ansätze, die für ein Denken und Handeln in komplexen Zusammenhängen eine gute Orientierung bieten, erst langsam im Themenfeld der Kindertagesbetreuung berücksichtigt werden. Währenddessen zählt in der Organisationsberatung, Psychotherapie sowie in Managementseminaren systemisches Denken zu den Basiskompetenzen. Die Systemtheorie bildet dabei den theoretischen Hintergrund, der sich aus verschiedenen Theorien der Biologie, Mathematik, Psychologie, Soziologie und anderen Wissenschaftsdisziplinen entwickelt hat (Wenzel o. J: o. S.). Die Systemtheorie ist ein Denkansatz, in dem es um Ganzheiten geht. Systemisches Denken ist somit eine Betrachtungsweise, die der Gefahr entgegenwirkt, sich in Einzelheiten zu verlieren. Es umfasst heterogene Denkansätze aus verschiedenen Disziplinen, deren Gemeinsamkeit der nicht-reduktionistische Umgang mit Komple-

---

4   In Land Rheinland-Pfalz, in dem das mit dieser Veröffentlichung vorgestellte Forschungs- und Entwicklungsprojekt durchgeführt wurde, besteht im Rahmen gegebener Möglichkeiten eine Tradition der gemeinsamen und geteilten Verantwortung, die sich in partizipativen und diskursiven Handlungsvollzügen niederschlägt (vgl. Kapitel 1.2). Bock-Famulla (2015: ppt 39) formuliert: „Dialog zwischen allen Ebenen scheint „Programm" des zuständigen Fachreferates „KiTa" zu sein: z. B. Entstehungsprozess der „Bildungs-und Erziehungsempfehlungen" für Kindertagesstätten in Rheinland-Pfalz plus Qualitätsempfehlungen / KiTa Plus: Kita im Sozialraum + Netzwerk Familie + Qualität (Qualitätsentwicklung im Diskurs) + Fortbildung + Elternbeteiligung + Biete & Finde + Gesunde Kita … Verantwortungsgemeinschaft für das FBBE-System wird gelebt."

xität ist: Allgemeine Systemtheorie, Autopoiesistheorie, Kybernetik (2. Ordnung), Synergetik, Kommunikationstheorie, Konstruktivismus, sozialer Konstruktionismus, Theorie der Selbstreferentialität, der Selbstorganisation dynamischer Systeme, Chaostheorie usw. (Systemische Gesellschaft o. J.: o. S.). Systeme, dies können ein einzelner Mensch, eine Gruppe oder ein ganzes Volk sein, organisieren sich im Austausch mit ihrer jeweiligen Umwelt ein für sie lebenserhaltendes Gleichgewicht (Renoldner u. a. 2007: 14).

Vor dem Hintergrund systemischen Denkens werden Menschen und Organisationen – d. h. intraindividuelle und interindividuelle Systeme – als autonom betrachtet. Sie werden mithin weder vollständig erfassbar, noch beliebig veränderbar bzw. instruierbar verstanden (ebd.). Systemisches Denken befreit von dem Anspruch, das Gegenüber „richtig einzuschätzen" und fordert den Anspruch, sich für das Gegenüber „zu interessieren". Auf diese Weise nähern sich die Gesprächspartner gemeinsam den vielfältigen Blickweisen auf unsere Welt (Roth 2014: 29). Systemische Praxis knüpft an den Ressourcen der beteiligten Systeme an, um ethisch vertretbare Zustände herbeizuführen (Systemische Gesellschaft o. J.: o. S.). Systemische Praxis sucht im Dialog mit den Beteiligten, Beschreibungen zu entwickeln, die die Möglichkeiten aller Beteiligten, wahrzunehmen, zu denken und zu handeln, erweitern (ebd.). Es geht darum, Ressourcen zu aktivieren, um durch Selbstorganisation Ziele zu erreichen.

In systemischer Sicht hängt alles mit allem zusammen. Monokausale Zusammenhänge sind skeptisch zu sehen, Beziehungsgefüge sind exponentiell in der Vielfalt ihrer Verknüpfungsmöglichkeiten. Deshalb lohnt es, vor einer Reduktion von Komplexität, möglichst viele Bedingungen und Einflussfaktoren in den Blick zu nehmen und Methoden heranzuziehen, die für die Abbildung und das Handeln in Komplexität geeignet sind.

1.3.4 Die „Herstellung" von guter Qualität in der Kindertagesbetreuung ist das Ergebnis eines kompetenten Systems

Es besteht in Wissenschaft, Praxis und Politik ein breiter Konsens, dass die Qualität des Angebots frühkindlicher Erziehung, Bildung- und Betreuung wesentlich von „kompetenten" Fachkräften abhängig ist. Aber wie kann Kompetenz verstanden und ihre Entwicklung in diesem komplexen Handlungsfeld der Arbeit mit Kindern und Familien eines Sozialraums unterstützt werden? Die Forschungsergebnisse der CoReStudie[5], die sich diesen Frage-

---

5   Die CoRe-Studie (Competence Requirements in Early Childhood Education and Care; 2010-2011) erforscht Konzeptionalisierung von „Kompetenz" und „Professionalität" in der Praxis der Kindertagesbetreuung und identifiziert systemische Bedingungen für die Ent-

stellungen widmete, weist aus, dass gute Qualität in der Kindertagesbetreuung von hohen systemischen Kompetenzen abhängig ist und zwar nicht (nur) hinsichtlich der Kompetenzen von Einzelpersonen sondern von den Kompetenzen des gesamten Systems (European Commission 2011: 27). Die Ergebnisse der CoRe-Studie unterstützen somit die Ausführungen und Zusammenhänge dieses Kapitels.

„Kompetenz" in der Kindertagesbetreuung ist, so die Autoren der CoRe-Studie, nicht einfach das Ergebnis formaler Qualifizierung von Individuen. „Kompetenz" entwickelt sich in wechselseitigen Beziehungen zwischen Individuen, Teams, Einrichtungen und dem weiteren Zusammenhang von Gemeinwesen und Gesellschaft. „Kompetenz" entfaltet sich auf vier Systemebenen (ebd.: 33):

- Individuelle Ebene
- Institutionelle und Teamebene
- Inter-institutionelle Ebene
- Governance-Ebene.

Auf jeder dieser Ebenen gibt es zudem ein spezifisches Wissen, eine Handlungspraxis und Werte, die die jeweilige Kompetenz prägen (ebd.: 33). Das Zusammenspiel von Wissen, Handlungspraxis und Werten im Miteinander der Systemebenen generiert vielfältige Ausgestaltungen von Kompetenz und qualitativer Praxis. Die CoRe-Forschungsergebnisse und die daraus abgeleiteten Handlungsempfehlungen sehen einen „kontinuierlichen Lernprozess" auf allen Ebenen vor, der sich durch Reflexion und ko-konstruktive Diskurse unter Beachtung von Theorie und Praxis auszeichnet (ebd: 27). Beispielhaft sei für die einzelnen Systemebenen genannt:

- Individuelle Ebene: Eine „kompetente" Fachkraft ist immer das Ergebnis eines kontinuierlichen Lernprozesses. Ein Prozess, der die eigenen Praktiken und Überzeugungen ständig in Bezug auf sich verändernde Kontexte hinterfragt (ebd.: 35).
- Institutionelle Ebene: Die Kompetenzen des Einzelnen und des Teams entwickeln sich wechselseitig und tragen in dieser Wechselseitigkeit zu einer Qualifizierung der Institution als Ganzes bei. (ebd.: 39).
- Interinstitutionelle Ebene: Ein systemischer Ansatz zur Pro-

---

wicklung, Förderung und Sicherstellung von Kompetenz auf allen Handlungs- und Verantwortungsebenen frühpädagogischer Praxis. Die Studie wurde von der Generaldirektion „Bildung und Kultur" der EU-Kommission in Auftrag gegeben. Das Kernforschungsteam in London und Gent wurde von einem internationalen Expertenteam unterstützt und arbeitete mit bedeutsamen europäischen und internationalen Netzwerken des frühkindlichen Sektors zusammen.

fessionalisierung muss den Austausch mit anderen Einrichtungen suchen, um die unterschiedlichen Kompetenzen im lokalen Kontext für Kinder und Eltern fruchtbar zu machen (ebd: 42).

- Governance: Hier wird (u.a.) die Ko-Konstruktion mit allen Beteiligten benannt, um einen kohärenten Rahmen für das Praxisfeld der Kindertagesbetreuung zu gewährleisten (ebd.: 44).

Deutlich wird hier, dass Kompetenz damit etwas ist, das sich abhängig von einem Beziehungsgefüge kontextabhängig entwickelt und immer wieder angepasst wird. Dieses Verständnis von Kompetenz verschließt sich einem einseitig normativen Katalog von Wissen und Handlungspraxis. Kompetenzbildung, als Grundlage für die Sicherung und Weiterentwicklung von Qualität in der Kindertagesbetreuung, entsteht durch beständige Reflexion auf allen Ebenen.

1.3.5 Kompetenzen herausbilden, Qualität sichern und weiterentwickeln: Im Diskurs

Der „Diskurs" hat als zentrales Arbeitsmittel systemischer Praxis und Methode zur Sicherung und Weiterentwicklung von Qualität in der Kindertagesbetreuung seine Legitimation. Er ermöglicht Reflexion und Austausch auf allen Handlungs-, Verantwortungs- und Systemebenen. Dabei ist der Diskurs mehr Haltung denn Methode. Er beachtet die Autonomie beteiligter Systeme, sichert Partizipation und ermöglicht Denken und Handeln in komplexen Zusammenhängen. Zugleich bewahrt er vor der Hybris, Qualität „top down" verordnen oder „herstellen" zu wollen. Die gute und die schlechte Nachricht ist: Gute pädagogische Qualität in der Kindertagesbetreuung lässt sich nicht verordnen. Eine „schlechte Nachricht" deshalb, weil das Anliegen zur Sicherung guter Qualität sich einfachen Umsetzungsstrategien entzieht. Es käme, im Bild gesprochen, dem Anspruch gleich, die Bewegungen eines Mobilés, das seiner eigenen, gewissermaßen „autonomen" Logik und damit eher mathematischen Prinzipien der Chaostheorie folgt, gezielt zu steuern. Es hätte letztlich etwas „gewalttätiges"[6]. Eine „gute Nachricht" dann, wenn man be-

---

6 Sieht man das jeweilige System einer Kindertageseinrichtung als ein zusammenhängendes lebendiges System mit vielen ineinandergreifenden Funktionen, dann ist jeder „verordnete" Eingriff eine „Störung", auf die das System reagiert. Dabei können „Störungen" eine befruchtende Krise auslösen, die zur Weiterentwicklung beiträgt; die Irritationen können aber das System auch schwächen. Nüchtern schreibt (Wenzel o. J.: o. S.): „Bei lebenden Systemen der Biologie wird die Unteilbarkeit des Ganzen darin deutlich, dass das Zerlegen in einzelne Teile meist auch nach späterem Zusammensetzen nicht mehr die ursprüngliche

denkt, dass Autonomie und Partizipation auch geteilte Verantwortung heißt, d.h. Qualität wird in einer Verantwortungsgemeinschaft erbracht. „Wer immer aufgrund seiner Rolle vor der Aufgabe steht, das Verhalten anderer Menschen oder sozialer Prozesse zielgerichtet beeinflussen zu sollen … muss mit dem Widerspruch leben, die Verantwortung für das Verhalten von Systemen zu tragen, die ganz offensichtlich nur in sehr begrenztem Maße steuerbar sind (Simon 2007: 9)." Die vermeintlich „schlechte" Nachricht, nur begrenzt Einfluss nehmen zu können, ist zugleich eine Entlastung: Der Einfluss auf das Gegenüber ist begrenzt, und die Eigenverantwortung des Anderen und gegebene Strukturen, d.h. ein vielfältiges „Es ist, wie es ist", werden ernst genommen.

In Anlehnung an den Sozialkonstruktivismus, der Wissen als soziale Konstruktion versteht, „folgt daraus ein Verständnis von Lernen und Entwicklung, das … die soziale Eingebundenheit des Individuums betont" (Fthenakis 2015: 7) und ermöglicht. Der Diskurs bildet die Grundlage für die Erarbeitung eines gemeinsamen Verständnisses von Qualität im jeweils gegebenen Kontext[7]. „In solchen Diskursen entwickeln soziale Gemeinschaften

---

Einheit ergibt. Ein Säugetier, in einzelne Teile zerlegt, ist tot. Auch in den Sozial- und Kulturwissenschaften kann ein Subsystem nur unter Berücksichtigung seiner Beziehung zu anderen Subsystemen und zum Gesamtsystem verstanden werden. Unterschiede zeigen sich zwangsläufig immer dann, wenn die Umwelt der jeweiligen Systeme stark differiert. So unterscheiden sich gesellschaftliche Gruppen verschiedener Länder durch Sprache, Umgangsformen und Sitten."

7   Die Entwicklungen zur Qualitätssicherung im Land Rheinland-Pfalz betreffend heißt es in einem Protokoll des 2. Kita-Tag der Spitzen vom 20.09.2007, einem Gremium der Verantwortungsträger für Kindertageseinrichtungen (Kommunale Spitzenverbände, Freie Träger, Land, Elternvertretung): „Es wird sich darauf verständigt, eine Arbeitsgruppe einzusetzen, die sich Fragen der Qualitätssicherung in rheinland-pfälzischen Kindertagesstätten annimmt. Im Diskurs sollen Aspekte der Qualitätssicherung und Instrumente hierzu in den Blick genommen werden. Eine erste Sitzung soll der Verständigung über die Ziele dienen. Am Ende kann eine Vereinbarung zur Qualitätssicherung der Arbeit in Kindertagesstätten in Rheinland-Pfalz stehen." 2010 werden die „Empfehlungen zur Qualität der Erziehung, Bildung und Betreuung in Kindertagesstätten in Rheinland-Pfalz" veröffentlicht. Aus dem Protokoll vom 8. Kita-Tag der Spitzen am 6.12.2010: „Gemeinsam kann man auf das Produkt stolz sein, da es die bereits vollzogene Entwicklung seit Veröffentlichung der Bildungs- und Erziehungsempfehlungen (BEE) sichert und zur Weiterentwicklung der Qualität in der Fachpraxis einen wertvollen Beitrag liefert. … ist sich sicher, dass die intensive Befassung mit den Inhalten der Empfehlungen in den kommenden Jahren – gerade auch durch den nun weiterzuführenden Diskurs zur Umsetzung evaluativer Strategien auf Landesebene – den gemeinsamen Prozess zur Sicherung der Qualität rheinland-pfälzischer Kindertagesstätten stärken wird." Und auf dem 9. Kita-Tag der Spitzen am 14.12.2011 konnte festgehalten werden: „Die Verantwortungsträger für Kindertagesstätten in Rheinland-Pfalz verfolgen das Ziel einer Evaluation zur Qualität der Erziehung, Bildung und Betreuung in Kitas in Rheinland-Pfalz. D.h. es geht darum, Formen zu finden, die die Qualität und deren Weiterentwicklung in einer Weise abbilden, die (1) ‚Be-gut-achtung' als Wertschätzung der wahrgenommenen professionellen Verantwortung versteht und entsprechend sowohl die Sicherung des Erreichten als auch die Motivation zur Weiterentwicklung in den Blick

eine geteilte Sprache von Bedeutungen, eine gemeinsame Weltinterpretation, die die Wirklichkeit nicht lediglich beschreibt, sondern als sozial geteilte Wirklichkeit erschafft" (ebd.: 7). „Die sozialkonstruktivistische Konzipierung von Bildungsprozessen wird im frühpädagogischen Feld mit zwei Argumentationslinien begründet: Erstens wird in einer empirischen Begründung auf die belegte Effektivität ko-konstruktiver Bildungsprozesse verwiesen, zweitens in einer gesellschaftspolitischen Begründung auf die Notwendigkeit, in einer diversen, komplexen Gesellschaft Bildungsprozesse in ihrem soziokulturellen Kontext zu analysieren und zu gestalten." (ebd.: 4). Vor dem Hintergrund eines systemischen Denkansatzes und in Verbindung mit den Ergebnissen der CoRe-Studie (European Commission 2011) ermöglichen und sichern Diskurse Entwicklungsprozesse der Kompetenzbildung und der Qualitätssicherung im komplexen Beziehungsgefüge der Kindertagesbetreuung.

nimmt [und] (2) der Öffentlichkeit verdeutlicht, dass sich die Fachpraxis ihrer Qualitätsverantwortung bewusst ist. Dabei geht es darum, einen Weg zu finden, gemeinsam über die Umsetzung der „Empfehlungen zur Qualität der Erziehung, Bildung und Betreuung in Kindertagesstätten in Rheinland-Pfalz" zu berichten und zugleich zu berücksichtigen, dass die Handhabung der Empfehlungen in der Praxis und damit die Verantwortung für Qualitätsmanagementprozesse der Autonomie der vor Ort handelnden Träger der Einrichtungen und örtlichen Träger der öffentlichen Jugendhilfe obliegt. Die Vielfalt der Gestaltungs- und Umsetzungsmöglichkeiten wird als profilbildender Bestandteil der Fachpraxis wertgeschätzt." Mit dem Start des Landesprogramms Kita!Plus und dem darin verankerten Projekt „Qualitätsentwicklung im Diskurs" wurde diese Zielperspektive aufgegriffen: „… soll eine beginnende systematische Evaluation der pädagogischen Arbeit von Kindertagesstätten Qualität sichernde Prozesse und Verfahren zu den „Empfehlungen zur Qualität der Erziehung, Bildung und Betreuung in Kindertagesstätten in Rheinland-Pfalz" insbesondere im Hinblick auf die Zusammenarbeit mit Eltern und die Familienorientierung in den Blick nehmen. Es geht um die weitere Etablierung eines Qualitätsbegriffs der „Entwicklung im Diskurs", auch in Abgrenzung von anderen Qualitätsverständnissen. … Perspektivisch soll die Methodik der Evaluation als fester Bestandteil der Qualitätsentwicklung als professionelle, partizipative, systematische und datenbasierte Beschreibung und Bewertung von pädagogischen Prozessen im System implementiert werden. … Schwerpunkt der Evaluation sind nicht Strukturdaten, sondern pädagogische Prozesse. … Grundlage ist die in den Empfehlungen zur Qualität zugrunde gelegte Haltung der Partizipation, der mit diskursiven und dialogischen Verfahren und Instrumenten Rechnung getragen wird. Respekt und Wertschätzung gegenüber der Fachpraxis sind Voraussetzungen für das Interesse, die Qualität in Kindertagesstätten zu sichern und weiterzuentwickeln…" (einsehbar unter: https://kita.rlp.de/Qualitaet.651.0.html)" In der Einladung zur Gründung des projektbegleitenden Beirats wird es (Februar 2013): „Mit einem Projekt erfolgt ein weiterer konsequenter Schritt in der die Qualität rheinland-pfälzischer Kindertagesstätten sichernden ‚Entwicklungsreihe': Von der Erarbeitung der Bildungs- und Erziehungsempfehlungen, der Empfehlungen zur Qualität oder auch dem Fortbildungs-Curriculum hin zu Perspektiven der Evaluation. Das Engagement der Träger wird zur Darstellung gebracht und damit in der landesweiten (politischen) Öffentlichkeit stärker sichtbar. Auch für dieses Projekt gilt, dass wir ‚im Gehen lernen' werden. … bedanken uns für Ihre Bereitschaft und Unterstützung dabei, diesen Weg mit dem Wissen und den Erfahrungen, die sich in der Fachpraxis Ihrer Organisationen findet, zu bereichern und gemeinsam zu beschreiten."

Dies gilt für Systeme jeder Größe, ob Individuum oder lernende Organisation.

1.4   Das Kita!Plus-Programm und seine Handlungsfelder

Unter dem ersten inhaltlichen Kapitel „Wir wollen beste Bildung für Alle" findet sich das Kita!Plus-Programm im Koalitionsvertrag von SPD und Bündnis 90 Die Grünen in Rheinland-Pfalz (2011). Bereits dort werden wichtige Aspekte des Förderprogramms „Kita plus: für starke Kinder und starke Eltern" benannt:

- Altersmischung
- Inklusion
- Sprachförderung
- Familienbildung
- Übergang in die Schule
- Partnerschaftliche Zusammenarbeit zwischen Eltern und Kindertagesstätten
- Ausbau von Kindertagesstätten zu „Familienzentren mit sozialpädagogischer Kompetenz"
- Kindertageseinrichtung in sozialen Brennpunkten besonders in konzeptionellen Überlegungen vorantreiben (vgl. SPD 2011: 7f.).

Weitere im Koalitionsvertrag genannte Schwerpunkte, die mehr oder weniger implizit in das Programm einflossen, sind:

- Beitragsfreiheit des Kindergartens ab dem zweiten Lebensjahr
- Stärkung der Kompetenzen der Erzieherinnen und Erzieher in der Entwicklungsdiagnostik
- Netzwerkstrukturen und Kooperationen u.a. mit Fachstellen ausbauen
- Stärkung des Bewusstseins für gesunde Ernährung
- Gute qualitative Rahmenbedingungen
- Qualifizierungsangebote gerade für Leitungskräfte
- Mehr akademische qualifizierte Kräfte in den Kitas (vgl. SPD 2011: 7ff.)

Aus diesen politischen Vorgaben entstanden im Programm Kita!Plus zunächst acht so genannte „Säulen", die im späteren Verlauf in sieben Handlungsfelder gefasst wurden, wobei Partizipation hierbei ein Querschnittsthema darstellt (siehe Tabelle 3).

Tabelle 3: Handlungsfelder von Kita!Plus

Nr.	Handlungsfeld	Inhalt
1	Kita im Sozialraum	Flexibel einsetzbare Mittel von bis zu 20.000 € für Kitas in Stadtteilen mit besonderem Entwicklungsbedarf
2	Netzwerk Familienbildung	Stärkung bestehender Maßnahmen, landesweiter Ausbau der Vernetzung, Stärkung der „Geh-Strukturen"
3	**Evaluation, Qualitätssicherung und -entwicklung**	**Evaluation von Kitas im Themenfeld der Eltern- und Familienorientierung auf der Grundlage der Qualitätsempfehlungen Landesbeirat**
4	Fortbildungscurriculum Kita	Fortentwicklung, Überarbeitung
5	Beteiligung von Eltern	Stärkung der inhaltlichen Beteiligung von Eltern im Alltag der Kita
6	„Biete-Finde"	Schaffung eines „Tools" auf dem Kita-Server
7	Kita und Ernährung	Berücksichtigung des Themas bei allen Verantwortungsträgern auf Landesebene
8	Partizipative Umsetzung	Berücksichtigung der Verantwortungsträger bei der Umsetzung des Programms

Quelle: eigene Darstellung in Anlehnung an Ministerium (2012a: 16)

Die Fokussierung auf Eltern, Familien und Sozialraum wurde von der Ministerin wie folgt beschrieben:

Mit Kita!Plus möchte das Land Rheinland-Pfalz die Kita zunehmend zu einem Ort für die ganze Familie machen. Im Mittelpunkt des Programms stehen die partnerschaftliche Zusammenarbeit mit Ihnen als Eltern und die gute Vernetzung der Kitas im Sozialraum (Alt 2013).

Kita!Plus wird in den folgenden sieben Handlungsfeldern beschrieben (vgl. Kita-Server 2015):

- Kita im Sozialraum
- Netzwerk Familie
- Qualität sichern
- Fortbildung
- Eltern beteiligen
- Biete und Finde
- Gesunde Kita

Mit jeweils 20.000 Euro werden im Handlungsfeld Kita im Sozialraum Kindertagesstätten in Wohngebieten mit besonderem Entwicklungsbedarf (über die örtlichen Jugendämter) gefördert, dabei erfolgt eine niedrigschwellige Unterstützung der Eltern mit Blick auf deren Erziehungsaufgabe.

Im Netzwerk Familie sollen Jugendämter in ihrer Aufgabe unterstützt werden, Familienbildung in Zusammenarbeit mit freien Trägern zu planen, zu steuern und an Alltagsorten von Familien anzubieten; eine Servicestelle „Netzwerk Familien stärken" unterstützt dies.

Im Bereich Qualität sichern, mit dem das Institut für Forschung und Weiterbildung (IFW) der Hochschule Koblenz beauftragt wurde (Projekt „Qualitätsentwicklung im Diskurs"), ist es das Ziel,

...ein eigenes bzw. integriertes, praxistaugliches Instrument zur Qualitätsentwicklung in den Bereichen Eltern-, Familien- und Sozialraumorientierung zu entwickeln und anhand der verschiedenen Erkenntnisse gemeinsam mit der Praxis unter wissenschaftlicher Begleitung zu erproben und langfristig in der Arbeit der Kitas zu verankern (Kita-Server 2015).

Details zu diesem Projekt werden in dieser Publikation ausgeführt.

Im Handlungsfeld Fortbildung des Landesprogramms wurden neue Förderkriterien für die Fortbildung von Kita-Fachkräften entwickelt; neue Förderbereiche sind:

- Entwicklungsbegleitung von Kindern
- Zusammenarbeit mit Eltern und Familien
- Sprachbildung und interkulturelle Kompetenz
- Praxisanleitung
- Leitung der Kindertagesstätte
- Prozessbegleitung, Supervision, Coaching, Organisationsentwicklung.

Mit Elternbeteiligung verfolgt das Programm Kita!Plus die Stärkung der Beteiligung der Eltern in Kitas als Teil der Bildungs- und Erziehungspartnerschaft mit den Eltern.

Hinter Biete und Finde verbirgt sich eine Internet-Plattform, mit der die Vernetzung von Projekten, Leistungen und Kooperationen ermöglicht werden soll. Hier können Partnerinnen und Partner, z.B. aus der Wirtschaft, nach entsprechender Registrierung Projekte präsentieren und Kitas Kooperationsmöglichkeiten finden.

Schließlich liegt das Augenmerk der Gesunden Kita auf der gesunden Ernährung in Kindertageseinrichtungen; hier werden Kooperationen und Beratungen über eine eigene Homepage angeboten.

Festzuhalten ist, dass das Forschungs- und Entwicklungsprojekt in ein gesamtes Programm eingebunden ist. Als einziger Bestandteil von Kita!Plus wird darin die Forschung im Bereich der Qualitätsentwicklung und Evaluation fokussiert.

2 Evaluation im Kontext von Qualitätsentwicklung im Feld der Kindertageseinrichtungen

In Deutschland kamen Ende der 60er Jahre des 20. Jahrhunderts die Evaluationsprozesse auf, als es um neue Planungsverfahren und Erfolgskontrollen im industriellen Bereich ging. Mit der Ölkrise (Erhöhung des Erdölpreises 1973) nahm der Modernisierungsboom und damit eine erste größere Welle von Evaluationsvorhaben, die zumeist extern durchgeführt wurden, ein Ende (vgl. Stockmann 2014: 30f.).

Ein neuer Boom kam mit den Konzepten des „New Public Management" („neue Steuerung") auf, die aus den Niederlanden, dem Vereinigten Königreich und Skandinavien auf Deutschland übertragen wurden. Verbunden waren diese mit einer stärkeren Wirkungskontrolle und einer Kontrolle von Leistungen und der Abschätzung von Gesetzesfolgen. Im Jahre 1997 wurde die Deutsche Gesellschaft für Evaluation (DeGEval) gegründet, die Standards für Evaluation erarbeitete und 2004 verabschiedete (vgl. Stockmann 2014: 47ff.). Für den Bereich der Kindertageseinrichtungen kann zudem der PISA-Schock 2001 als ein wichtiger Auslöser für die Evaluationsbemühungen bewertet werden. Durch das schlechte Abschneiden Deutschlands in der OECD-Bildungs-Vergleichsstudie ist seitdem Bildung auch als Bestandteil der Frühen Kindheit im Fokus der Debatte, und so wurde in § 22a des SGB VIII 2005 die Evaluation durch das Tagesbetreuungsausbaugesetz (TAG) vom 27. Dezember 2004 gesetzlich festgeschrieben.

Der Titel des Gesetzes lautet in der Langform: „Gesetz zum qualitätsorientierten und bedarfsgerechten Ausbau der Tagesbetreuung und zur Weiterentwicklung der Kinder- und Jugendhilfe". Inhaltlicher Schwerpunkt des damaligen Gesetzes war zuallererst der „qualitätsorientierte und bedarfsgerechte Ausbau der Förderung von Kindern in Tageseinrichtungen und Kindertagespflege" durch den Ausbau qualifizierter Angebote zur Bildung, Erziehung und Betreuung (Deutscher Bundestag 2004: 23). In Anlehnung an die Nationale Qualitätsinitiative wird in der Begründung zum Gesetz formuliert:

Dem Stand der wissenschaftlichen Diskussion entsprechend [...] ist die Entwicklung eines pädagogischen Konzepts für die Erfüllung des Förderauftrags sowie der Einsatz von Instrumenten und Verfahren zur Evaluation der Arbeit heute ein unverzichtbares Instrument zur systematischen Qualifizierung der Arbeit in Kindertageseinrichtungen. Entsprechende Qualitätskriterien sowie Verfahren zur Qualitätsmessung und -entwicklung sind auf bundesweiter Basis innerhalb der „Nationalen Qualitätsinitiative" sowie von Trägern entwickelt worden, so dass Qualität zukünftig nicht mehr nur behauptet, sondern auch nachgewiesen werden kann. Die Notwendigkeit solcher Maßnahmen der Qualitätsentwicklung und -sicherung ergibt sich einerseits aus der Verpflichtung, alle Kinder individuell bestmöglich zu fördern sowie andererseits aus wissenschaftlichen Untersuchungen, die deutliche Qualitätsunterschiede zwischen den einzelnen Einrichtungen konstatieren (Deutscher Bundestag 2004: 32).

Im Gesetzeskommentar von Kunkel (vgl. 2014: 322) wird Evaluation als Überprüfung und Bewertung der Arbeit im Sinne der Konzeption verstanden, einschließlich der Rahmenbedingungen und der Ergebnisse. Weiter wird hier Evaluation so beschrieben, dass der Zusammenhang zur Qualität deutlich wird:

Evaluation beinhaltet u.a. die Vereinbarung von nachvollziehbaren Kriterien für gute Qualität, von Formen der Dokumentation und von Verfahren der Verständigung über die Bewertung (der Dialogorientierung kommt hier eine besondere Bedeutung zu). Instrumente und Verfahren der Evaluation sind u.a. angemessen, wenn sie die relevanten Qualitätsaspekte treffend erfassen können, wenn sie den jeweiligen Beurteilern (Fachkräften, Eltern, Kindern, externen Personen) problemlos das Einbringen ihrer Bewertung erlauben, und wenn sie möglichst wenig Aufwand verursachen. (Kunkel 2014: 322f.)

Besonders hervorgehoben werden in diesem Kommentar die Dialogorientierung und die Rolle der Beurteiler, die aus den wesentlichen Anspruchsgruppen besteht und die Kinder einbezieht. Insofern kann dies zumindest als ein Hinweis in Richtung einer internen und in Richtung einer Selbstevaluation gesehen werden. In diesem Kontext wird auch die Lern- und Bildungsbiographie des Kindes als Instrument der Erhebung der Ergebnisse auf Seiten des Kindes mit Blick auf die Entfaltung seiner individuellen Kompetenzen erwähnt (vgl. ebd.).

Dem Gesetzgeber ging es um eine nachweisbare Qualität, die insbesondere an der bestmöglichen Förderung des einzelnen Kindes ausgerichtet ist. In genau dieser Richtung wird auch Qualität im Sinne einer Ganzheitlichkeit in der Empfehlung des Deutschen Vereins von 2013 beschrieben:

Das Verständnis des Deutschen Vereins von Qualität folgt dem Primat der „Ganzheitlichkeit", welches sich in der Trias „Erziehung, Bildung und Betreuung" niederschlägt. Ein solches Verständnis stellt das Kind als ganze, eigene Persönlichkeit und seine Umwelt in den Fokus pädagogischen Handelns. Das Kind soll für ein selbstbestimmtes Leben befähigt und in der Entfaltung seiner ganzen Persönlichkeit ressourcenorientiert unterstützt werden. Dies geschieht auf der Basis eines dialogischen und partizipativen Prozesses, der alle Beteiligten einbezieht: das Kind, die Eltern, die Fachkräfte und das soziale Umfeld. Definiert man aus dieser Sicht Qualität, so ist pädagogisches Handeln in der lernenden Organisation Kindertageseinrichtung all das, was dazu befähigt, dass das Ziel einer ganzheitlichen Persönlichkeitsentwicklung (§ 1 SGB VIII) bestmöglich umgesetzt werden kann (Deutscher Verein 2013: 5).

Ein Qualitätsmanagement in diesem Sinn bedarf einer systematischen und beständigen Evaluation (vgl. ebd.: 6). Von Seiten des Gesetzgebers und der Empfehlungen auf Bundesebene geht Qualitätsentwicklung und -sicherung einher mit einer Evaluation, die

- zu gesicherten Erkenntnissen führt;
- Nachweise erbringen kann;

- systematisch und beständig erfolgt;
- dialogisch und partizipativ erfolgen muss, wenn sie als Bestandteil einer Qualitätsentwicklung mit diesen genannten Eigenschaften dienen soll.

Bereits an obigen Rückblicken in die Historie der Evaluation wird deutlich, dass sich Evaluation von einem stark von außen bewertenden Charakter hin zu einem partizipativen Instrument entwickelt hat.

Evaluation im Kontext von Kindertageseinrichtungen ist in erster Linie eine Programmevaluation, eine solche wird von Rossi et al. (2004: 16) gleichbedeutend mit Evaluationsforschung definiert:

Program evaluation is the use of social research methods to systematically investigate the effectiveness of social intervention programs in ways that are adapted to their political and organizational environments and are designed to inform social action to improve social conditions (Rossi et al. 2004 16).

Wie die eingangs genannte Definition von Evaluation nahelegt, kann Evaluation, insbesondere in der Sozialen Arbeit, nicht an einem reinen positivistischen und linearen Ursache-Wirkungs-Zusammenhang orientiert sein, sondern es muss auch darum gehen, Kontexte, Prozessfaktoren und Nutzerperspektiven einzubeziehen (vgl. May 2011).

Methodik und Wissen reichen für eine erfolgreiche Evaluation allein nicht aus. Da soziale Organisationen wie Kindertageseinrichtungen in Zusammenhänge von Organisation und Trägerschaften eingebunden sind, bedarf es auch einer Partizipation aller Beteiligten, die Evaluation überhaupt erst ermöglicht. So können die Ergebnisse einer solchen Evaluation auch in angemessener und für die Organisation (und letztlich für die Zielsetzung der Organisation, in diesem Fall für die Persönlichkeitsentwicklung der Kinder), nutzbar werden. Evaluationsergebnisse fallen dort auf fruchtbaren Boden, wo - wie in der Empfehlung des Deutschen Vereins empfohlen (vgl. 2013: 5) - die Organisation „eine lernende" ist.

In Anlehnung an Merchel (2010) werden im Folgenden Bedingungen zusammengefasst, die sich förderlich auf eine Evaluation auswirken können. Dabei wird unterschieden zwischen förderlichen individuellen Haltungen und einer förderlichen Kultur auf organisationaler Ebene (Tabelle 4).

Tabelle 4: Voraussetzungen für eine erfolgreiche Evaluation auf individueller Haltungs- und organisationaler Kulturebene

Förderliche individuelle Haltungen für eine Evaluation	Förderliche Bestandteile einer Organisationskultur für eine Evaluation
Reflexive Haltung	Vereinbarung unter den Beteiligten zur Transparenz von Zweck und Verfahren der Evaluation
Offenheit gegenüber neuen Impulsen zur Entwicklung	Regelungen zur Transparenz von Datenerhebung und Datenverwendung

Förderliche individuelle Haltungen für eine Evaluation	Förderliche Bestandteile einer Organisationskultur für eine Evaluation
Eingeständnis, in einem strukturell unsicheren Feld auf Informationen zur Bewältigung der Unsicherheit angewiesen zu sein	Glaubwürdigkeit in Bezug auf den fairen Umgang miteinander „Niemanden an den Pranger stellen"
Selbstsicherheit, die das eigenen Handeln in Frage stellt und durch andere in Frage stellen lässt	Mehrere Perspektiven und Hypothesen zulassen
Auffassung, dass Evaluation zu kompetentem und professionellem Handeln gehört	Dialogisches und partizipatives Muster der Kommunikation
	Bereitschaft, Ergebnisse und Empfehlungen aus der Evaluation zu erörtern

Quelle: eigene Darstellung in Anlehnung an Merchel (2010: 149 und 152)

Was für die Beziehung und das Lernen von Kindern in Kindertageseinrichtungen wichtig ist, sollte auch für das Team der Kindertageseinrichtung, ihre Leitung und ihren Träger von Bedeutung sein: Aus Fehlern kann man lernen. Eine fehlerfreundliche Kultur ist notwendig. Innerhalb müssen Entwicklungen zugelassen und Entscheidungen getroffen werden können, darüber, welche Veränderungen erforderlich sind, was sich bewährt hat und bleiben kann wie bisher. Wie Kinder durch Resilienz und Selbstbewusstsein stark werden, so mag dies im übertragenen Sinne auch auf Organisationen zutreffen: wenn Organisationen offen sind für Lernprozesse. Solche Lernprozesse können auch, aber nicht immer, durch Evaluationen angestoßen werden.

2.1   Evaluation allgemein

Evaluation als Beschreibung und Bewertung von Programmen in den Sozialwissenschaften ist durch eine Vielfalt von Traditionen und Ansätzen gekennzeichnet. Die Grundlinien der Evaluation im Instrumentarium von Kita!Plus: „Qualitätsentwicklung im Diskurs" sind sehr stark an einen partizipativen, methodenoffenen und entwicklungsbegleitenden Evaluationsbegriff angelehnt.

Allgemein lässt sich Evaluation nach der DeGEval definieren:

Evaluation ist die systematische Untersuchung des Nutzens oder Wertes eines Gegenstandes. Solche Evaluationsgegenstände können z.B. Programme, Projekte, Produkte, Maßnahmen, Leistungen, Organisationen, Politik, Technologien oder Forschung sein. Die erzielten Ergebnisse, Schlussfolgerungen oder Empfehlungen müssen nachvollziehbar auf empirisch gewonnenen qualitativen und/oder quantitativen Daten beruhen (DeGEval 2008: 15).

Evaluation als Bewertung und Grundlage für eine Entscheidungsfindung lässt sich –je nach Perspektive –in allen Bereichen von Sozialer Arbeit und von

Bildung finden. Immer dann, wenn systematisch Alternativen in den Blick genommen werden und Kriterien für eine Bewertung offengelegt werden, sind zumindest Vorformen einer Evaluation gefragt. Ob sich die Historie der Evaluation (wenngleich dies damals nicht so genannt wurde) zurückverfolgen lässt bis zur Schöpfungsgeschichte im Alten Testament (vgl. Stockmann 2014: 30), oder ob die Untersuchung eines britischen Flottenkapitäns im 17. Jahrhundert zur Vermeidung von Skorbut (zwei Vergleichsgruppen, eine mit, eine ohne Zitrusfrüchte; vgl. Rossi et al. 2004: 2) dazu rechnen kann, sei dahingestellt. Müller jedenfalls verweist am Beispiel der Armutsforschung darauf, dass z.B. Thomas von Aquin (1225-1274) zwar allgemein den Wert und die Funktion der Armen eingeschätzt habe, eine Evaluationsforschung sich aber speziell auf die Erforschung von Interventionen und deren Wirkung bezog (Müller 1978: 15f.). In jüngerer Zeit jedoch wuchs das Interesse an verlässlichen Bewertungen vor allem in Zeiten der Krisen.

Für den Bereich der Kindertageseinrichtungen können als solche „Krisenzeiten" der Sputnik-Schock im Jahr 1957 und der sich anschließende „Bildungsboom" der 1960er Jahre (Überprüfung der Programme in den 60er Jahren vor allem in den USA), der PISA-Schock 2001, sowie die Debatte um die Finanzierung von öffentlichen Leistungen im Kontext der sogenannten „neuen Steuerung" als große Auslöser von Evaluationsbemühungen verstanden werden. Hierbei ging es in erster Linie jeweils darum, Wirkungen unterschiedlicher Alternativen zu bewerten, um sich für bessere und wirksamere Alternativen zu entscheiden. Stockmann beschreibt Evaluation als Erfindung der Moderne:

Sie ist einerseits verknüpft mit der Vision eines wirtschaftlichen und sozialen Fortschritts, eines Aufwärtsstrebens und ständig Bessermachens und andererseits mit dem Glauben an die Machbarkeit und steuernde Beeinflussbarkeit der gesellschaftlichen Entwicklung (Stockmann 2014: 22).

Evaluationen werden, auch jenseits der so genannten 4th Generation Evaluation, mehr und mehr in einem zirkulären Zusammenhang gedacht, der auf Augenhöhe das Experten- und das methodische Wissen der Evaluierenden mit dem Anwendungs- und Nutzenwissen der Praktiker_innen verbindet. Gemäß dem Nützlichkeitspostulat der Evaluationsstandards werden dann die Ergebnisse von den Praktiker_innen genutzt, um eine Entscheidung für ein Programm zu fällen (summative Evaluation) oder ein Programm zu verbessern (formative Evaluation).

Wenngleich oft einfache, zahlenbasierte Ergebnisse von Evaluationen vom Auftraggeber erwartet werden, scheitert doch vielfach die Implementierung der Maßnahmen aus den gewonnenen Ergebnissen. Eine Möglichkeit, diese Schwierigkeiten zu überwinden, ist, neben der in dieser Publikation erläuterten und dargestellten „Developmental Evaluation" als entwicklungsfördernde und entwicklungsbegleitende Evaluation, Formen einer partizipativen Forschung oder einer partizipativen Evaluation zu nutzen.

Wirkungsmodelle gehen in den Sozialwissenschaften mehr und mehr davon aus, auch die Komplexität der Realität abzubilden und sich von rein linearen Konzepten abzuheben. Als Beispiel aus einem anderen Kontext soll hier kurz das Wirkungsmodell der Deutschen Gesellschaft für Internationale Zusammenarbeit (GIZ) dargestellt werden (vgl. Gajo 2014). Wurde vorher von einer Wirkungskette ausgegangen, die im Wesentlichen aus sieben Elementen bestand (Inputs, Aktivitäten, Leistung, Nutzung, direkte Wirkungen, indirekte Wirkungen, hoch aggregierte Wirkungen [tragen zu übergeordneten entwicklungspolitischen Zielen bei] (vgl. ebd.). So geht das neue Wirkungsmodell von anderen Voraussetzungen aus und ist eher als systemisch-zirkulär zu betrachten:

- Beschreibung von eintretenden Veränderungen, die kausal miteinander verknüpft sind.
- Systemischer Blick, gegenseitige Beeinflussungen und Feedbackschleifen werden erkannt.
- Erleichterte Diskussion aufgrund des Modells mit Partnern und Auftraggebern.
- Versuch, Veränderungen umfassend abzubilden.
- Alternative Handlungsoptionen aufzuzeigen.
- Identifikation von zu erbringenden Leistungen und Aktivitäten der einzelnen Partner.
- Kontrolle der Auftragsverantwortlichen und Partner über die Leistungen und Aktivitäten.
- Die Veränderungen, die selbst mit Wirkung beeinflusst werden können (Kooperationssystem), sind nur eine Teilmenge der Veränderungen, andere Akteure wirken mit.
- Es gibt weitere Veränderungen, die wenig beeinflussbar sind und im Interesse des Vorhabens der Organisationen sind; hier werden übergeordnete Wirkungen, Rahmenbedingungen und Risiken genannt.
- Durch die Unterscheidung der Veränderungen werden Rahmenbedingungen und Risiken besser sichtbar.
- Anschlussfähigkeit an andere Wirkungslogiken (wie z.B. Modelle der OECD).

Mit einigen Abwandlungen und Ergänzungen kann ein solches Wirkungsmodell auch im Bereich der Kindertageseinrichtungen Anwendung finden. In einem solchen komplexen System können nur einige Veränderungen direkt beeinflusst werden.

Methodisch können verschiedene „Wellen" und Generationen von Evaluation beschrieben werden. Zunächst wurde Evaluation als objektive Messung verstanden, die durch vermeintlich neutrale Evaluatoren vorgenommen wurde. Beispielsweise ging es in der Psychologie darum, der Exaktheit von

Naturwissenschaften möglichst nahe zu kommen (z.B. Intelligenztests). Schließlich folgte eine Beschreibung (u.a. auch mixed methods; der Evaluator sollte möglichst genau beschreiben), später eine Bewertung (eine Beurteilung des Gegenstandes der Evaluation war explizit erforderlich) und spätestens seit dem Buch „Fourth Generation Evaluation" (Guba und Lincoln 1989) die Partizipation und der Konsens.

Demnach kann die derzeitige Bedeutung einer „Evidenzbasierung" nicht unbedingt als eine neue Richtung angesehen werden, sondern, zumindest wenn sie sich auf quantitative Methoden bezieht, als Wiederentdeckung oder auch Rückschritt zur ersten Welle der Evaluation. Aus philosophischer Sicht muss jedoch der Evidentialismus als falsch und widerlegt betrachtet werden, insofern er es als erforderlich ansieht, nur noch dort zu handeln oder solche Methoden anzuwenden, deren Wirkungsweise bzw. Erfolg bewiesen ist.

Ein näherer Blick auf das Anliegen der „Fourth Generation Evaluation" lässt Bezüge zu einem partizipatorischen Ansatz einer Evaluation erkennen. Zunächst setzt die vierte Generation der Evaluation an den Problematiken der oben genannten anderen Generationen (Messung, Beschreibung, Beurteilung) an. Diese haben laut Guba und Lincoln (vgl. 1989: 32ff.) eher Tendenzen eines „Managerialismus". Dieser betrachtet außenstehende Evaluatoren im Bezug zu einem Manager; dabei werden vom Manager aus zum einen eher Rechte und Macht in der Beziehung an die außenstehenden Personen abgegeben, zum anderen ist diese Beziehung aber eher dazu geneigt, zu einem behaglichen Austausch ohne große Konsequenzen zu werden, einer Nichtberücksichtigung eines Wertepluralismus in einer Organisation, eine Überbetonung von Erhebungen und Befragungen. Demgegenüber geht eine „Fourth Generation Evaluation" von einem konstruktivistischen Modell der Evaluation unter Einbeziehung und Beteiligung von Anspruchsgruppen aus.

Einige Unterscheidungsmerkmale zwischen einer herkömmlichen Evaluation und der „Fourth Generation Evaluation" zeigt die Tabelle 5:

Tabelle 5: Merkmale der Fourth Generation Evaluation

Herkömmliche Evaluation	Fourth Generation Evaluation
Realität, Dinge, wie sie sind	Sinnvolle Konstruktionen
Werte der Evaluatoren haben eine hohe Bedeutung	Sinn machende Konstruktionen sind bestimmt durch die Werte der Konstrukteure
Realität ist objektiv	Konstruktionen sind verbunden mit den Kontexten. Konsens meint hierbei, dass gemeinsame Konstruktionen eine Realität darstellen
Evaluator und Klient haben das Privileg der Entscheidung	Berücksichtigung von Anspruchsgruppen
Evaluation muss zu anderen Handlungen führen	Vereinbarungen und Aushandlungsprozesse sind wichtig, der Evaluator hat eher die Rolle eines „Orchester-Chefs" bei Aushandlungsprozessen
Ungleiche Partner	Menschen sind involviert, daher sind Würde,

Herkömmliche Evaluation	Fourth Generation Evaluation
	Integrität, Persönlichkeiten mit Respekt zu behandeln; es geht um Partizipation und um gleiche Partner

Quelle: eigene Darstellung in Anlehnung an Guba und Lincoln (1989: 8ff.)

Zusammengefasst zeichnet sich eine solche „Fourth Generation Evaluation" durch folgende Merkmale aus:

- Evaluation als sozialpolitischer Prozess.
- Evaluation als kooperativer Prozess.
- Evaluation als lehrender und zugleich lernender Prozess.
- Evaluation als kontinuierlicher und rekursiver und divergierender Prozess.
- Evaluation als sich ergebender und „auftauchender" Prozess mit eigener Dynamik.
- Evaluation als Prozess mit nicht vorhersagbaren Ergebnissen (vgl. Guba und Lincoln 1989: 253f.).

Die Rolle des Evaluierenden wird dadurch zu einer zusammenarbeitenden, lernenden und zugleich lehrenden, zu einer entdeckenden und verändernden Aufgabe (vgl. ebd.: 260ff.). Unterschieden werden im Prozess der Evaluation insgesamt zwölf verschiedene Schritte:

1. Vereinbarung
2. Organisation
3. Identifikation von Anspruchsgruppen
4. Entwicklung von gemeinsamen Konstruktionen innerhalb der Gruppe
5. Verbreiterung der gemeinsamen Konstruktionen von Gruppen durch neue Informationen und verstärkte Erfahrung
6. Aussortierung gelöster Themen und Sorgen
7. Priorisierung ungelöster Themen und Probleme
8. Informationssammlung und Verfeinerung
9. Vorbereitung der Verhandlung über noch ungelöste Themen
10. Auswertung und Dokumentation
11. Verwendung, Rücklauf (vgl. ebd.: 186f.)

Gerade die Merkmale der Fourth Generation Evaluation lassen die Partizipation, eine Betrachtung von Konstruktionen des Systems und die gemeinsame Entwicklung deutlich werden, die auch grundlegend für das Evaluationsverständnis im Rahmen von „Qualitätsentwicklung im Diskurs" sind.

Trotz unterschiedlicher Ansätze scheint für alle Formen der Evaluation zuzutreffen, dass es um eine Verbesserung, um Fortschritt geht, wie von Kardorff ausgeführt:

Hinter einer Evaluation von Maßnahmen, Modellen und Programmen steht die Überzeugung, dass mit ihrer wissenschaftlichen Begleitung, Überprüfung und Bewertung ein höheres Maß an Rationalität, Effektivität und Effizienz sowie eine verbesserte Qualität im Sinne technischen, kulturellen, sozialen und menschlichen Fortschritts erreichbar sei (Kardorff 2006: 65).

2.2 Hintergründe der Evaluation im Instrumentarium „Qualitätsentwicklung im Diskurs"

Wesentliche Kennzeichen der „Qualitätsentwicklung im Diskurs" sind die Partizipation auch in der Evaluation „gemeinsam Evaluieren", der Charakter der Evaluation als entwicklungsfördernd und entwicklungsbegleitend (Developmental Evaluation) und schließlich die Offenheit für unterschiedliche Methoden. Sowohl quantitative als auch qualitative oder triangulative Methoden kommen dabei zum Einsatz.

2.2.1 Partizipative Evaluation

Generell ist eine Programmevaluation dadurch gekennzeichnet, dass sie die Ergebnisse wieder dem Programm zur Verfügung stellt und einen Zweck für das Programm erfüllen soll, so dass eine Beteiligung der programmverantwortlichen Personen und der wichtigsten Stakeholder unerlässlich ist.

Chouinard definiert eine solche partizipative Evaluation wie folgt:

Participatory approaches to evaluation can be defined by the engagement of participants in the evaluation process, rather than by any specific set of methods or techniques (Chouinard 2013: 241).

Die dabei auftretenden Besonderheiten, aber auch Spannungsbereiche lassen sich wie folgt beschreiben (vgl. ebd. 243ff.):

- Soziale Beziehungen zwischen den Evaluierenden und den verschiedenen Anspruchsgruppen sind bedeutsam. Ein solcher Ansatz ist das Gegenteil einer distanzierten oder eher technokratischen Herangehensweise einer Evaluation.
- Erkenntnistheoretische Hintergründe: Konstruktivistische und systemische Ansätze sind hier bedeutender als naturwissenschaftliche lineare Kausalitäten. Soziale, historische und politische Kontexte spielen eine große Rolle.
- Pädagogische Ausrichtung: Eine partizipatorische Evaluation ist auch ein Bildungsprozess, der in einem lernenden System stattfindet. Anspruchsgruppen arbeiten zusammen mit Evalu-

ierenden, um Themen zu identifizieren, Forschungsfragen zu entwickeln und zu stellen und schließlich die Forschungsergebnisse zu nutzen.

- Kontextabhängigkeit: Sowohl Kontexte auf der Mikro- als auch auf der Makroebene spielen eine Rolle und beeinflussen die Evaluation in ihrer Dynamik, die wechselseitigen Beziehungen und Politiken.
- Politik: Politische Macht verursacht Barrieren und versperrt Zugänge zur Partizipation; sie bestimmt, welche Stimmen gehört werden und welche Tagesordnungspunkte auf die Agenda kommen. Eine diskursive Ausrichtung internalisiert Normen und Werte, die eine Partizipation ermöglichen.
- Methodik: Partizipative Evaluation bevorzugt keine Methode; Entscheidungen bezüglich der Datensammlung und der Auswahl von Methoden werden kollektiv getroffen.
- Organisationsbezogenheit: Der Erfolg einer partizipativen Evaluation hängt entscheidend von einer unterstützenden Organisationskultur ab, welche Ressourcen zugänglich macht (Zeit und Unterstützung), Informationen und Programmbedarfe mit einer angemessenen Methodologie und einem geteilten Evaluationszweck verbindet.

2.2.2 Entwicklungsbegleitende und -fördernde Evaluation

Evaluation ist nie Selbstzweck, sondern sie dient einem Programm, in unserem Beispiel der Qualitätsentwicklung. Insofern ist Evaluation entwicklungsbegleitend und -fördernd. Wenn eine Kindertageseinrichtung sich auf den Weg einer Qualitätsentwicklung macht, so kann und soll Evaluation in dieser Entwicklung verlässliche Informationen liefern. Dieses ist nicht dauernd und an jeder Stelle erforderlich, sondern immer dort, wo entscheidende Weichen gestellt werden und die Informations- und Datenlage nicht ausreichend ist oder nicht ausreichend erscheint.

In diesem Sinne ist gerade die von Michael Quinn Patton entwickelte „Developmental Evaluation" (DE) eine für die Qualitätsentwicklung wichtige Methode, auch im Rahmen einer Selbstevaluation:

DE is appropriate when and if something is being *developed* in the face of *complexity*. DE is a purpose distinction and niche. If the purpose of a "self conducted/autonomous evaluation" is development in the face of complexity, then DE is appropriate and has no special requirements (Patton 2014).

Die Developmental Evaluation (siehe hierzu auch ausführlicher der Beitrag von Michael Quinn Patton in Kapitel 2.3) ist eindeutig nutzenbezogen (die Nützlichkeit ist als ein eigener Standard sowohl im deutschsprachigen Raum als auch in den USA definiert) und kann über eine Vielfalt von Methoden definiert werden. Das Problem bei vielen Evaluationen besteht darin, dass diese zwar von Evaluator_innen gewissenhaft und „nach allen Regeln der Kunst" durchgeführt werden und zu Perspektiven entwickelnden Ergebnissen kommen. Von den Auftraggebern in Politik und Praxis werden jedoch nicht alle Empfehlungen und Lernchancen genutzt (vgl. hier z.b. für den Bereich der Entwicklungspolitik AG Lernen aus Evaluationen 2005; viele der dort genannten Punkte lassen sich auch auf andere Bereiche der Evaluation übertragen). Kriterien auf Seiten von Politik und Praxis sind die Nützlichkeit und die Anwendbarkeit. Herkömmliche Evaluation muss daher immer bemüht sein, an die Perspektiven bedeutsamer Protagonisten im System anschließen zu können, d.h. die Nützlichkeit der aufgezeigten Ergebnisse und Perspektiven herauszuarbeiten. Eine Möglichkeit dazu stellt die Developmental Evaluation, verstanden als entwicklungsfördernde und entwicklungsbegleitende Evaluation, dar, welche die Entwicklung der Praxis und daher Handlungsoptionen in gegebenen Kontexten ermöglicht. Developmental Evaluation kann als theoretischer Hintergrund der hier zu entwickelnden „Qualitätsentwicklung im Diskurs" verstanden werden.

Entwicklungsfördernde Evaluation fokussiert sich gleichermaßen auf Sensibilität der Situation gegenüber, Reaktionsfreudigkeit und Anpassung. Sie ist ein Ansatz, speziell in Situationen hoher Unsicherheit angemessen zu evaluieren, in denen das, was sich tatsächlich entwickelt oder entwickeln könnte, relativ unvorhersehbar und unkontrollierbar erscheint. Entwicklungsfördernde Evaluation versucht gerade bei Phänomenen, die den Bedingungen der Komplexität, Dynamik, Interaktion und gegenseitigen Abhängigkeit unterliegen, aufzuklären und sinnvolle Aussagen zu treffen. Diese Bedingungen treten meist dort auf, wo sich Innovationen im Entstehungsprozess befinden (Patton 2011: 7 [eigene Übersetzung]).

Die Developmental Evaluation bietet sich insbesondere für die folgenden Zwecke an:

- Entwicklungsbegleitung bei der Anpassung und Ausrichtung von Projekten, Programmen, Strategien, politischen Entscheidungen oder bei innovativen Initiativen, die sich verändernde Bedingungen in komplexen dynamischen Systemen zum Gegenstand haben.
- Anpassung von effektiven Prinzipien, die aus anderen Kontexten adaptiert und unter neuen Rahmenbedingungen genutzt werden; Nutzung entwicklungsfördernder Evaluation in der Dynamik zwischen top-down und bottom-up Kräften der Veränderung.
- Entwicklungsanforderungen als schnelle Antwort auf eine unvorhersehbare größere Veränderung oder Krise, (z.B. eine Finanzkrise), um möglichst zeitnahe Lösungen und innovati-

ve und hilfreiche Interventionen für die Betroffenen bereit zu halten.

- In explorativen Phasen Entwicklung von ggf. messbaren Innovationen bis zu dem Punkt, wo diese durch herkömmliche, formative oder summative Evaluationen erfassbar sind.
- Entwicklungsfördernde Evaluation von wichtigen Systemveränderungen und Querschnittthemen, um ein Feedback der wichtigsten Systeme zu erhalten (vgl. Patton 2011: 21f.)

Kindertageseinrichtungen haben einen komplexen gesellschaftlichen Auftrag, der Interessen unterschiedlicher Anspruchsgruppen und deren Akteure (Kinder, Eltern, Familien, Sozialraum, Gesellschaft, Träger, Wissenschaft, Personal, Fachlichkeit, alle mit jeweils unterschiedlichen Hintergründen und Haltungen) berücksichtigen muss und zugleich in einer komplexen Umgebung erfolgt. Lineare Prozesse und Evaluationsformen scheiden hier weitgehend aus, denn sie können nur Teilbereiche dieser Komplexität abbilden. Entwicklungsfördernde und entwicklungsbegleitende Evaluation (Developmental Evaluation) bedient sich aller Methoden der Evaluation, bezieht diese auf die Entwicklung der Organisation und besitzt insofern Anteile von Organisationsentwicklung. Damit wird eine nachhaltige Entwicklung der gesamten Organisation, in unserem Fall der Kindertageseinrichtung, angestrebt. Um dies zu erlangen, sind vor allem zwei Dinge konstitutiv: Die Partizipation der Beteiligten und die dadurch bedingte Kommunikation. In Anlehnung an die Handlungsforschung und die partizipative Forschung werden die Anteile von Forschung und Beteiligung ineinander verschränkt, ohne jedoch die Rollen zu verwischen.

Als für Fachkräfte unkompliziert zu handhabendes Instrumentarium wird dabei Wert auf eine Selbstevaluation gelegt. Die unterschiedlichen Methoden erlauben je nach Zweck der Evaluation differenzierte Aussagen zu der Evaluationsfrage, sind allerdings durch die Bezogenheit auf die einzelne Kindertageseinrichtung nur beschränkt generalisierbar. Dies ist jedoch weniger der Methodik des Instrumentariums geschuldet als vielmehr der Komplexität von Kindertageseinrichtungen in ihrer Eltern-, Familien- und Sozialraumorientierung.

Eine gute Übersicht über die Unterschiede einer reinen Programmevaluation und einer Developmental Evaluation gibt Tabelle 6:

Tabelle 6: Vergleich Programmevaluation und Developmental Evaluation

Kategorie	Herkömmliche Programmevaluation	Komplexitätssensible entwicklungsfördernde und entwicklungsbegleitende Evaluation (Developmental Evaluation)
Zweck und Situation		
Evaluationszweck	Unterscheidung formativ-	Unterstützt Entwicklung von

Kategorie	Herkömmliche Programm-evaluation	Komplexitätssensible entwicklungsfördernde und entwicklungsbegleitende Evaluation (Developmental Evaluation)
	summativ: formativ: zur Verbesserung, summativ: zur Testung, Überprüfung und Validierung von Programm- Modellen; Verantwortlichkeit	Innovation und Anpassung von Interventionen in dynamischen Umwelten
Angemessene Situationen	Handhabbare und stabile Situationen; problemverursachende Wurzeln sind bekannt und begrenzt; Interventionen sind halbwegs gut konzipiert; Ziele sind bekannt; Schlüsselvariablen die die erwarteten Ergebnisse bestimmen, sind kontrollierbar, messbar und Vorhersagbar.	Komplexe und dynamische Umwelten, Lösungen für die Hauptprobleme sind nicht bekannt; es sind keine sicheren Wege vorhanden, und mehrere Pfade sind möglich; Bedarf für Innovation, Exploration und soziales Experimentieren
Vorherrschender Bereich und Denkweise	Herausfinden, ob ein Programmmodell wirkt: Schwerpunkt auf Wirkung, Effizienz, Einfluss und Skalierbarkeit	Möglichkeiten herausfinden; Ideen generieren und ausprobieren; erste Modelle entwickeln; keine bilanzierbaren Erwartungen in einer laufenden Innovation/Entwicklung, kein Erreichen einer bestimmten vorher festgelegten Intervention
Fokus und Ziel der Evaluation		
Ziel der Veränderung	Festgelegte Effekte für beschriebene Programmnutzer und -teilnehmer; Veränderungen in individuellem Verhalten und Leistungsindikatoren	Systemveränderungen entlang von Kontinuen von kleinen Systemen zu sich auftuenden sozialen Innovationen für wichtige, dahinterliegende Auswirkungen großer Probleme
Treibende Kräfte der Intervention	Ergebnisorientiert; System wird als Kontext gesehen	Orientiert an Systemveränderungen, spezielle Auswirkungen sind dynamisch und auftauchend
Fokus der Evaluationsergebnisse	Formativ: Verbesserung und Feinsteuerung von Modellen; Vorbereitung für summative Evaluation; Summativ: Erteilen eines umfassenden Urteils über Leistung, Wert, Erfolg oder Misserfolg	Entwicklung: Bereitstellung zeitnahe Rückmeldungen für Entwicklung; Lernen ermöglichen und Unterstützung von Handeln in einem Entwicklungsprozess
Evaluationsfokus	Evaluation top-down (theo-	Evaluation hilft, Innovatoren

51

Kategorie	Herkömmliche Programm-evaluation	Komplexitätssensible ent-wicklungsfördernde und entwicklungsbegleitende Evaluation (Developmental Evaluation)
	riebezogen) oder bottom-up (Partizipation)	durch die konfuse Mitte zu steuern, in der sich top-down und bottum-up Kräfte kreuzen und oft auch kollidieren
Modellbildung und Methoden		
Ansatz der Modellbildung	Gestaltung der Evaluation auf der Basis von linearen Ursache-Wirkung-Modellen: spezielle Inputs in Aktivitäten oder Prozesse, dann von Outputs hin zu Wirkungen und weiteren Auswirkungen. Kausalität ist modelliert, in Hypothesen gefasst, vorher-gesagt und dann getestet	Gestaltung der Evaluation unter Nutzung von Systemdenken zur Erfassung und Aufzeichnung von komplexen Systemdynami-ken und gegenseitigen Abhän-gigkeiten und Aufspüren von aufscheinenden gegenseitigen Verbindungen. Kausalität basiert auf dem Entdecken von Mustern (Rückschlüsse auf die beste Erklärung), rückblickend konstruiert von Beobachtungen
Widersprüche	Widersprüche sind bedeu-tend für den Umgang mit Zuweisungen.	Widersprüche sind aufgrund der Komplexität bedeutungslos: die Anzahl von auftretenden Variab-len, Möglichkeiten und deren dynamische Interaktion ist zu groß, um einfache Widersprü-che zu konzeptualisieren.
Zugänge zu einer Messbar-keit	Messung von Leistung und Erfolg entsprechend vorher definierten Zielen und SMART Ergebnissen: spezifisch, messbar, er-reichbar, realistisch und terminiert	Entwickelt Messgrößen und Mechanismen, sobald sich Ergebnisse zeigen; Messgrößen können sich verändern während der Evaluation, wenn Prozesse sich entfalten. Folgen den Abzweigungen der Straße und den Konsequenzen von Schlüsselentscheidungen, sobald Innovationen entstehen.
Beachtung von unerwarte-ten Folgen	Typischerweise symbolische Beachtung, wenn überhaupt, bezüglich unerwarteter Folgen oder Nebenwirkun-gen	Erwartung von Überraschungen. Ernsthafte Beachtung von nicht vorhergesehenen und erschei-nenden Phänomenen als fun-damentale Funktion von Evalua-tion
Verantwortlichkeit für das Evaluationsdesign	Der Evaluator bestimmt das Design, basierend darauf, was aus seiner Perspektive präzise ist. Der Evaluator ist verantwortlich für die Eva-luation und bestimmt die Evaluation selbst, wenn der	Der Evaluator arbeitet mit denen zusammen, die sich für Verän-derung engagieren, um eine Evaluation zu ko-konstruieren, die nützlich ist und zur Philoso-phie und Organisation des Innovationsprozesses passt.

Kategorie	Herkömmliche Programm-evaluation	Komplexitätssensible entwicklungsfördernde und entwicklungsbegleitende Evaluation (Developmental Evaluation)
	Input von Anspruchsgruppen erwünscht ist.	
Methodenansatz und Philosophie	Stark methodenfokussiert: Die Evaluation wird zuvorderst nach ihrer Validität und methodologischen Kriterien beurteilt; Nützlichkeit wird als methodenabhängig gesehen. Herkömmliche Forschungsstandards und Qualitätsstandards sind vorherrschend.	Nutzenfokussiert: Methoden werden nach ihrer Dienst-funktion für den Entwicklungs-nutzen ausgewählt. Methoden sind abhängig vom Nutzen und von pragmatischen Überlegungen; Urteile über methodische Qualitäten sind abhängig von Kontext und beabsichtigtem Nutzen.
Interpretation und Argumentationsprozess	Vor allem deduktiv; bei der Nutzung von qualitativen Methoden auch induktiv. Analyse von Zuordnungen.	Abduktion (Folgerung zur besten Erklärung) und Pragmatismus. Analyse des Beitrages (zur Entwicklung).
Rollen und Beziehungen		
Ideale Einstellung des Evaluators	Der Evaluator ist unabhängig, egal ob er intern oder extern ist. Seine Glaubwürdigkeit ist von seiner Unabhängigkeit abhängig.	Der Evaluator ist Teil des Innovationsteams, Ermöglichender und lernender Coach, er bringt evaluatives Denken in die Gruppe, unterstützend gegenüber den Werten und Visionen des Innovators. Die Glaubwürdigkeit ist abhängig von einer gegenseitig respektvollen Beziehung.
Ort und Fokus der Verantwortung	Verantwortung ist fokussiert und gesteuert durch externe Autoritäten und Geber, basierend auf vorbestimmten Kriterien.	Verantwortung zentriert sich auf den tiefen Sinn fundamentaler Werte des Innovators und die Verpflichtung, einen Unterschied herzustellen; Geber müssen an das glauben, was entwickelt und gelernt wird als Fokus der Verantwortung.
Organisationaler Ort der Evaluation	Evaluation hat oft eine Befolgungsfunktion, die in der Organisation herunterdelegiert wird und/oder einem externen Evaluator übergeben wird.	Evaluation als Leitungsfunktion: sie nähert sich einem Test der Realität, ist ergebnisfokussiert, lernorientierte Führung
Evaluationsergebnisse und Auswirkungen		
Gewünschte und ideale Evaluationsergebnisse	Validierte beste Praxis, die sich über Zeit und Raum hinweg generalisieren lässt.	Effektive Prinzipien, die Praxis informieren und mit minimalen Anforderungen im lokalen Kontext angepasst werden

Kategorie	Herkömmliche Programmevaluation	Komplexitätssensible entwicklungsfördernde und entwicklungsbegleitende Evaluation (Developmental Evaluation)
		können.
Evaluationsansatz zur Messbarkeit und zur Verbreitung von Modellen	Verbreitung von Modellen und Messbarmachung von bester Praxis, der Schwerpunkt liegt auf möglichst präziser Wiederholung.	Schwerpunkt liegt auf der Anwendung von Prinzipien und der Anpassung an lokale Kontexte.
Berichtsmodus	Oft schwerfällige, detailliert formale Berichte, schulmeisterliche Sprache (dritte Person, passiv).	Schnelle Rückmeldung in Echtzeit (erste Person, aktiv).
Auswirkung der Evaluation auf die Organisationskultur	Evaluation erzeugt oft Angst und Misserfolg.	Evaluation zielt darauf ab, den Hunger auf Lernen zu nähren.
Evaluationskapazitäten, die während des Evaluationsprozesses gebildet werden	Gewöhnlich kein Ziel; der Schwerpunkt liegt auf dem Erhalten von glaubwürdigen Evaluationsergebnissen, basierend auf gründlichen Methoden.	Bildung von laufenden und Langzeit-Kapazitäten zum evaluativen Denken und Handeln, eingebunden im Prozess.
Zugänge zur Komplexität		
Zugänge zur Unsicherheit	Ziele so sicher und vorhersagbar wie möglich.	Nimmt Unsicherheit und Nichtvorhersagbarkeit als gegeben an in komplexen und dynamischen Situationen.
Zugänge zur Kontrolle	Der Evaluator versucht, Design-Umsetzungen und den Evaluationsprozess zu kontrollieren.	Lernen, auf die Kontrolllücke zu reagieren; in Kontakt mit den Dingen bleiben, die sich entfalten und dementsprechend und beweglich reagieren.
Professionelle Qualitäten	Methodische Kompetenz und Verpflichtung auf Präzision; Unabhängigkeit; Glaubwürdigkeit bezüglich externer Autoritäten und Geber, analytisches und kritisches Denken.	Methodologische Flexibilität, Eklektizismus und Anpassungsfähigkeit; systemisches Denken: Balance von kreativem und systemischem Denken; hohe Ambiguitätstoleranz; offen und beweglich sein, Teamarbeit und die Fähigkeit, mit Menschen umzugehen. Fähigkeit, evidenzbasierte Reflexionen zur Information für Handlungen zu nutzen.
Evaluationsstandards und Ethik	Wissen um und Verpflichtung auf professionelle Evaluationsstandards.	Wissen über und Verpflichtung auf professionelle Evaluationsstandards.

Quelle: eigene Darstellung in Anlehnung an Patton (2011: 23ff.)

2.2.3   Methodenvielfalt

Die Auswahl der Methodik ist vor allem dem jeweiligen Erkenntnisinteresse geschuldet. Insofern gilt es, bei der Fragestellung einer Evaluation zunächst eine Gewissheit darüber zu erlangen, welchen Zweck die Evaluation erfüllen soll, welche Evaluationsfragestellung erfolgt und welche Methode für die Datengenerierung sinnvoll erscheint. Generell kann hierbei die Unterscheidung zwischen quantitativen und qualitativen Methoden dergestalt erfolgen, dass, wo immer stärker Zahlen und Verhältnisse im Vordergrund stehen, eine quantitative Evaluation angebracht ist und, wo ein tieferes Verstehen im Vordergrund steht, eine qualitative Evaluation angeraten ist. Beywl (2006) hat eine weitere Unterscheidung vorgenommen und zwar nach dem Stellenwert von Werten im Rahmen einer Evaluation, wie die folgende Tabelle 7 nahelegt:

Tabelle 7: Evaluationstypen und Methodenpräferenzen

Stellenwert Werte	Modelle (beispielhaft)	Methodenpräferenz
Wertedistanziert	Evaluation, die durch Programmziel gesteuert ist;	Quantitativ
	Experimental oder quasi-experimental gesteuerte Evaluation	Quantitativ
Werterelativistisch	Dialoggesteuerte Evaluation	Qualitativ
	Spannungsthemengesteuerte Evaluation	Eher qualitativ
Wertepriorisierend	Nutzungsgesteuerte Evaluation	Gleichrangig
	Stakeholderinteressengesteuerte Evaluation	Eher qualitativ
Wertepositioniert	Selbstorganisationsgesteuerte Evaluation	Eher qualitativ

Quelle: eigene Darstellung in Anlehnung an Beywl (2006: 96)

2.2.4   Grenzen und Grenzziehungen des Evaluationsbegriffes

Immer wieder wird die Frage aufgeworfen, ob und wie ein Evaluationsbegriff, wie er hier zugrunde gelegt wird, den Anforderungen einer wissenschaftlichen Evaluation entspricht. Dazu muss zunächst ausgeführt werden, dass es ganz unterschiedliche Traditionslinien von Wissenschaft und auch von Evaluation gibt. Bezieht sich die Kritik auf die Einhaltung der Standards qualitativer oder quantitativer Forschung, so lässt sich feststellen, dass die Methodenvielfalt weder dem einen noch dem anderen Anspruch genügt: Eine qualitative Evaluation kann naturgemäß nicht den Standards einer quantitativen Forschung entsprechen, genauso wenig wie eine standardisierte Forschung im Sinne eines tieferen Verstehens den Kriterien einer qualitativen Forschung genügen kann. Demnach kann eine Selbstevaluation selten einem Objektivitätskriterium entsprechen, ebenso wenig wie ein Fragebogen immer als gegenstandsadäquat bewertet werden kann.

Eine Evaluation muss aber unbedingt den Standards und Gütekriterien einer Evaluation (beispielsweise der Gesellschaft für Evaluation (DeGEval)) entsprechen, sonst wäre sie allenfalls eine „gelungene Reflexion". Insofern sollen auch hier nicht die Standards einer Evaluation „verwässert" werden, sondern Linien aufgezeigt werden, Grenzen zu überwinden.

Solche Grenzziehungen können darin liegen, dass im Rahmen einer Evaluation nur kleinere Stichproben erhoben werden, die keineswegs generalisiert werden können. Eine weitere Grenze besteht darin, dass eine Selbstevaluation oder eine Forschung im eigenen Arbeitsfeld nur unter sehr strengen Bedingungen „objektiviert" werden kann. Schließlich liegt eine weitere Grenze darin, dass Evaluationen immer für andere Zwecke auch missbraucht werden können.

Zur ersten o.g. Eingrenzung der kleineren Stichproben beschreibt Robson (vgl. 2004: 3) als „small-scale Evaluation" genau die Evaluationsvorhaben, die eher lokal (als regional oder national) angesiedelt sind, und durch eine einzelne Evaluationsperson durchgeführt werden. Weiter sind sie gekennzeichnet durch ein kurzes Zeitfenster (zwischen einem Monat und einem halben Jahr), begrenzte Ressourcen und die Nutzung von nur einer oder wenigen Perspektiven. Insbesondere haben solche Evaluationen ihren Wert, wenn die wesentlichen, oben genannten Gütekriterien Berücksichtigung finden, und wenn sie dadurch valide Ergebnisse für die betroffenen Personengruppen oder die Organisation erbringen. Daher sind grundlegende Kenntnisse der Evaluation auch in kleinen Organisationen unverzichtbar. Die Gefahr liegt darin, dass eine mit Fehlern behaftete Evaluation zu verzerrten Ergebnissen und damit zu falschen Schlüssen führt.

Organisations- und Qualitätsentwicklung haben vielfältige Berührungen mit Handlungsforschung und Veränderungsmanagement, aber auch mit Evaluationsprozessen. Hier stellt sich die Frage, ob und wie Personen innerhalb einer Organisation überhaupt „objektiv" Veränderungen vorantreiben können oder im Fall einer Evaluation, ob Selbstevaluation überhaupt valide Ergebnisse erbringen kann. Diese Frage ist nicht leicht zu beantworten. Entscheidend scheint vor allem ein methodisch abgesichertes und nachvollziehbares Vorgehen zu sein, das zuweilen auch der Unterstützung von „außen" (außerhalb der Organisation) bedarf und eine mehr oder weniger ausgeprägte Lernbereitschaft und -kultur innerhalb der Organisation sowohl voraussetzt als auch selbst wieder befördert. Zweifelsohne kann die Evaluation „von innen" auch viele Vorteile bringen: Insiderwissen kann genutzt werden, Zugänge sind vorhanden, die „Logik" der Organisation wird einbezogen, und die Kosten sind zumindest keine Aufwendungen nach außen. Dennoch sind die Ressourcen in Form von Zeit, Raum und Personal nicht zu vernachlässigen. Für den Handlungsforscher innerhalb einer Organisation bedeutet dies, diese besondere Dynamik im Blick zu behalten. Coghlan und Brannick (vgl. 2014: 97ff.) beschreiben die Arbeit der Handlungsforschung in der eigenen Organisation als Arbeit in „schlammigen Ebenen", bei der die unterschiedlichen Dynamiken zwischen der individuellen, Gruppen-, Intergruppen- und Organisationsebene Beachtung finden müssen. Als fünf wichtige Fragen, die bei jedem menschlichen System eine Rolle spielen, nennen Coghlan und Brannik die Fragen:

1. Who are we (corporate picture)?
2. What do we want to be good at (corporate words)?
3. How do we assess the external world that affects us (corporate analysis)?
4. How do we make choices and implement them (choosing and implementing corporate actions)?
5. How do we assess how we are doing (evaluating corporate outcomes)? (Coghlan und Brannik 2014: 102).

Neben diesen analytischen Fragen und den Voraussetzungen in der Organisation sind für die Forschung „im eigenen Haus" auch eine Rollenklarheit (selbstverständlich auch ein Maß an Akzeptanz) und die eigene Perspektive von hoher Bedeutung und wichtig für ein reflexives Arbeiten. Coghlan und Brannik unterscheiden Perspektiven in erster, zweiter und dritter Person. Die erste Perspektive besteht darin, einen Geist der Forschung zu entwickeln und für wahr und stabil geglaubte Fakten zu hinterfragen. Die zweite Perspektive hat die Aufgabe, kooperative Handlungsforschung mit relevanten Personen voranzubringen. Die dritte Perspektive schließlich nimmt das praktische Wissen und die Verbindung zwischen Theorie und Praxis in den Blick (vgl. ebd.: 135).

Diese wenigen Faktoren zeigen auf, dass eine Forschung in der eigenen Organisation möglich ist. Sie bedarf allerdings bestimmter Voraussetzungen, die sicherlich nicht nur für die Handlungsforschung gelten, sondern auch für die Evaluation oder die Qualitätsentwicklung. Vor allem die eigene Reflexionsfähigkeit der handelnden Person ist wichtig für erfolgreiche Prozesse dieser Art.

2.3 Developmental Evaluation and Quality Development in Discourse

von Michael Quinn Patton

Quality daycare involves a set of relationships among parents, daycare providers, children, and others in the daycare system. Relationships are not static. Relationships must be established, nurtured, adapted, and developed. Relationships involve structures, processes, interactions, communications, behavioral norms, and shared understandings. Relationships are therefore complex and dynamic.

The meaning of "quality" among people in relationship requires ongoing discourse. Like relationships, quality is not absolute. **Quality emerges from shared understandings and is highly contextual. What is considered quality in one context may not translate and transfer to another context.**

Developmental evaluation (Patton 2011) serves the purpose of supporting innovation and use in complex dynamic systems. As just noted, daycare relationships and mutual understandings about what constitutes quality are complex. The purpose of developmental evaluation in daycare would be to track, document, and reflect on these developments and their implications.

2.3.1 Relevance and Niche of Developmental Evaluation

Developmental evaluation (DE) provides *evaluative* information and feedback to social innovators, and their funders and supporters, to inform adaptive *development* of change initiatives in complex dynamic environments. DE brings to innovation and adaptation the processes of asking evaluative questions, applying evaluation logic, and gathering and reporting evaluative data to inform and support the development of innovative projects, programs, initiatives, products, organizations, and/or systems change efforts with timely feedback. The DE niche focuses on evaluating innovations in complex dynamic environments because that's the arena in which *social innovators* are working. Innovation as used here is a broad framing that includes creating new approaches to intractable problems, adapting programs to changing conditions, applying effective principles to new contexts (scaling innovation), catalyzing systems change, and improvising rapid responses in crisis conditions. Social innovation unfolds in social systems that are inherently dynamic and complex, and often turbulent. The implication for social innovators is that they typically find themselves having to adapt their interventions in the face of complexity. Funders of social innovation also need to be flexible and adaptive in alignment with the dynamic and uncertain nature of social innovation in complex systems. Developmental evaluators track, document, and help interpret the nature and implications of innovations and adaptations as they unfold, both the processes and outcomes of innovation, and help extract lessons and insights to inform the ongoing adaptive innovation process. At the same time, this provides accountability for funders and supporters of social innovations and helps them understand and refine their contributions to solutions as they evolve. Social innovators often find themselves dealing with problems, trying out strategies, and striving to achieve goals that emerge from their engagement in the change process, but which they could not have been identified before that engagement, and that continue to evolve as a result of what they learn. The developmental evaluator helps identify and make sense of these emergent problems, strategies, and goals as the social innovation *develops*. The emergent/creative/adaptive interventions generated by social innovators for complex problems are significant enough to constitute *developments* not just improvements, thus the need for *developmental* evaluation.

Traditional evaluation approaches advocate clear, specific, and measureable outcomes that are to be achieved through processes detailed in a linear logic model. Such traditional evaluation demands for upfront, preordained specificity doesn't work under conditions of high innovation, exploration, uncertainty, turbulence, and emergence. Indeed, premature specificity can do harm and generate resistance from social innovators, as, indeed, it has, by constraining exploration, limiting adaptation, reducing experimental options, and forcing premature adoption of a rigid model, not because such a model is appropriate, but because evaluators, funders, or other stakeholders demand it in order to comply with what they understand to be good evaluation. Developmental evaluation emerged as a response to criticism of traditional evaluation by social innovators and their expressed need for an alternative way to engage in evaluation of their work.

Developmental evaluation involves evaluative thinking throughout. Judgments of merit, worth, significance, meaningfulness, innovativeness, and effectiveness (or such other criteria as are negotiated) inform ongoing adaptive innovation. Such evaluative judgments don't just come at the end of some fixed period (e.g., a 3-year grant); rather, they are ongoing and timely. Nor are evaluation conclusions reached and rendered by the evaluator independently. DE is a collaborative, interactive process. Being utilization-focused, and because DE unfolds in complex dynamic systems where the particular meaning and significance of information may be difficult to pre-determine, making sense together of emergent findings involves the developmental evaluators interpreting patterns in the data *collaboratively* with social innovators, their funders, advocates, change agents, and systems change supporters. Through this empirically-focused interaction, DE becomes an integral part of the innovative process.

2.3.2 Developmental Evaluation Principles and Quality Discourse

What are the essential elements of Developmental Evaluation? The answer is that DE has *eight guiding principles*:

1. Developmental purpose
2. Evaluation rigor
3. Utilization focus
4. Innovation niche
5. Complexity perspective
6. Systems thinking
7. Co-creation
8. Timely feedback

Each of these principles provides evaluation questions for quality discourse. In the following discussion, each principle is defined with four examples of quality discourse questions for daycare.

1. Developmental purpose principle:

Illuminate, inform, and support what is being developed, identifying the nature and patterns of development (innovation, adaptation, systems change), and the implications and consequences of those patterns.

Quality discourse questions for daycare:

a. What relationships are being developed?
b. What are the criteria for a quality relationship?
c. What is the nature of the discourse for the relationships developed?
d. What patterns of interactions and what structures for quality discourse are emerging? With what implications?

2. Evaluation rigor principle:

Ask probing evaluation questions, think and engage evaluatively, question assumptions, apply evaluation logic, use appropriate methods, and stay empirically grounded, that is, rigorously gather, interpret, and report data.

Quality discourse questions for daycare:

a. What are the strengths and weaknesses of the diverse daycare re-lationships developed?

  b. Who determines the criteria for a quality relationship? What are the power dynamics?

  c. What evaluation data would contribute to improving discourse quality?

  d. How can the capacity for evaluating quality discourse be increased?

3. Utilization focus principle:

Focus on intended use by intended users from beginning to end, facilitating the evaluation process to ensure utility and actual use.

Quality discourse questions for daycare:

  a. Who will the developmental evaluation be for?

  b. What decisions need to be taken that evaluation can inform?

  c. Who will participate in designing the evaluation to enhance use?

  d. How will the evaluation be funded to enhance use?

4. Innovation niche principle:

Elucidate how the change processes and results being evaluated involve innovation and adaptation, the niche of developmental evaluation.

Quality discourse questions for daycare:

  a. What, if anything, is innovative about the *daycare* being evaluated? What makes it innovative?

  b. What, if anything, is innovative about the definition of and *approach to daycare quality*? What makes it innovative?

  c. What, if anything, is innovative about the *daycare discourse*? What makes it innovative?

  d. How are the daycare approach and quality discourse adapting over time?

5. Complexity perspective principle:

Understand and interpret development through the lens of complexity and conduct the evaluation accordingly. This means using complexity premises and dynamics to make sense of the problems being addressed, guide innovation, adaptation, and systems change strategies, interpret what is developed, adapt the evaluation design as needed, and analyze emergent findings.

Quality discourse questions for daycare:

    a.   What are the emergent patterns of quality discourse? What are the forces affecting these patterns?

    b.   What changes in context affect the quality of discourse over time?

    c.   What are variations in quality discourse? What are the sources and implications of those variations?

    d.   How are the daycare relationships and development of quality discourse *adapting* over time? What supports adaptation? What are barriers to adaptation?

6. Systems thinking principle:

Think systemically throughout, being attentive to interrelationships, perspectives, boundaries, and other key aspects of the social system and context within which the innovation is being developed and the evaluation is being conducted.

Quality discourse questions for daycare:

    a.   What are the interrelationships that define quality discourse for daycare?

    b.   What are the diverse perspectives about quality discourse for daycare?

    c.   Where are the boundaries around the "daycare system"? What are the implications of those boundaries for the quality of discourse?

    d.   How has the daycare system developed in the past? What is the current system? What is the future vision of the system?

7. Co-creation principle:

The innovation and evaluation develop together -- interwoven, interdependent, iterative, and co-created – such that the developmental evaluation becomes part of the change process.

Quality discourse questions for daycare:

    a.   Who will be involved in co-creating both the quality discourse and the developmental evaluation?

    b.   How will co-creation affect perceptions of credibility?

    c.   How will co-creation affect utility?

    d.   How will the developments and implications of co-creation be documented, reported, and evaluated?

8. Timely feedback principle:

Time feedback to inform ongoing adaptation as needs, findings, and insights emerge, rather than only at predetermined times (like quarterly, or mid-term and end-of project).

Quality discourse questions for daycare:

    a.   What evaluation communication timelines will support developing and enhancing the quality of discourse?
    b.   How will contextual changes be monitored as part of the complex adaptive system of daycare?
    c.   How frequently are those involved in c0-creation willing to engage in reflection about what is being learned in the developmental evaluation?
    d.   What factors affect timeliness in program development and evaluation?

2.3.3   *Developmental Evaluation as Deep Inquiry*

The preceding developmental evaluation inquiry framework highlights the importance of questions as the center of quality discourse. The quality of evaluation depends first on the quality of questions posed. High quality questions are: (1) genuine; (2) open; (3) engaging; (4) important; (5) answerable; (6) actionable; (7) transparent; and (8) useful. The fundamental principle of quality discourse in development evaluation is that the quality of the discourse will determine the quality, credibility, and utility of the evaluation.

3. Organisationsentwicklung

Organisationsentwicklung im Sinne einer bewussten Steuerung der Organisation hat verschiedene Facetten und kann sehr unterschiedlich definiert werden: Als unternehmensinternes Training, als Verhaltensänderungen in Gruppen, als Veränderungsaktivität oder als Teil von Sozialforschung (vgl. hierzu Wimmer 2006). Meist geht es jedoch um eine enge Verzahnung von Praxis und Theorie. Dabei wird der Organisationsbegriff nicht im Sinne einer klassischen Aufbau- und/oder Ablauforganisation verwendet, sondern in einer systemischen Sichtweise als komplexes soziales System. Als umfassende Definition der Organisationsentwicklung vor diesem Hintergrund sei die folgende genannt:

Organisationsentwicklung wird verstanden als umfassender, initiierter, planvoller, zielgerichteter und auf Nachhaltigkeit hin angelegter Veränderungs- und Entwicklungsprozess unter weitgehender Beteiligung Betroffener, der einen Nutzen für die Ziel- und Aufgabenstellung der Organisation und das in ihr agierende Individuum hat (Schneider 2005: 296).

Ganz knapp definieren Grossmann et al. die Organisationsentwicklung als „eine Methode zur geplanten Veränderung größerer sozialer Systeme" (2015:9).

Mit dem Instrumentarium „Qualitätsentwicklung im Diskurs" geht es darum, eine solche Organisationsentwicklung voranzutreiben, die in der Organisation verankert ist. Dazu sind Veränderungen auf unterschiedlichen Ebenen erforderlich. Entwicklungen, die auf der Ebene der Organisation stattfinden, gehen auf individueller Ebene mit einer Personalentwicklung einher. Entsprechend muss eine Intervention auf der Ebene der Organisation, also den Strukturen und Prozessen des Zusammenwirkens in einer Organisation, auch mit einem Wirken im Bereich der Individuen einhergehen. Wenn bei „Qualitätsentwicklung im Diskurs" von Haltungen und deren Veränderungen die Rede ist, so beinhaltet dies sowohl kollektive, im Team geteilte Haltungen als auch individuelle Haltungen. Daher spielt bei „Qualitätsentwicklung im Diskurs" immer auch die Personalentwicklung eine nicht zu unterschätzende Rolle, wenn diese auch nicht explizit im Vordergrund steht. Der Zusammenhang und die gegenseitige Bedingtheit zwischen der Organisation, dem Team und den einzelnen Fachkräften werden in der Organisationsentwicklung und in der Personalentwicklung deutlich. Damit hängen wiederum auch die Ergebnisse einer Organisation zusammen.

Im Bereich der Kindertageseinrichtungen wurde z.B. bereits im Rahmen der Trierer Studie (vgl. Schreiber 2004:55) herausgefunden, dass es deutliche Zusammenhänge zwischen einem „angenehmen Teamklima" und der Entwicklung schriftlicher Konzepte gibt, deren Verbindlichkeit ebenfalls von der Kommunikation der Kolleg_innen untereinander abhängt:

Wenn in den Teams oft über Erziehungsziele gesprochen wird, steigt die Wahrscheinlichkeit, dass sich alle an das, was zu Papier gebracht wurde, auch persönlich halten […]. Ein reger Gedankenaustausch über Erziehungsziele findet vor allem in solchen Kollegien statt, in der jede Fachkraft die pädagogische Arbeit der anderen zu schätzen weiß (Schreiber 2004: 55).

Angesichts der enormen Bedeutung von Organisationen im Alltag weisen Grossmann et al. (vgl. 2015: 7) auf die Organisationskompetenz (als Kompetenz in Organisationsstrukturen zu handeln) als Schlüsselqualifikation sowohl für das berufliche Leben als auch für die Beteiligung am gesellschaftlichen Leben hin. Organisationen haben eine wichtige Funktion für die Gesellschaft: Sie verknüpfen verschiedene Komponenten miteinander, um Leistungen zu vollbringen, die sonst nicht erfüllt werden können: „Organisationen sind auf Aufgaben spezialisiert, die anders als über diese Mechanismen der Unsicherheitsabsorption nicht zu bewältigen wären" (Nagel und Wimmer 2015: 55). Organisationen sorgen für Sicherheiten bei Aufgaben, die die Gesellschaft sonst nicht lösen könnte. Ebenfalls können Organisationen kaum als „ideal" gelten, sondern sie stellen verschiedentliche Kompromisse der Aufgabenerfüllung dar, die jeweils auch verändert, zuweilen auch verbessert werden können.

French und Bell (1994) sehen als wesentliche Bestandteile der Organisationsentwicklung die folgenden, die auch für Kindertageseinrichtungen ihre Bedeutung entfalten können (Tabelle 8):

Tabelle 8: Bestandteile einer Organisationsentwicklung in ihrer Anwendung auf Kindertageseinrichtungen

Bestandteile der Organisationsentwicklung nach French und Bell (1994:49)	Erläuterung	Beispiel Kindertageseinrichtung
Fortlaufender Interaktionsprozess	Interaktionen zwischen verschiedenen Akteuren in einer Dynamik auf verschiedenen Ebenen	Sowohl Interaktionen zwischen Kindern und Erzieher_innen als auch zwischen Eltern, Trägern, Fachberatungen etc.
Auf Daten basierend, Handlungsforschungsmodell	Für eine Organisationsentwicklung bedarf es Daten unterschiedlicher Art, das Handlungsforschungsmodell geht davon aus, dass Forschende, Beteiligte und Fachleute auf einer Ebene ihr jeweiliges Expertenwissen einbringen.	Beispielsweise können durch Evaluationen Daten gewonnen werden, die „auf Augenhöhe" mit unterschiedlichen Beteiligten genutzt werden, um die Kindertageseinrichtung weiterzuentwickeln.
Auf Erfahrung basierend	Erfahrungen aus dem Alltag spielen eine Rolle.	Erfahrungen der Beteiligten werden reflektiert und für die Organisationsentwicklung genutzt. So kann z.B. die Erfahrung der Eltern mit der Zusammenarbeit ebenso

Bestandteile der Organisationsentwicklung nach French und Bell (1994:49)	Erläuterung	Beispiel Kindertageseinrichtung
		genutzt werden wie die des Fachpersonals.
Zielorientiert	Organisationsentwicklung richtet sich an Zielen aus.	Eine Organisationsentwicklung in einer Kindertageseinrichtung sollte sich über Zielsetzungen verständigen und die Arbeit danach ausrichten.
Strategie des normativ-reedukativen Wandels	Einstellungen, Werte und Haltungen sollten im Rahmen der Organisationsentwicklung reflektiert und ggf. weiterentwickelt und verändert werden, da diese das Verhalten in Organisationen wesentlich bestimmen.	Im Rahmen einer Organisationsentwicklung sind Werte, Einstellungen und Haltungen zu reflektieren und „Selbstverständlichkeiten" zu hinterfragen. Nur durch die Befassung damit können sich Veränderungen ergeben.
Betonung von Arbeitsgruppen	Gruppen haben ihre eigene Dynamik und sind als Projektgruppen über Hierarchien hinweg zusammengesetzt. Dadurch werden unterschiedliche Perspektiven eingebracht.	Eine Organisationsentwicklung in einer Kindertageseinrichtung arbeitet in Gruppen, die einer sorgsamen Moderation bedürfen, damit alle Perspektiven eine Würdigung erfahren.
Systemansatz	Die Organisation wird als komplexes System gesehen, das nicht linear oder hierarchisch gesteuert werden kann.	Die Kindertageseinrichtung ist ein System mit eigenen Regeln, Strukturen, Selbstverständlichkeiten und Sinninhalten. Bei der Organisationsentwicklung wird dieses System aus verschiedenen Perspektiven in den Blick genommen.
Angewandte Sozialwissenschaften	Die Organisationsentwicklung ist keine wissenschaftliche Studie zu Generierung von Wissen, sondern sie ist durch den Anwendungsbezug auf die konkrete Organisation gekennzeichnet.	Organisationsentwicklung soll und muss Ergebnisse direkt für den Alltag der Kindertageseinrichtung bringen, sowohl kurz- als auch mittel- und langfristig.

Quelle: eigene Darstellung; Benennung der Bestandteile nach French und Bell (1994: 49)

Von einer systemischen Sichtweise aus betrachtet, sind bei einer Organisationsentwicklung einige Einsichten hilfreich, die auf die Unzulänglichkeiten vermeintlich objektiver oder positivistischer Schlüsse hinweisen: Wahrheiten haben immer mit einem Konsens zwischen informierten Konstrukteuren zu tun, weniger mit einer objektiven Realität. Tatsachen sind immer in einen Wertekontext eingebunden, und Ursachen sowie Folgen lassen sich höchstens „zurechnen", Verantwortlichkeiten sind dabei eher relativ. Ebenso sind Phänomene nicht außerhalb ihres Kontextes zu verstehen, Interventionen nicht stabil und kontextlos, Veränderungen lassen sich nicht linear bewirken, in durch Evaluationen produzierten Daten sind Tatsachen und Werte unauflöslich enthalten (vgl. Guba und Lincoln 1989: 44).

Grossmann et al. sehen in der Historie der Organisationsentwicklung verschiedene Stränge, die teilweise auch schon bei French und Bell explizit oder implizit deutlich werden:

- Gruppendynamik
- Aktionsforschung und Survey-Feedback
- Soziotechnischer Systemansatz
- Organisation in der Organisation und
- Systemische Organisationsentwicklung (vgl. 2015: 15).

Im systemischen Ansatz der Organisationsentwicklung werden vor allem folgende grundlegende Unterscheidungen getroffen:

- System und Umwelt (das System ist immer in eine Umwelt eingebunden und interagiert mit dieser)
- Beobachtungen erster und Beobachtungen zweiter Ordnung (Beobachtungen haben immer etwas mit der Perspektive der beobachtenden Person zu tun. Beobachtungen zweiter Ordnung sind die Beobachtungen der beobachtenden Personen.)
- Person/System (Beispiel Wirtschaftsethik: Interventionen auf der personalen Ebene haben nicht automatisch eine Wirkung auf Systeme der Organisationen)
- Triviale und nichttriviale Systeme (triviale Systeme funktionieren in einfachen Wirkungsketten nach dem Muster: Ursache – Wirkung immer in der gleichen Weise, nichttriviale Systeme sind komplexe Systeme)
- Intervention als systemisches Diagnose- und Steuerungsinstrument (Interventionen können sowohl eine analysierende als auch eine steuernde Funktion haben)
- Operative Schließung und funktionale Differenzierung (sowohl eine Entscheidung ist möglich als auch eine weitere nach Funktionen aufgeteilte Auflösung) (vgl. Grossmann et al. 2015:26ff.).

Im Rahmen einer Organisationsentwicklung lassen sich insbesondere unter dem systemischen Blickwinkel die Phasen der Diagnose, oft im Sinne einer Hypothesenbildung, Zielformulierung, Lösungsentwicklung, Ergebnisimplementierung und der Sicherung der Nachhaltigkeit unterscheiden (vgl. ebd.:69). Bedeutsam ist auch die Rolle der Führungskräfte und der internen wie externen Berater_innen. Diese spielen im Zuge der Anwendung des Instrumentariums „Qualitätsentwicklung im Diskurs" eine ähnlich gelagerte Rolle: Hier wie dort geht es um den Zusammenhang zwischen der Linienorganisation und der Projektorganisation im Sinne eines Veränderungsprozesses oder einer Veränderungsarchitektur:

Führungskräfte steuern den Prozess, beauftragen Beobachtungs- und Reflexionsteams, richten – gemeinsam – geeignete Settings ein und stimmen sich mit den anderen Führungskräften in den beschriebenen Interventionen ab. Interne und externe Berater helfen bei der Entwicklung der dazu geeigneten Architekturen und Instrumente (Grossmann et al. 2015: 95).

Insofern ist bei der „Qualitätsentwicklung im Diskurs" auch die Funktion des „Gegenübers" in Person einer externen Beratungsperson bzw. Multiplikator_in so wichtig. Ebenso bedeutsam ist eine klare Positionierung der jeweiligen Leitung, die maßgebend mit der zweiten Person des „Tandems" in den Prozess involviert ist, und die beide gemeinsam den Qualitätsentwicklungsprozess mit dem Team und anderen beteiligten Personen und Personengruppen in der Kindertageseinrichtung vorantreiben (siehe hierzu die Ausführungen zum Instrumentarium, Kapitel 9).

Aber auch die Rolle einer Leitung bei der Organisationsentwicklung muss bedacht werden. Strehmel sieht die Organisationsentwicklung als Aufgabe von Leitung an:

Neben der Zusammenarbeit mit den verschiedenen internen und externen Akteurinnen und Akteuren, Gruppen und Institutionen gilt die Kita-Leitung auch als „Innenarchitektin" ihrer Einrichtung, d.h. sie gestaltet das äußere Erscheinungsbild, Leitbilder, die Organisationskultur und das Klima entscheidend mit. […] Organisationsentwicklung ist dann geboten, wenn veränderte Anforderungen neue Strukturen und Abläufe, Qualifikationen und Arbeitsformen erfordern (Strehmel 2015: 162).

Bei der „Qualitätsentwicklung im Diskurs" geht es wesentlich auch um Haltungen und deren Reflexion in den Teams der Kindertageseinrichtungen. Diese Reflexion von Haltungen ist aus Richtung der Organisationsentwicklung bedeutsam. Förderliche Voraussetzungen sind:

- Aufbau von Vertrauen
- Offenheit für Veränderungen und Ermöglichungskultur
- Wertschätzung des Bestehenden
- Offenheit für Ergebnisse und Steuerung des Prozesses
- Zulassen des Kontrollverlustes
- Mut zur Auseinandersetzung
- Zulassen von Emotionen
- „Beherrschung von Angst" (*Containment of fear*)
- Verbreiten von Zuversicht (vgl. Grossmann et al. 2015: 96ff.).

In Bezug auf die genannte „Beherrschung von Angst" geht es darum, die Angst in einem Veränderungsprozess nicht nur zuzulassen, sondern sie in geeigneter Weise „einzufangen" u.a. durch

[…] die klare Kommunikation einer Architektur des Veränderungsprozesses […], weil dadurch klar wird, dass alle Beteiligten durch die Einbindung in den Prozess über Einflussmöglichkeiten verfügen (ebd.: 104).

Durchaus können die o.g. Haltungen als Indikatoren für eine erfolgreiche Organisationsentwicklung definiert werden und deren Gegenteil als Kontraindikatoren. D.h., wenn beispielsweise das Vertrauen fehlt, ist es schwer, eine Veränderung oder eine Entwicklung einer Organisation zu betreiben.

Insbesondere die Nutzung von Einflussmöglichkeiten in einem Prozess, der über die Hierarchien hinweggeht (der zumindest bei einer Struktur des Projektmanagements essentiell ist), ist natürlich darauf hinzuweisen, dass gerade von den Personen Widerstand zu erwarten ist, die bisher den größten Einfluss hatten und daher Angst um den eigenen Einfluss haben. Auch dies gilt es in der Organisationsentwicklung zu bedenken. Insofern gelten die nachfolgenden Bemerkungen für alle Beteiligten in einem Organisationsentwicklungsprozess:

Wenn Halt und Sicherheit verloren gegangen sind, und es nicht gelingt, den Beteiligten diese wieder in einem Mindestmaß zu vermitteln, dann steht die Fortführung eines Veränderungsprojektes ernsthaft infrage und muss möglicherweise auf einen späteren Zeitpunkt verschoben werden (ebd.: 109).

Schließlich - und das unterscheidet eine Organisationsentwicklung von eher technokratisch anmutenden Veränderungsprozessen und entsprechenden „Rezepten" aus einer solchen Richtung - hat Organisationsentwicklung auch und vor allem mit der Arbeit an und mit Emotionen zu tun. Daher müssen diese entsprechend im Organisationsentwicklungsprozess Berücksichtigung finden. Veränderungen können mit unterschiedlichen emotionalen Phasen einhergehen: Zunächst Skepsis und ggf. eine Vorahnung, dann Schock und Verleugnung, Auflehnung und Abwehr, ggf. Resignation und Frustration, aber irgendwann dann sicher auch Einsicht, Abschied nehmen, loslassen, Wehmut und schließlich die Bereitschaft für neue Perspektiven (vgl. ebd.: 113). Neben diesen Phasen der Trauer gibt es, je nach Einstellung gegenüber Veränderungen, auch Phasen der Euphorie und anderer positiver emotionaler Reaktionen.

Dass diese emotionalen Reaktionen nicht nur lineare Phänomene in verschiedenen Phasen eines Veränderungsprozesses sind, zeigt auch das nachfolgende Veränderungsmodell, in dem einige der emotionalen Reaktionen auf Defizite im Rahmen des Veränderungsprozesses hindeuten. Tabelle 9:

Tabelle 9: Erfordernisse erfolgreicher Veränderungsprozesse und mögliche Fehlentwicklungen

Vision	Konsens	Werk-zeuge	Anreize	Ressour-cen	Hand-lungsplan	Veränder-ungen
	Konsens	Werk-zeuge	Anreize	Ressour-cen	Hand-lungsplan	*Konfusion*
Vision		Werk-zeuge	Anreize	Ressour-cen	Hand-lungsplan	*Sabotage*
Vision	Konsens		Anreize	Ressour-cen	Hand-lungsplan	*Angst, Unsicherheit*
Vision	Konsens	Werk-zeuge		Ressour-cen	Hand-lungsplan	*Widerstand*
Vision	Konsens	Werk-zeuge	Anreize		Hand-lungsplan	*Frustration*
Vision	Konsens	Werk-zeuge	Anreize	Ressour-cen		*Tretmühle*

Quelle: eigene Darstellung in Anlehnung an Moesby (2004: 270); Quellen u.a. auch: Ambrose (1987) bzw. Lippitt (1987), Knoster (1991).

Kannicht und Schmid (2015: 59ff.) nennen fünf Perspektiven auf Veränderungsprozesse aus systemischer Sicht, dabei soll es um Komplexitätsreduzierungen aber nicht um zu starke Vereinfachungen gehen. Die erste Perspektive ist die der *System- und der Personenqualifizierung*, die noch einmal zeigt, dass sowohl die Organisation als auch die Personen sich entwickeln müssen bzw. entwickelt werden müssen. Beides muss miteinander in Übereinstimmung gebracht werden: „Es geht also um personensensible Systemqualifizierung und um systemintelligente Personenqualifizierung" (ebd.: 60). Eine weitere Perspektive ist die des *Orientierens und Qualifizierens*, beides ist notwendig: eine klare Motivation auf Ziele hin und eine Qualifizierung für das Neue. Die Perspektive *Beraten und Führen* verweist auf die Notwendigkeit von Führung auf der einen Seite, aber auch auf die Notwendigkeit sowie auf die Grenzen von Beratung auf der anderen Seite. Weder kann Führung Beratung, noch kann Beratung Führung ersetzen. Die vierte Perspektive *Marktorientierung und Programmorientierung*: Ohne Berücksichtigung des

Marktes wird die Veränderung genauso wenig erfolgreich sein wie ohne die Berücksichtigung des eigenen Programms bzw. der eigenen Mission. Schließlich, auch darauf wurde schon verwiesen, nennen Kannicht und Schmid *Bewährtes und strategische Neuerungen*, die Balance zwischen Kontinuität und Veränderung:

Klug ausgewählte beispielhafte Maßnahmen erzeugen oft eher Lernen als flächendeckende Maßnahmen [...]. Pilotprojekte geben oft mehr Impulse als große Verkündigungen [...] Auf der anderen Seite ist zu fragen, welche der eingeführten Strukturen und Abläufe auch im Sinne der Innovation weiterhin genutzt werden können. Oft geht es nur darum, sie mit neuen Perspektiven anzureichern, statt sie abzuschaffen (Kannicht und Schmid 2015: 64f.)

Neben diesen stärker methodisch-instrumentellen Bereichen und den systemischen Perspektiven einer Organisationsentwicklung muss es auch immer Reflexionsschleifen geben, mit denen regelmäßig das bereits Durchgeführte betrachtet und auch als Auszeit im Alltag begriffen werden kann. Dieser Aspekt spiegelt sich auch im Instrumentarium „Qualitätsentwicklung im Diskurs" wider. Hierbei geht es um eine bewusste Distanzsetzung zum Alltagsgeschäft, sei es durch eine Reflexionsrunde oder durch einen Klausurtag. Daher wurden, wie später zu erörtern sein wird, in jede Phase des Instrumentariums Rückkopplungsschleifen eingebaut, die im Grunde dazu einladen oder gar „nötigen", diese Distanz herzustellen. Dies ist eine wichtige Methode, um eine Organisation auf die Zukunft hin auszurichten und zugleich zu bestimmten Zeiten auch inne zu halten, um zielgerichtet die Organisation weiterzuentwickeln. Nagel und Wimmer nennen dies im Rahmen des strategischen Managements „rekursive Auszeiten":

Das Konzept der rekursiven Auszeiten im Rahmen eines strategischen Managementprozesses sorgt so dafür, dass ein Unternehmen auch dann auf Kurs bleibt, wenn überraschende und unvorhergesehene Umweltentwicklungen den Handlungsraum eines Unternehmens gründlich verändert haben. Der ursprüngliche Kurs bleibt auf diese Art und Weise beobachtbar und weiterentwicklungsfähig (Nagel und Wimmer 2015: 66).

4. Eltern-, Familien- und Sozialraumorientierung als Ausdruck einer professionellen Haltung

In der professionellen Haltung pädagogischer Fachkräfte spiegelt sich wider, in welcher Weise und in welchem Ausmaß sie sich an den Bedürfnissen und Spezifika der Eltern, der Familien und des Sozialraums orientieren, in dem sich eine Kindertageseinrichtung befindet. Der folgende Exkurs setzt sich mit dem Haltungsbegriff im Bereich der Pädagogik auseinander (Abschnitt 4.1). Anschließend werden die Bereiche der Eltern-, Familien- und Sozialraumorientierung umrissen und unter dem Aspekt der professionellen Haltung von pädagogischen Fachkräften beleuchtet (Abschnitt 4.2).

4.1 Haltung als pädagogischer Begriff

von Monika Frink

4.1.1 Einleitung

In den Interviews und Gruppendiskussionen des Forschungsprojekts „Qualitätsentwicklung im Diskurs" wurde von Leitungskräften, Erzieher_innen, Eltern- und Trägervertreter_innen der Haltung pädagogischer Fachkräfte eine zentrale Bedeutung beigemessen. Die starke Betonung der Haltung stellte ein „in dieser Form unerwartetes Ergebnis" (Kaiser-Hylla und Pohlmann 2015: 23) dar. Das Forscher_innenteam verortete daraufhin Haltung als Reflexionshorizont im Instrumentarium zur Qualitätsentwicklung. Haltung wird damit als ein Querschnittsthema verstanden, das nicht als ein Drittes neben der Eltern-/Familien- und Sozialraumorientierung behandelt wird, sondern sich quer durch diese Bereiche zieht und entsprechend auch in allen thematisiert wird. Die Entwicklung der Qualität in Kindertageseinrichtungen erfolgt damit durchgängig im Horizont einer als WERTschätzend beschriebenen Haltung (siehe Kap. 7.1.2 sowie Kap. 9).

Mit der Haltung bzw. der professionellen pädagogischen Haltung wird ein Thema aufgegriffen, das sowohl in der Praxis als auch in der Theorie der Pädagogik der frühen Kindheit derzeit sehr präsent ist: Auf die Bedeutung der Haltung wird z.B. in Konzeptionen von Einrichtungen ebenso wie in der einschlägigen Fachliteratur verwiesen (vgl. u.a. Nentwig-Gesemann et.al. 2011, Roth 2014, Tschöpe-Scheffler 2014).

Diese Popularität des Themas überrascht, ist doch ‚Haltung' kein klassischer pädagogischer Begriff, und auch die alltagssprachliche Verwendung des Wortes ist vieldeutig und unscharf. Der vermehrte Rückgriff auf Haltung wurde daher wiederum selbst zum Gegenstand der Reflexion in Pädagogik und Sozialer Arbeit (vgl. Düring und Krause 2011, Schwer und Solzbacher 2014, Thiersch 2014).

Im Folgenden geht es um das Verständnis des Begriffs Haltung, nicht um eine Darstellung der idealtypischen Haltung in der frühkindlichen Erziehung und Bildung. Die Überlegungen verstehen sich als Sondierungen in einem noch unzureichend abgesteckten Gebiet. Nach einer Problemskizze und ersten Annäherung über das Alltagsverständnis von Haltung werden weitere Zugänge durch verwandte Begriffe erschlossen. Anschließend werden Haltung und Professionalität zueinander in Beziehung gesetzt. Einige Anmerkungen zur Ausbildung von Haltung und ein Fazit beschließen den Beitrag.

4.1.2 Problemskizze

Drei Themen aus dem aktuellen fachlichen Diskurs der Frühpädagogik - Inklusion, Erziehungs- und Bildungspartnerschaft sowie Partizipation - können beispielhaft vor Augen führen, welch zentrale Bedeutung der Haltung zugeschrieben wird.

Inklusion ist eine Frage der Haltung, so kann man es in Diskussionen zum Thema oft hören und lesen. Ebenso heißt es häufig, dass Inklusion im Kopf beginne, d.h. mit dem Denken über Inklusion und der Wahrnehmung von Behinderung oder anderen Heterogenitätsmerkmalen. Es geht bei der Haltung also wesentlich um die Einstellungen der beteiligten Akteure, ihre Erwartungen, Vorbehalte, ihre Bereitschaft etc. zur Inklusion.

Wird die traditionelle Elternarbeit von der heute geforderten Erziehungs- und Bildungspartnerschaft unterschieden, dann nicht primär durch andere Themen oder Formen der Zusammenarbeit, sondern durch eine veränderte Haltung, die als Perspektivwechsel beschrieben wird: Fachkräfte begegnen Eltern nicht länger ‚von oben herab‘, sondern ‚auf Augenhöhe‘. Aus dieser Haltung heraus, aus der Sichtweise auf Eltern als Experten für ihre Kinder, kann eine gleichberechtigte Zusammenarbeit entstehen.

Partizipation in Kindertageseinrichtungen wird vielfach als gelebte Haltung beschrieben. Auch hier wird von der Begegnung ‚auf Augenhöhe‘, nun mit dem Kind, gesprochen. Eine solche Haltung erfordert von Fachkräften die Bereitschaft, Macht abzugeben oder zu teilen und setzt ein Bild von Kindern als sozialen Akteuren voraus, die sich ihre Welt aktiv aneignen und sie zu gestalten suchen.

Für jedes dieser Themen gilt die pädagogische Haltung als unverzichtbare Voraussetzung und zentraler Gelingensfaktor – und nicht nur für diese. Die Haltung der Fachkraft wird als Schlüssel für Professionalisierungsprozesse betrachtet; ohne Haltung, so scheint es, sind weder Professionalität noch

Qualität zu haben. Haltung ist folglich mit hohen Erwartungen und Ansprüchen verbunden.

Wie die ‚richtige' Haltung aussehen sollte, darüber dürfte weitgehend Konsens bestehen, zumindest auf der Ebene bestimmter Begrifflichkeiten: Die Haltung der pädagogischen Fachkraft sollte u.a. wertschätzend, respektvoll, partnerschaftlich, empathisch, vorurteilsbewusst, ressourcenorientiert, dialogisch, achtsam, authentisch, schließlich forschend und selbstreflexiv, eben professionell sein. Diese spezifischen Haltungen wie auch die professionelle Haltung werden in der Fachliteratur häufig beschrieben.

Jenseits solcher Konkretisierungen finden sich wenige systematische Auseinandersetzungen mit dem Begriff der Haltung selbst. Dieser erscheint nämlich, wiewohl aus der Alltagssprache vertraut und auf den ersten Blick nicht weiter erklärungsbedürftig, in der theoretischen Reflexion eher vage. Zwar finden sich Begriffsbestimmungen in der Art, dass Haltung als Einstellung, Orientierungsmuster, Disposition oder Habitus beschrieben wird, doch handelt es sich hier um ähnlich abstrakte, weitgefasste Begriffe, so dass dies nicht ohne Weiteres zu größerer begrifflicher Klarheit beiträgt. So bilanzieren auch Schwer und Solzbacher (2014: 8) ihre Forschung über Haltung als ‚viel strapazierten Begriff':

Es ist aus heutiger Sicht theoretisch und empirisch noch weitgehend ungeklärt, was unter Haltung überhaupt zu verstehen ist, wie man sie erwirbt, wie und ob sie veränderbar ist, obwohl Haltung in der erziehungswissenschaftlichen Literatur nahezu von Beginn an Postulat und daher auch Tradition ist.

Der kritischen Reflexion bedarf es daher aus mehreren Gründen. Im Blick auf die Entwicklung und Förderung der professionellen pädagogischen Haltung in Ausbildung und Berufspraxis, wie sie u.a. auch in den verschiedenen Orientierungsrahmen für früh- bzw. kindheitspädagogische Studiengänge gefordert wird, stellen sich Fragen wie diese: (Wie) Kann Haltung gelehrt und gelernt werden? Ist sie überhaupt der Selbstbestimmung unterstellt oder auf irgendeine Weise fremdbestimmt? Bringt man Haltung mit wie ein Persönlichkeitsmerkmal, so dass angehende Pädagog_innen sorgfältig prüfen sollten, ob sie für den angestrebten Beruf geeignet sind?

Zudem steht Haltung in der Gefahr, zu einer vielleicht klangvollen, aber letztlich diffusen Leerformel oder einem Alibi-Begriff zu werden, unter dessen Unschärfe alle möglichen, berechtigten wie unberechtigten Erwartungen und Ansprüche an Fachkräfte herangetragen werden können – und die in Frage zu stellen den Vorwurf nach sich ziehen kann, dass es nur an der richtigen Haltung fehle. Weil die Rede von Haltung mit Ansprüchen und einem „moralisierenden Beigeschmack" (Thiersch 2014: 6) verbunden ist, kann sich, wer die Haltung ins Spiel bringt, auf der sicheren Seite wähnen. So könnte auch der Hinweis, dass es doch auf die Haltung ankomme, zu einer Art Trumpfkarte werden, die sich gegen andere Faktoren guten, professionellen Handelns ausspielen ließe.

Die Auseinandersetzung mit dem Begriff der Haltung ist folglich nicht nur für die Theorie, sondern auch für die Praxis der Kindheitspädagogik bedeutsam.

4.1.3 Haltung im Alltagsverständnis

Haltung ist kein Fachterminus, sondern ein ‚Allerweltsbegriff'. Eine erste Annäherung erfolgt daher über seine Verwendungs- und Verständnisweisen im allgemeinen Sprachgebrauch, ist doch anzunehmen, dass diese auch die Wahrnehmung im pädagogischen Kontext leiten.

Die Rede von Haltung kann unzeitgemäß wirken, „ein wenig überholt, wie aus vergangenen Zeiten" (Winkler 2011: 14). Das Wort erinnert möglicherweise an militärisches Strammstehen oder die Wahrung von Contenance, folglich an eine spezifische, nämlich eine beherrschte, disziplinierte, kontrollierte Haltung, die zur äußeren wie inneren Natur geworden ist.

Wenn im Alltag von Haltung gesprochen wird, dann können sowohl die äußere Körperhaltung als auch die innere Einstellung und das entsprechende Verhalten gemeint sein. Erst im Kontext wird klar, ob sich z.B. die Rede von Haltungsnoten, Haltungsschwächen oder auch von einer gesundheitsförderlichen Haltung auf die sichtbare äußere Erscheinung oder auf die unsichtbare innere Verfasstheit bezieht. Viele alltägliche Redewendungen zeigen, dass der Begriff gerade die Entsprechung beider impliziert: Menschen bewahren Haltung oder verlieren sie, sie stehen für etwas gerade oder verbiegen sich, beweisen Rückgrat oder knicken ein etc. Mit Körperhaltungen werden in einem übertragenen Sinn Erlebens- und Verhaltensweisen beschrieben. (Auch in den zuvor genannten Redewendungen ‚von oben herab' oder ‚auf Augenhöhe' werden die erwünschten Einstellungen durch die Körperhaltung verbildlicht). Das macht deutlich, dass Haltung als Ausdruck der ganzen Person verstanden wird: Menschen verkörpern ihre Haltungen. Daher sind auch Haltung und Handeln eng miteinander verbunden. Haltungen werden im Handeln sichtbar; alles Handeln geschieht, bewusst oder unbewusst, immer in einer bestimmten äußeren wie auch inneren Haltung.

Von diesem Verständnis der impliziten Haltung, derer sich eine Person nicht notwendig bewusst sein muss, kann ein explizites unterschieden werden. So bezeichnet das Wort Haltung im alltäglichen Sprachgebrauch häufig eine Meinung, Überzeugung oder, wiederum bildlich gesprochen, einen Standpunkt zu einem (Streit-)Thema, etwa wenn eine Person ihre Haltung bekräftigt oder einer Partei vorgeworfen wird, keine klare Haltung zu haben. Eine solche Haltung kann bewusst gewählt, ausdrücklich vertreten, geändert oder verworfen werden.

Zwischen der implizit verkörperten und der explizit bekundeten Haltung können Diskrepanzen sichtbar werden, wenn beispielsweise die vorgegebene

Haltung einer Person im Widerspruch zu dem steht, was andere an ihr wahrnehmen. Wie eine Fachkraft im ganz alltäglichen Umgang auf Menschen und Ereignisse reagiert, wie sie mit Kindern, Eltern, Kolleg_innen und auch mit sich selbst umgeht, wird aber weit mehr als Ausdruck ihrer Haltung wahrgenommen werden als das, was sie darüber äußert.[8] Auch dies unterstreicht die Verschränktheit von Einstellung und Verhalten im Haltungsbegriff: Von einer Haltung wird erwartet, diese auch im Handeln zum Ausdruck zu bringen.

Der Blick auf den alltäglichen Sprachgebrauch zeigt also ein weit gespanntes Bedeutungsspektrum, das Kurbacher (2008: 5) so beschreibt:

Gerade der deutsche Begriff Haltung weist hierbei die Vielfältigkeit von Haltung auf, die in einem schon immer rationale Einstellung wie emotionale und voluntative Dispositionen wie auch Körperhaltung umfasst.

Zur Mehrdeutigkeit des Begriffs gehört auch, dass er sowohl wertfrei im Sinne von ‚Einstellung' als auch wertend im Sinne von ‚guter Haltung' gebraucht wird. Die synonyme Verwendung mit ‚guter Haltung' verleiht dem Wort seinen positiven Klang. Wird beispielsweise einem Menschen Haltung attestiert oder aber jegliche Haltung abgesprochen, erscheint die Frage überflüssig, um *welche* Haltung es geht. Damit wird allerdings eine einvernehmlich geteilte Vorstellung von Haltung unterstellt; dies kann im professionellen Kontext darüber hinweg täuschen, dass erst zu bestimmen ist, *welche* Haltung für Erziehungs- und Bildungsprozesse förderlich ist.

Mit ‚Haltung' wird also ein vieldeutiger Begriff in die fachliche Diskussion eingebracht.

4.1.4   *Haltung, Einstellung, Habitus, Tugend – Begriffsklärungen*

Da Haltung kein wissenschaftlicher Fachterminus ist, findet sich dazu auch in pädagogischen Wörterbüchern und Lexika oftmals kein eigener Artikel. Anders verhält es sich mit dem lateinischen Wort Habitus, allerdings werden Haltung und Habitus nicht immer synonym verwendet.

Bei der Sichtung verschiedener Begriffsklärungen fallen komplexe Entstehungs- bzw. Einflussfaktoren sowie vielfältige Ausdrucksformen auf, die mit Haltung verbunden werden. Haltungen werden demnach unter dem Einfluss von Persönlichkeit, vielschichtigen lebensgeschichtlichen Erfahrungen wie Erziehung, Milieu, Beruf und Kultur sowie Reflexion erworben. Sie kommen u.a. in der Einstellung zu sich selbst, in persönlichen Beziehungen,

---

8   Dies ist für die Untersuchung der Haltung bedeutsam. Im Forschungsprojekt „Qualitätsentwicklung im Diskurs" kam die Dokumentarische Methode zum Einsatz, die Zugang zu impliziten Haltungen ermöglicht (siehe Kap. 6.2.4).

sozialen Interaktionen, normativen Grundprinzipien, subjektiven Theorien, Motivation und Menschenbild zum Ausdruck (vgl. Tenorth und Tippelt 2007). Zwei Begriffsbestimmungen werden als Beispiele angeführt.

Spiegel (2013: 250) definiert Haltung als

die innere Einstellung einer Person, die nicht ohne Weiteres beobachtbar ist. Sie zeigt sich in einem dieser Gesinnung entsprechenden Handeln, in dem sich moralisch begründete oder begründbare Werte und Normen realisieren.

Nentwig-Gesemann et.al. (2011: 10) beschreiben die professionelle Haltung als

Orientierungsmuster im Sinne von handlungsleitenden (ethisch-moralischen) Wertorientierungen, Normen, Deutungsmustern und Einstellungen [...]. Das Bild vom Kind und das eigene professionelle Rollenverständnis gehören im Kern zu dieser Haltung.

In vielen Definitionen werden Haltungen als Deutungs- oder Interpretationsmuster beschrieben, die als solche das Handeln orientieren, oftmals unbewusst. Das oben genannte Bild vom Kind kann das veranschaulichen: Die Geschichte der Pädagogik zeigt, wie die Wahrnehmung von und das Denken über Kinder Zuschreibungen ermöglicht, Erwartungen strukturiert und pädagogische Maßnahmen legitimiert hat.

Haltungen werden meist als Dispositionen betrachtet, d.h. sie liegen dem Verhalten zugrunde, lassen sich aber anders als dieses nicht direkt beobachten und zeichnen sich durch relative Stabilität, Beständigkeit und Dauerhaftigkeit aus: Die Haltung wird gewissermaßen zur zweiten Haut, im Unterschied zur „sozialen Rolle, die man eben doch nur spielt, übergezogen wie ein Kleid" (Winkler 2011: 17). Daher ermöglichen Haltungen im beruflichen Kontext rasches und sicheres Handeln; sie geben Halt.

Die Begriffsbestimmungen zeigen, dass mit Haltungen sowohl kognitive Prozesse des Denkens und Wahrnehmens als auch Emotionen und Motivationen sowie Verhalten und Handeln verbunden werden. Der Begriff erscheint in dieser Mehrdimensionalität als ein Konstrukt, das eine Fülle an Aspekten bündelt und insofern nur schwer präzise zu definieren ist.

Da Haltung oftmals durch verwandte Begriffe aus anderen Fachdisziplinen definiert wird, stellen diese weitere Bezugspunkte zur Klärung von Fragen und Phänomenen der Haltung dar. Indem zentrale Elemente herausgearbeitet, Zusammenhänge aufgezeigt und Unterscheidungen vorgenommen werden, kann der Haltungsbegriff für die Pädagogik der Kindheit stärker erschlossen und konturiert werden.

Der Begriff Haltung wird oft synonym mit *Einstellung* verwendet. Die Erforschung der Einstellung, ihre Messung und Erhebung stellt ein klassisches und äußerst komplexes Gebiet der Sozialpsychologie dar. Einstellungen können als summarische Bewertungen verstanden werden, die sich auf alle möglichen Objekte beziehen, auf die eigene Person wie auf andere Personen, auf konkrete Sachverhalte wie auf abstrakte Ideen und Werte. Sie kommen in kognitiven, affektiven und verhaltensbezogenen Komponenten zum Ausdruck. Viele Theorien beschäftigen sich mit dem Erwerb von Einstellungen, ihrer Stabilisierung und Veränderung sowie der Beziehung zwischen Einstellungen und Verhalten. Angesichts der geringen Übereinstimmung, die vielfach zwischen einer erfragten Einstellung und dem tatsächlichen Verhalten festgestellt wurde, wird untersucht, unter welchen Bedingungen sich aus Einstellungen Verhaltensvorhersagen ableiten lassen (vgl. Güttler 2000: 95ff., Six 2000).

Aussagen über die pädagogische Haltung beinhalten in der Regel hohe Erwartungen und Ansprüche, ein Soll. Wird die pädagogische Haltung als Einstellung untersucht, dann wird der Blick auf den Ist-Zustand, auf die in der Handlungspraxis tatsächlich vorfindlichen expliziten und impliziten Einstellungen gelenkt, damit auch auf mögliche Diskrepanzen zwischen Anspruch und Wirklichkeit. So können normative Erwartungen auf einer empirischen Grundlage weiterentwickelt werden (vgl. Rätz 2011).

Der Begriff des *Habitus* verfügt über eine lange, bis in die Antike reichende Tradition; er begegnet vor allem in der Philosophie und der Soziologie. In der Soziologie hat ihm Pierre Bourdieu neue Aktualität verliehen; sein Habitusbegriff bildet oft auch den Hintergrund sozialpädagogischer Untersuchungen von Haltungen (vgl. z.B. Thole und Küster-Schapfl 1997).

‚Habitus‘ steht bei Bourdieu für die „Wahrnehmungs-, Denk- und Handlungsschemata“ (Bourdieu 1999: 101) eines Menschen. Sie werden in Kindheit und Jugend erworben, wobei die Zugehörigkeit zu einer sozialen Gruppe oder Klasse eine entscheidende Rolle spielt. Die Einverleibung von gesellschaftlichen Strukturen im Sozialisationsprozess führt zur Bildung des Habitus, der, in der Regel unbewusst, das Denken und Handeln leitet und damit zur Reproduktion sozialer Strukturen beiträgt. Dabei wird er nicht als determinierend, als Schicksal, verstanden, sondern als limitierend, insofern innerhalb von Grenzen auch individuelle Gestaltungsspielräume bestehen. Dem Habitus kommt daher eine vermittelnde Funktion zwischen objektiven gesellschaftlichen Bedingungen und dem subjektiven individuellen Handeln zu (vgl. ebd.: 102f; Müller 2014: 37ff.).

Nach der Habitustheorie ist die Haltung einer pädagogischen Fachkraft nicht zuerst eine Folge ihrer individuellen Entscheidung, sondern ihrer Position im sozialen Raum. Damit wird der Blick auf die Analyse und Reflexion der Zusammenhänge zwischen den biografischen Lebens- und Milieuerfahrungen und dem pädagogischen Handeln von Fachkräften gelenkt.

Die Verbindung von Haltung und *Tugend* erscheint möglicherweise weniger naheliegend, was auch dem Ruf des Tugendbegriffs geschuldet sein mag.

Allerdings verweisen beide oben angeführte Definitionen von Haltung auf deren moralische Dimension und damit in die Ethik.

Im Zentrum der antiken, besonders der aristotelischen, und der mittelalterlichen Ethik stehen Tugenden, nicht Normen und Regeln. Tugend wird als ein Habitus, eine Haltung verstanden. Sie stellt eine Disposition für moralisch gutes Handeln dar: Wer aus einer Tugendhaltung heraus gut handelt, tut dies nicht nur von Zeit zu Zeit oder zufällig, sondern weil diese fester Bestandteil des Charakters geworden ist. Tugenden werden durch Übung und Gewohnheit erworben (vgl. Höffe 2008; Wildfeuer 2008).

In der Gegenwart hat die Tugendethik eine Renaissance erfahren. Dieses Interesse ist auch in der Pädagogik zu verzeichnen. Tugendethiken werden als Antworten verstanden auf „Fragen, die von der Professionalisierung und Verwissenschaftlichung der Pädagogik offengelassen wurden" (Seichter 2007: 8), indem sie

Erziehung nicht als eine Technik, sondern als ein verantwortliches Handeln begreifen. [...] Damit führen sie zu dem eigentlichen Kern des pädagogischen Problems zurück: zur Sorge um sich selbst, zur Sorge um den anderen und zur Sorge um ein gelingendes soziales Miteinander (ebd.: 9).

Fürsorgliches, achtsames Verhalten lässt sich im Sinne der Tugendethik als Haltung beschreiben; ausführlicher entfaltet wird es in der Care-Ethik (vgl. Großmaß und Perko 2011: 134ff.).

Wird Haltung als Tugend und damit als Teil eines beruflichen Ethos verstanden, dann geht es vor allem um das moralische Handeln der Fachkräfte in Orientierung an den Wertegrundlagen ihres Berufs und um die ethische Reflexion der pädagogischen Praxis.

Mit Einstellung, Habitus und Tugend werden einige Verständnisweisen von Haltung skizziert. Der Bezug auf diese Begriffe bietet die Möglichkeit, disziplinübergreifend das Profil des Haltungsbegriffs zu schärfen.

4.1.5   Haltung und Professionalität

Wie es im Begriff der professionellen Haltung schon anklingt, stellen Diskurse pädagogischer Professionalität und Professionalisierung einen weiteren Bezugspunkt für das Thema Haltung dar. Da diese in der frühkindlichen Erziehung und Bildung erst seit einigen Jahren verstärkt geführt werden, beziehen die folgenden Überlegungen auch Diskurse der Sozialen Arbeit und der Lehrer_innenbildung ein. Diese zeigen, dass das Thema Haltung der Sache nach eine lange Tradition hat. Gerade der persönlichen Eignung oder der beruflichen Persönlichkeit, mithin Fragen der Haltung, wurde in der Sozialen Arbeit ein hoher Stellenwert eingeräumt. So wird im Konzept der Mütterlichkeit als Beruf eine als natürliche Disposition verstandene Haltung – Mütterlichkeit als Teil der weiblichen Natur - zur entscheidenden Qualifikation, was Prozesse der Professionalisierung belasten konnte (vgl. Rabe-Kleberg 2006).

Auch in der Geschichte der Lehrer_innenbildung wurde die Dimension der Haltung stets mitgedacht, wenngleich sich die Begrifflichkeiten wandeln: Persönlichkeit, Rolle, Mentalität, Charakter, Gesinnung, Ethos, teachers' beliefs, personale Kompetenzen - die Liste dieser zum Teil nur schwer voneinander abzugrenzenden Begriffe ließe sich noch erweitern (vgl. Fiegert und Solzbacher 2014). Sie alle verweisen darauf, dass die Tätigkeit in besonderer Weise mit der Person des Handelnden verbunden ist. Die Formeln ‚Auf den Lehrer kommt es an' und ‚Auf die Haltung kommt es an' sind daher austauschbar.

Allerdings stand die Thematisierung von Haltung auch in der Kritik, wie die Ende der 1960er Jahre einsetzende Diskussion der Professionalisierung der Lehrer_innentätigkeit zeigt. Haltung geriet zum einen unter Ideologie-, zum anderen unter Irrationalitätsverdacht:

So ist nach Combes ‚Kritik der Lehrerrolle' (1971) die Reproduktion sozialer Ungleichheit durch die Schule auch darin begründet, dass „die Lehrer unbefragt und unreflektiert in ihrem Verhalten und in ihren Einstellungen ein Wert- und Normensystem vertreten, das den Interessen einer privilegierten politischen und ökonomischen Macht dient" (Combe 1971: 9); sie werden dadurch zu Herrschaftsgehilfen. Gerade „idealanthropologische Forderungen an die Persönlichkeit des Lehrers" (ebd.: 27) führten dazu, dass Lehrer nicht lernen, Schule und Erziehung auf dem Hintergrund gesellschaftlicher Strukturverhältnisse zu betrachten.

Die zweite Kritiklinie bezog sich auf Haltung als eine diffuse, irrationale Größe, die sich kaum exakt fassen und erheben lässt. In einem auf Verwissenschaftlichung enggeführten Verständnis von Professionalisierung setzte man bewusst nicht mehr auf „komplexe, ‚spekulative' Persönlichkeitseigenschaften […], sondern auf erlernbare, ‚professionelle' Fähigkeiten und Kompetenzen" (Terhart 1992: 104).

In der heutigen Reflexion pädagogischer Professionalität hat die Haltung ihren festen Platz. Pädagogische Professionalität wird in vielfältiger Weise theoretisch bestimmt, empirisch erforscht und historisch rekonstruiert. Dabei wird sie nicht mehr im Rückgriff auf das tradierte berufssoziologische Modell der Professionen, sondern aus der Eigenart der pädagogischen Arbeit selbst zu erklären versucht. Ungeachtet der unterschiedlichen Theorien und Modelle wird Professionalität meist als Zusammenspiel mehrerer Elemente bestimmt: Wissen, Können, Handeln, Routinen, Praktiken etc. Diese werden in verschiedener Weise systematisiert, etwa als „Ethos und Kompetenz, oder, und alltäglicher, Gesinnung und Handwerk" (Tenorth 2006: 590). Geläufig ist vor allem die Trias von Wissen, Können und Haltung, auch entsprechend der Unterscheidung von Kopf, Hand und Herz (vgl. Spiegel 2013: 82).

Hier zeigen sich verschiedene Verwendungsweisen des Haltungsbegriffs: In einem engeren Sinn gilt Haltung als eine Komponente von Professionalität neben Wissen und Können. In einem weiten Sinn wird Haltung aber auch als Verkörperung bzw. Habitualisierung von Professionalität verstanden, die alle Komponenten integriert.

Die spezifische Bedeutung, die der Haltung als einem Bestandteil von Professionalität neben Wissen und Können zugeordnet wird, zeigt sich im Blick auf die besondere Anforderungsstruktur der pädagogischen Praxis. Diese wird, auch im Rückgriff auf die aristotelische Unterscheidung der drei Tätigkeitsformen Theorie, Poiesis/Herstellen und Praxis/Handeln, als person- und situationsabhängig, folglich nur bedingt plan- und steuerbar beschrieben: Das Handeln erfolgt immer in singulären, durch Unschärfe, Dynamik und Komplexität charakterisierten Situationen, es verlangt Entscheidung im Augenblick, kann nicht widerrufen oder wiederholt werden und beinhaltet immer Risiko und Unsicherheit. Die so charakterisierte Praxis ist in besonderer Weise mit der Person des Handelnden verbunden; daher wird auch von der Person als Werkzeug gesprochen (vgl. Wildfeuer 2008).

Der Umgang mit Unsicherheit muss gestaltet werden, und hier kommt der Haltung eine „Scharnierfunktion" (Winkler 2011: 19) zwischen Person und Situation zu. Der Umgang mit Unsicherheit muss zugleich verantwortet werden, wodurch sich insbesondere die Notwendigkeit einer Rückbindung an berufsethische Werte und Normen erschließt. Aufgrund dieser ethischen Dimension professionellen Handelns geht mit Professionalisierungsprozessen auch die Entwicklung einer spezifischen Berufsethik einher; für die Kindheitspädagogik steht sie bislang noch aus.

Wird Haltung als ein Element professionellen Handelns von Wissen und Können unterschieden, so dient dies lediglich der Systematisierung. Im praktischen Handeln und mithin auch als Antwort auf die Grenzen und Gefährdungen pädagogischer Praxis sind die drei Dimensionen eng miteinander verbunden und aufeinander verwiesen.

4.1.6   Chancen und Risiken

Der Begriff Haltung ist in der (sozial)pädagogischen Diskussion der Gegenwart verstärkt anzutreffen. Dafür gibt es unterschiedliche Deutungen bzw. Erklärungen.

So sieht Peters (2011: 222) im verstärkten Bezug auf Haltungen eine „Reaktion auf eine z.T. ‚von außen' herangetragene, z.T. selbst verursachte Verschärfung des Technologieproblems der Erziehung". Absicht und Wirkung stehen im Erziehungsgeschehen, wie oben beschrieben, nicht in einem unmittelbaren Kausalzusammenhang. Nach Peters geht vor allem mit der zunehmenden Ausrichtung der Kinder- und Jugendhilfe auf Effizienz nach dem Modell technischer Handlungsrationalität ein Verlust von Professionalität einher. In dieser Situation werden zwei unterschiedlich begründete Rückgriffe auf Haltung identifiziert: Haltung, genauer: eine ‚konsequente erzieherische Haltung' als Bereitschaft, feste Grenzen zu setzen, wird als Instrument verstanden, dieser Logik technologischer Interventionsprogramme zu folgen. Im Gegensatz dazu kann eine ethisch begründete Haltung aber auch als kritisches Korrektiv genau dieser Tendenzen verstanden werden. Der Rekurs auf Haltung wird daher in zweifacher, konträrer Weise als Versuch verstanden, das Technologieproblem der Erziehung zu bearbeiten (vgl. ebd.: 225).

Auch Winkler (2011: 25) sieht einen Grund für das neuerliche Interesse an Haltung in Prozessen der Deprofessionalisierung der Sozialen Arbeit: „Dass nun die Soziale Arbeit heute nach Haltung fragt, folgt genau dem: Ethische Maßstäbe spielen keine Rolle mehr, wo Standards, Effektivität und Effizienz allein gefragt sind". Darüber hinaus beschreibt er auf dem Hintergrund gesellschaftlicher und kultureller Entwicklungen sowie veränderter pädagogischer Handlungsbedingungen die Notwendigkeit von Haltung in zweifacher Weise: Haltung stehe für Stabilität, wo Kontinuität, Gewissheit und Rahmung für das Aufwachsen oder die Entwicklung in Krisensituationen nicht mehr gegeben sind. Sie stehe ferner für ein Moment des Humanen in einer Moderne, „in der die menschlich-subjektive Seite aller Praxis beliebig gelöscht werden kann" (ebd.: 31).

Für den Bereich der frühkindlichen Erziehung und Bildung ergeben sich weitere konträre Lesarten des erhöhten Interesses an Haltung. Dieses könnte, entsprechend der Entwicklungen der letzten Jahre, als Ausdruck der frühpädagogischen Professionalisierungsprozesse interpretiert werden. Allerdings werden in der aktuellen Praxis „Professionalisierungsdilemmata und Rahmeninkongruenzen" (Nentwig-Gesemann und Nicolai 2014: 145) diagnostiziert, die der Entwicklung von Professionalität entgegenstehen. Wird nun die Haltung in den Fokus gerückt, geraten die Rahmenbedingungen pädagogischen Handelns, z.B. strukturelle Rahmenbedingungen, einrichtungsspezifische Arbeitsbedingungen, Team, Räume usw., aus dem Blick. Angesichts begrenzter Mittel könnten mit dem Appell an die Haltung Deprofessionalisierungstendenzen gerechtfertigt werden: Der gute Wille soll ersetzen, was an Arbeitsbedingungen und Fachlichkeit fehlt. Umgekehrt könnten Misserfolge eindimensional einer ungenügenden Haltung zugeschrieben werden. Thiersch (2014: 18) gibt zu bedenken: „Das Risiko aber, das im pädagogischen Handeln liegt, kann nicht nur von Seiten des Sozialarbeiters und seiner Haltung aus angegangen werden." Gerade vor dem Hintergrund von historischen Diskursen um das Berufsprofil sozialpädagogischer Fachkräfte (Mütterlichkeit als Beruf) sollte Haltung nicht unter der Hand zur Kompensation mangelnder Fachlichkeit herangezogen werden. Haltung, wie sie als ein Element professionellen Handelns bestimmt wurde, drückt sich gerade im souveränen Umgang mit Wissen und Können aus.

Haltung könnte schließlich auch als ein Korrektiv mancher Professionalisierungsstrategien verstanden werden. Darauf deutet hin, dass aus der Praxisperspektive Haltungen als ,Wege aus dem Konzeptdschungel' wahrgenommen werden (vgl. Rodner und Greine 2012). Haltung könnte auch einer einseitigen Orientierung an Ergebnissen, Wirkungen und deren Messbarkeit entgegengesetzt werden:

> In der Tat: Es wäre schön, wenn man Haltung benutzen oder anwenden könnte wie ein Werkzeug, möglichst noch mit Effekten, die sich dann messen lassen. Haltung als Element einer Praxis, die evaluiert werden kann. Aber, herrje, das geht nicht zusammen! (Winkler 2011: 15)

Die verschiedenen Interpretationen zeigen, wie konträr der Rückgriff auf Haltung interpretiert wird und welche unterschiedlichen Erwartungen an die Einstellung und das Verhalten von Personen dementsprechend zum Ausdruck gebracht werden können.

4.1.7 Ausbildung von Haltung

Wenn von der Ausbildung der Haltung die Rede ist, dann kann zum einen nach ihrer Entstehung, zum anderen nach den Möglichkeiten ihrer Förderung in Praxis, (Hoch)Schule und Weiterbildung gefragt werden. Auch zu diesem Themenfeld besteht noch grundlegender Forschungsbedarf (vgl. Schwer und Solzbacher 2014: 8). Es wurde bereits darauf hingewiesen, dass Haltungen in der Biografie mit ihrer milieuspezifischen Einbettung erworben werden. Fachkräfte bringen ihre eigenen Haltungen mit und stehen gleichzeitig vor der Aufgabe, berufliche Haltungen zu entwickeln, die als förderlich für pädagogisches Handeln gelten. Daher muss die Beziehung zwischen den individuellen und beruflichen Haltungen aufgearbeitet werden (vgl. Spiegel 2013: 250). Die relative Stabilität von Haltungen impliziert längere Prozesse ihrer Ausbildung oder Veränderung. Haltungen als Muster des Denkens, Wahrnehmens und Handelns sind kein Ergebnis kurzfristiger Aneignung. Die Entwicklung kann daher in Ausbildung und Studium, noch stärker entlastet vom Handlungsdruck des Alltags, angebahnt werden, wird aber erst in einem lang andauernden Prozess der Berufspraxis verstetigt (vgl. Tenorth 2006: 591f.).

Trotz verschiedener Konzeptionen von pädagogischer Professionalität besteht Einigkeit darin, dass diese durch Reflexivität entwickelt wird (vgl. Reh 2004). Wenn sich professionelles Handeln vor allem durch Reflexionsfähigkeit auszeichnet, dann kann die professionelle Haltung auch als Habitualisierung von Reflexivität verstanden werden. Dazu gelten Supervision, (ethische) Fallbesprechungen und -analysen, Coaching, kollegiale Beratung,

Feedback etc. als hilfreiche Instrumente. Biographiearbeit enthält die Chance, über die Auseinandersetzung mit der eigenen Lebensgeschichte handlungsfähiger zu werden:

Die Entwicklung einer professionellen Haltung beginnt damit, dass man sich seiner selbst bewusst wird, das ist so einfach und naheliegend wie anspruchsvoll, denn die eigenen Deutungsmuster, Einstellungen, Normen und als selbstverständlich erscheinenden Handlungsroutinen sind in der eigenen Biografie und Berufsbiografie und in der Geschichte, die man sich über sein Leben erzählt, fundiert und eingespielt. (Nentwig-Gesemann und Nicolai 2014: 154)

Reflexivität sollte allerdings nicht der einzelnen Fachkraft als Aufgabe überlassen bleiben – Haltung braucht Halt. Indem Orte und Anlässe für kommunikative Reflexivität in der Organisation verankert werden, wird Reflexivität auch zu einer organisatorischen Struktur und Kultur (vgl. Reh 2004). Die Organisationskultur kann selbst als die Haltung einer Einrichtung verstanden werden, denn sie bildet den „institutionellen Deutungshorizont für das Begreifen sozialer Situationen. Gemeinsame Deutungs- und Problemlösungsmuster entlasten Fachkräfte […] und stiften Sinn und Zusammenhalt" (Spiegel 2013: 112). Insofern wird die Ausbildung von Haltung auch zu einer Aufgabe der Organisationsentwicklung.

4.1.8   Fazit

Der Begriff Haltung, der häufiger gebraucht als dass er selbst zum Gegenstand des Nachdenkens gemacht wird, hat derzeit in der Pädagogik der Kindheit Konjunktur, trotz - oder vielleicht wegen - seiner mangelnden begrifflichen Eindeutigkeit. Dabei hat das Thema der Sache nach eine lange Tradition, tangiert es doch zentrale Aspekte pädagogischen Handelns.

Der Gang der Überlegungen hat an mehreren Stellen die Klärungsbedürftigkeit des komplexen, mehrdimensionalen Begriffs vor Augen geführt. Bezüglich seiner Definition und Verwendung besteht kein Konsens. Was genau als Gehalt des Konstrukts Haltung gilt, wie Haltung im Verhältnis zu Professionalität bestimmt wird und welche Motive schließlich mit der neuerlichen Thematisierung von Haltung einhergehen, kann nur im jeweiligen Kontext erschlossen werden. Das mahnt zu einem bewussten, reflektierten Gebrauch des Begriffs in Theorie und Praxis. Eine solche Zurück*haltung* erscheint gerade aufgrund der problematischen Lesarten des Begriffs geboten. Wenn durch den Fokus auf Haltung organisatorische und strukturelle Aspekte vernachlässigt werden, mithin Faktoren, die ebenfalls großen Einfluss auf das professionelle Handeln haben, wird Professionalität individualisiert und gerät das gesamte System, in dem Erziehungs- und Bildungsprozesse stattfinden, aus dem Blick.

Diskurse (sozial)pädagogischer Professionalität und verwandte Begriffe anderer wissenschaftlicher Disziplinen können Bezugspunkte für eine Fundierung und Profilierung des Haltungsbegriffs in der Kindheitspädagogik darstellen. Die der Haltung unterstellten Wirkungsannahmen erfordern deren empirische Untersuchung. Haltungen als Muster des Denkens, Wahrnehmens und Handelns bedürfen vielfältiger Möglichkeiten der Reflexion in Ausbildung und Praxis. Dazu sind entsprechende Orte und Gelegenheiten notwendig, die in den Strukturen und Kulturen von Organisationen eingebunden sein sollten.

Das Instrumentarium zur „Qualitätsentwicklung im Diskurs", in dem die Dimension der Haltung durchgängig mit Fragen und Denkanstößen thematisiert wird, fördert institutionell verankerte Orte für kommunikative Reflexivität. Auf diese Weise geht der Blick über die Haltung der einzelnen Fachkraft hinaus auf die Haltung und die Haltekraft der Einrichtung.

4.2 Haltung im Kontext von Eltern-, Familien- und Sozialraumorientierung

Eltern und Familien sehen sich aufgrund des beschleunigten gesellschaftlichen Wandels zunehmendem Druck und wachsenden Ansprüchen von unterschiedlichen Seiten ausgesetzt. In Folge des sich rasant vollziehenden soziokulturellen Wandels entwickeln sich unterschiedlichste familiäre Lebensformen. Wirtschaften und Arbeiten erfolgt in globalen Weltmärkten, einhergehend mit dem Anspruch erhöhter Flexibilität und Mobilität der Arbeitnehmer_innen sowie einer wachsenden Arbeitsteilung zwischen Familie und Beruf (vgl. Wolff 2008: 189).

Im Zuge dessen haben sich die Profile von Kindertageseinrichtungen verändert und entwickeln sich bedarfsorientiert zu Dreh- und Angelpunkten von Sozialräumen. Eltern-, Familien- und Sozialraumorientierung in Kindertageseinrichtungen sind Ausdruck einer Haltung, die von der Erkenntnis ausgeht, dass eine gute Partnerschaft von Eltern und Familien einerseits und eine sozialräumliche Eingebundenheit der Kinder und ihrer Familien andererseits von zentraler Bedeutung für die kindliche Entwicklung sind (vgl. Roth 2010: 21). Gleichzeitig ist die Kindertageseinrichtung selbst Teil des Sozialraumes mit all den Wechselwirkungen, die sich daraus ergeben.

Die drei Themenbereiche Eltern-, Familien- und Sozialraumorientierung stehen im Zentrum des Forschungsprojektes Kita!Plus: „Qualitätsentwicklung im Diskurs" des Landes Rheinland-Pfalz. Dies geschieht mit der Zielsetzung, die Qualität im Hinblick auf die Umsetzung der Eltern-, Familien- und Sozialraumorientierung in Kindertageseinrichtungen zu sichern und zu verbessern. Hierzu wurde unter Berücksichtigung von diskursiven und dialogischen Verfahren ein Instrumentarium zur Selbstevaluation für Kindertageseinrichtungen entwickelt. Das Verständnis von Kindertageseinrichtungen in Rheinland Pfalz ist geprägt von der Annahme, dass Kinder, pädagogische Fachkräfte und Eltern gemeinsame Koproduzenten erfolgreicher Bildungs- und Erziehungspraxis sind (vgl. Ministerium 2012b: 38):

Die Erziehungs- und Bildungspartnerschaft zwischen den Eltern[9] und der Kindertagesstätte ist Grundlage für eine auf Dauer angelegte konstruktive, partnerschaftliche Bildungs- und Erziehungsarbeit mit dem Kind" (Ministerium 2014:109).

Das Bewusstsein, dass der jeweilige Lebens- und Sozialraum die Kinder und ihre Familien ebenso wie die Arbeit der Kindertageseinrichtung prägt, soll dies ergänzen (vgl. Ministerium 2010: 46). In den Empfehlungen zur Qualität der Erziehung, Bildung und Betreuung in Kindertageseinrichtungen in Rheinland-Pfalz sind im Kapitel ‚Eltern und Familie' die Begriffe Erziehungspartnerschaft, Familienorientierung, Elternbeteiligung und die Gestaltung der Übergänge aufgeführt. Dem Stichwort ‚Lebenswelt' sind in den Empfehlungen die Begriffe ‚Sozialraumorientierung/Gemeinwesenarbeit, Bedarfsorientierung, Bedarfsplanung und Vernetzung mit anderen Institutionen' zugeordnet (vgl. Ministerium 2012a: 194). Auf der Basis fachwissenschaftlicher Recherchen, wie sie im Folgenden ausgeführt werden, werden die Begriffe Eltern-, Familien- und Sozialraumorientierung als professionelle Haltung definiert und als Reflexionshintergrund für die Untersuchungen im Projekt Kita!Plus und im Instrumentarium zur „Qualitätsentwicklung im Diskurs" genutzt. Die inhaltliche Ausgestaltung und der Anspruch des Instrumentariums, „das im Alltag leicht handhabbar, unabhängig von Konzeptionen einsetzbar, jedoch unter Berücksichtigung organisationsspezifischer Entwicklungen zu nutzen ist" (vgl. Kap. 5) macht den Gebrauch des Instrumentariums zudem weitestgehend unabhängig von Bildungs- und Orientierungsplänen, gesetzlichen Ländervorgaben und pädagogischen Konzepten und ist somit auch in anderen Bundesländern einsetzbar.

Elternorientierung, wie sie auch im Instrumentarium definiert wird, zeigt sich darin, wie es pädagogischen Fachkräften gelingt, eine intensive Beziehung zum Kind aufzubauen und gleichzeitig die Beziehung zwischen Eltern und Kind anzuerkennen und wertzuschätzen. Die Eltern-Kind-Beziehung wird dabei als eine wichtige Ressource für das Kind angesehen (vgl. Senger 2010: 284). Eng damit verbunden ist der Begriff Familienorientierung. Hier wird neben dem Kind die ganze Familie in den Fokus genommen. Familienorientierung zeichnet sich dadurch aus, dass den vielfältigen Lebensentwürfen von Familien und den unterschiedlichsten Anforderungen, die sich daraus erge-

---

9   Mütter, Väter, Erziehungsberechtigte

ben, mit einer offenen Grundhaltung begegnet wird (vgl. Diller & Schelle 2009: 19)[10]

In der Expertise zum zwölften Kinder- und Jugendbericht (2005) und in der Veröffentlichung „Wieviel Mutter braucht ein Kind" hat Ahnert (2010) wichtige Forschungsergebnisse zusammengetragen. Die Qualität der Mutter-Kind-Beziehung wird demzufolge vor allem bei berufstätigen Müttern gesteigert, wenn die Mutter sich in ein umfassendes Unterstützungssystem eingebunden fühlt. Das Selbstverständnis der Öffentlichkeit zur institutionellen Betreuung steht für die Bereitschaft, Väter und Mütter in ihrer Erziehungsaufgabe zu unterstützen und wirkt sich positiv auf die Mutter-Kind-Interaktion aus, je größer die gesellschaftliche Akzeptanz zur Inanspruchnahme von Fremdbetreuung ist (vgl. Roth 2014a: 214). In diesem Kontext sind Kindertageseinrichtungen sowohl für die Bildung, Erziehung und Betreuung der Kinder als auch für die Unterstützung der Eltern zu wichtigen gesellschaftlichen Institutionen geworden (vgl. Friederich 2011a: 18). Die gesellschaftliche Akzeptanz wird durch rechtliche Grundlagen zur Zusammenarbeit von Eltern und Kindertageseinrichtung in verschiedenen Gesetzen bekräftigt. Die §§ 22 und 22a SGB VIII beziehen sich auf die Ausgestaltung der Zusammenarbeit und formulieren als vorrangige Aufgabe der Kindertageseinrichtung, die Eltern mit Blick auf Erziehung, Bildung und Betreuung zum Wohl des Kindes zu unterstützen. Dabei ist zu berücksichtigen, dass es *die Eltern* nicht gibt, sondern Mütter und Väter, die unterschiedliche Erwartungen und Bedürfnisse haben. Sie unterscheiden sich in ihren Lebensformen, ihrem kulturellen und ethnischen Hintergrund und den finanziellen Ressourcen sowie weiteren Merkmalen (vgl. ebd.: 29).

Die Berufstätigkeit der Eltern und der Wunsch, Familie und Beruf vereinbaren zu können, führt dazu, dass immer häufiger auch bereits ganz junge Kinder tagsüber außerhalb der Familie betreut werden. Etwa ein Drittel der Dreijährigen und ca. 94% der Drei- bis Sechsjährigen werden in Krippen bzw. Kindertageseinrichtungen betreut, d.h. Kindertageseinrichtungen werden zum Lebens-, Lern- und Bildungsort für Kinder und deren Familien (vgl. Kobelt Neuhaus et al. 2015: 6). Sowohl bei starkem Individualisierungsdruck als auch bei wachsender gesellschaftlicher Einbindung hängt das gesunde Aufwachsen der Kinder entscheidend davon ab, wie es gelingt, die Auflösung des familialen Systems durch die Umweltbedingungen zu verhindern und zugleich die familiale Systembildung mit dem Umweltsystem zu verbinden. Eine gute Zusammenarbeit zwischen Fachkräften und Eltern achtet darauf, dass es nicht um eine Professionalisierung des Familienalltags geht, sondern um eine Stärkung des Familiären in seiner Vielfalt und in seiner hohen emo-

---

10 Inhalte, die sich direkt auf das Instrumentarium zur „Qualitätsentwicklung im Diskurs" beziehen, sind in diesem Kapitel kursiv gedruckt.

tionalen Wirkung (vgl. ebd.:8). Das Aufwachsen in einer hoch differenzierten Gesellschaft kann nur möglich sein, wenn es gelingt, Brücken von der familialen Lebenswelt in die organisationale Umwelt und umgekehrt zu gestalten. Dies zeigt sich in der Ausprägung dessen, was unter Eltern-, Familien- und Sozialraumorientierung definiert und in der Praxis umgesetzt wird (vgl. Wolff 2008: 190). Die Zusammenarbeit von Eltern/Familien und pädagogischen Fachkräften gewinnt immer mehr an Bedeutung und damit auch die Öffnung der Kindertageseinrichtung zum Sozialraum bzw. die Einbeziehung des Sozialraums in die Arbeit der Einrichtung.

Hierfür bietet das vom Projektteam entwickelte Instrumentarium Kindertageseinrichtungen Unterstützung an, indem die Qualität in ausgewählten Bereichen der Eltern- Familien- und Sozialraumorientierung durch Selbstevaluation gezielt weiter entwickelt bzw. verbessert werden kann. Mit Hilfe von Leitfragen nähern sich die Teams vor dem Reflexionshintergrund der eigenen Haltung der Vorstellung, was das Verständnis von Eltern-, Familien- und Sozialraumorientierung speziell für ihre Einrichtung, für die Lebenswelt ihrer Eltern und Familien bedeutet, und, wie dieses Verständnis in einer professionellen Haltung im pädagogischen Alltag zum Ausdruck kommen kann (siehe auch Kapitel 9).

Eine Beschreibung und Erklärung für die Wechselwirkungen, die sich daraus für Familie und Einrichtung ergeben können, und welche Auswirkungen die Art und Weise des Zusammenwirkens auf die kindliche Entwicklung haben kann, bietet das ökologische Modell von Bronfenbrenner (1998): Danach sind Familie und Kindertageseinrichtung jeweils ein Mikrosystem mit eigenen Mustern von Aktivitäten, Rollen und zwischenmenschlichen Beziehungen. Das Kind macht Erfahrungen in beiden Systemen und trägt sie jeweils in das andere System mit hinein und verändert es dadurch auch gleichzeitig. Beide Systeme halten sehr unterschiedliche Erfahrungsmöglichkeiten für das Kind bereit. So ist der Bereich der Familie durch individualisierte Beziehungen zwischen den Mitgliedern, die stark emotional „getönt" sind, durch hohe Affektivität und zugeschriebene Rollen geprägt. Dem gegenüber steht die Institution Kindertageseinrichtung. Auch wenn die Interaktionen durch Responsivität, Ermutigung und Unterstützung geprägt sind, haben sie nicht die gleiche Intensität wie zwischen Familienmitgliedern und sind eher gruppen- als individuumsbezogen. Außerdem erleben hier die Kinder i.d.R. das erste Mal regelmäßige Interaktionserfahrungen mit Gleichaltrigen. Nach systemischer Denkweise ist diese Beteiligung in verschiedenen Lebensbereichen für die Entwicklung besonders förderlich, wenn das Kind den Übergang in Begleitung vollzieht. In Bezug auf Eltern- und Familienorientierung kommt der pädagogischen Gestaltung von Übergängen, insbesondere von der Familie in die Einrichtung und später von der Einrichtung in die Grundschule, eine besondere Bedeutung zu, der in vielen Bildungs- und Orientierungsplänen Rechnung getragen wird. Zur Gestaltung der Übergänge gibt es wissenschaftlich begründete Modelle, die das einzugewöhnende Kind in den Mittelpunkt stellen, so dass es den Übergang aktiv in enger Zusammenarbeit aller Beteiligten bewältigt (vgl. Viernickel 2009: 56).

4.2.1 Pädagogische Fachkräfte als Gestalter_innen der Partnerschaft

Eine partnerschaftliche Zusammenarbeit mit den Eltern auf Augenhöhe findet sich in fast allen Konzeptionen von Kindertageseinrichtungen. Erziehungspartnerschaft wird als mehrperspektivisches Konstrukt gesehen. Darin kommen die unterschiedlichen Erwartungshorizonte der verschiedenen Personen zum Ausdruck, die bei der Erziehung und Bildung sowohl in Tageseinrichtungen als auch in Familien beteiligt sind: Eltern, pädagogische Fachkräfte und Kinder. Dennoch ist zu berücksichtigen, dass in unserer Gesellschaft die Erziehungs- und Bildungspartnerschaft von Elternhaus und Kindertageseinrichtung zwischen ungleichen Partnern geschieht. Verfassungsrechtlich sind Pflege und Erziehung der Kinder das „natürliche Recht der Eltern und die zuvörderst ihnen obliegende Pflicht" (Artikel 6 Grundgesetz). Diese Ungleichheit spricht aber nicht gegen die Notwendigkeit einer Erziehungspartnerschaft zum Wohle der Kinder, verstanden als eine Kompetenzpartnerschaft (vgl. Liegle 2006: 136):

[...] eine Kompetenzpartnerschaft verstanden, d.h. die gegenseitige Wertschätzung von Ressourcen und Kompetenzen, die Eltern, Kindertagespflegepersonen oder Fachkräfte jeweils ergänzend zur Erziehung, Bildung und Betreuung eines Kindes beitragen (Kobelt Neuhaus et al. 2015: 8)

Die Vorstellungen von guter Zusammenarbeit zwischen Eltern und pädagogischen Fachkräften gehen oft auseinander, da z.B. Rollenzuteilungen und Erwartungshaltungen der Eltern und der pädagogischen Fachkräfte nicht übereinstimmen. Thiersch (2006) unterscheidet zwischen verschiedenen Modi der Zusammenarbeit, die in der Realität jedoch meist in Mischformen und unterschiedlich ausgeprägt vorkommen.

Auf Seiten der Eltern zeigt sie vier Modi auf: Der Modus der Identifikation steht für Eltern, die über die Ergebnisse und Abläufe der Einrichtung informiert sein wollen. Der Modus der Delegation, für Eltern, die sich vor allem knappe, praktische Hilfe wünschen und die Erziehung und Bildung für die Zeit des Besuchs der Kindertageeinrichtung an diese delegieren. Der Modus der Beratungsbedürftigkeit verweist auf Eltern, die sich von den Fachkräften Beratung in Erziehung und Lebensführung erhoffen, und im Modus der Unterstützung erwarten Eltern praktische Unterstützung von den Fachkräften für ihre Lebensführung (Friederich 2015: 29).

Im Gegenzug lassen sich auf Seiten der pädagogischen Fachkräfte folgende Modi der Zusammenarbeit erkennen:

Fachkräfte im Abgrenzungsmodus möchten ihre Professionalität gegenüber den Eltern demonstrieren. Der Modus der persönlichen Zuwendung besteht, wenn die Fachkraft eine persönliche Beziehung zu den Eltern anstrebt. Der Modus der Belehrung beinhaltet die Annahme, dass Eltern nicht ausreichend kompetent in Erziehungsfragen sind, und der Modus der Ressourcenorientierung wiederum schätzt die Kompetenzen der Eltern (ebd.: 30).

Werden die Modi von Eltern und pädagogischen Fachkräften betrachtet, so ist zu erkennen, dass unterschiedliche Modi unterschiedlich gut harmonieren. Es wird deutlich, wie Eltern und Fachkräfte die Gestaltung der Zusammenarbeit in Wechselwirkung beeinflussen. Festzuhalten ist, dass es Aufgabe der pädagogischen Fachkräfte ist, die Zusammenarbeit mit den Eltern mit einer professionellen Haltung zu gestalten, Angebote der Einrichtung an den Bedarfen und Erwartungen auszurichten und mit Hilfe einer Bedarfsanalyse die Bedarfe der Familien zu erfassen. Doch kann je nach Eltern und deren Themen das Ausmaß der Zusammenarbeit zwischen keinem und starkem Interesse schwanken. Auch wenn von Seiten der pädagogischen Fachkräfte Erwartungen an die Eltern bestehen, haben sie dennoch die Aufgabe, sich auf die Erwartungen der Eltern einzustellen. Sie verfügen über eine professionelle Haltung und sind die professionellen Gestalter_innen der Zusammenarbeit. Um die Sichtweisen der Eltern verstehen zu können, müssen Einstellungen und Erfahrungen reflektiert werden. Die Konzeption der Einrichtung bildet den Orientierungsrahmen für die Erwartungen und Bedarfe der Eltern, in dem Voraussetzungen aber auch Grenzen der Zusammenarbeit erkennbar werden (vgl. ebd.: 31).

Beide Lebenswelten, Kindertageseinrichtung und Familie, haben Einfluss auf den Entwicklungs- und Bildungsverlauf des Kindes. Untersuchungen weisen darauf hin, dass die vom Kind erlebten familiären Anregungen einen zwei- bis dreimal so hohen Anteil daran haben und daher eine integrierte und verzahnte Intervention mit Familien armer und sozialbenachteiligter Kinder Voraussetzung für eine wirksame Entwicklungsförderung in Einrichtungen ist. Tietze (2005) sieht eine substanzielle Entwicklungsförderung bei Kindern aus anregungsarmen Familien nur dann erfolgreich, wenn sie einhergeht mit einer verbesserten Bildungsqualität in den Familien.

Das Head-Start-Projekt aus den USA zeigt auf, dass sich eine nachhaltige und langfristig angelegte Zusammenarbeit mit Eltern positiv auf die Lebenslagen von Kindern auswirkt. Auch die Studien Effective Provision of Pre-School Education (EPPE) und das Sure Start Programme bescheinigen elterneinbindenden Konzepten eine hohe Wirksamkeit (vgl. Hess 2012: 16). Hildenbrand und Köhler (2010) haben in ihrer Studie zur Sprachentwicklung belegt, dass Kinder sprachlich kompetenter sind, wenn die Eltern an der Sprachförderung der Kindertageseinrichtung interessiert und/oder daran beteiligt sind (vgl. Friederich 2011a: 44). Diese Ergebnisse zeigen, wie wichtig es ist, die Bedeutung der Eltern für die Entwicklung und Bildung der Kinder anzuerkennen und sie in die pädagogische Arbeit einzubeziehen. Gelingt es, ein Klima zu schaffen, das Eltern einlädt, eigene Lebenserfahrungen einzubringen, sind sie auch bereit, Anregungen anzunehmen, die ihre eigene Erziehungskompetenz erweitern (vgl. Stolz und Thiel 2010: 225). So können Eltern in ihrem Bildungs- und Erziehungsverhalten gestärkt und unterstützt werden. Austausch und Information, Wissensvermittlung sowie Teilhabe an Strukturen und Mitbestimmung tragen zu einem Klima der gemeinsamen Verantwortung für das Kind bei und fördern elterliche Ressourcen. Pädagogische Fachkräfte sehen sich mit den professionellen Anforderungen konfrontiert, zum Wohl des Kindes eine Zusammenarbeit auf Augenhöhe mit den Eltern zu initiieren. Sie bewegen sich dabei immer im Spannungsfeld des Beziehungsdreiecks Kind/Eltern/Fachkraft. Grundlage dafür ist die stetige Analyse von Lebenswelt, Bedarfen, Ressourcen und Erwartungen sowie die Reflexion dieser Aspekte, bezogen auf die Fachkraft selbst. Kinder, die eine Kindertageseinrichtung besuchen, brauchen die Sicherheit, dass sie und ihre Familie willkommen sind und so, wie sie sind, bezogen auf ihre Lebenswelt, ihre Sprache und ihre Erscheinung, angenommen werden. Eltern brauchen darüber hinaus kompetente Ansprechpartner sowie Respekt und Akzeptanz, wenn es um Erwartungen in Bezug auf die Entwicklung, Bildung und Erziehung ihrer Kinder geht. Sie brauchen auch die Gewissheit, dass sie die wichtigsten Bindungspersonen für ihre Kinder sind und diese bleiben, auch wenn eine Beziehung zu einer pädagogischen Fachkraft hinzukommt. So ist eine Haltung der pädagogischen Fachkraft von hoher Bedeutung, die Eltern als Experten ihrer Kinder wertschätzt (vgl. Harms 2014: 207).

4.2.2   Was brauchen Familien, damit es ihnen gut geht?

Der erste Sozialisationsort für Kinder ist die Familie. Wenn, wie von der Gesellschaft als auch vom Gesetzgeber gefordert, beide Systeme – Familie und Kindertageseinrichtung – für die Entwicklung des Kindes Verantwortung übernehmen sollen, sind Verbindungen zwischen den Lebenswelten zu schaffen und dabei die jeweiligen Stärken und Besonderheiten anzuerkennen. Die Unterschiede können sowohl als Chance als auch als Risiko gesehen werden, je nachdem wie es gelingt, die Ressourcen zu nutzen. Gerade in Zeiten der Multikulturalität und der individualisierten Lebensentwürfe gewinnt die Sichtweise, dass Kinder von Vielfalt und Unterschiedlichkeiten profitieren können, wenn an einem Verständnis der gemeinsamen Ziele und Grundlagen gearbeitet wird, immer mehr Zustimmung. Fachkräfte stehen vor der Herausforderung, die Eltern über Sprach-, Einstellungs- und Kulturunterschiede hinweg für eine Zusammenarbeit zu motivieren und diese befriedigend zu gestalten (vgl. Viernickel 2009: 58).

Was brauchen Familien, damit es ihnen gut geht? Sie müssen den Spagat zwischen den Anforderungen der Gesellschaft und der Arbeitswelt einerseits und der Familienwelt andererseits täglich leisten und fühlen sich oft überfordert. Dabei haben sie unterschiedlichen Zugang zu psychischen, sozialen und materiellen Ressourcen. Bestimmte Familienkonstellationen sind sogar eher von Ressourcen ausgeschlossen. Es besteht ein erhöhtes Armutsrisiko, vor allem bei Alleinerziehenden, Mehrkinderfamilien und Familien mit Migrationshintergrund. Eine stetig wachsende Zahl von Familien lebt außerhalb regulärer Lebens- und Arbeitsverhältnisse. Somit steigt das Risiko, dass Kinder Erwachsene erleben, die überfordert und gereizt auf ihre Bedarfe reagieren, nicht selten einhergehend mit gewalttätigen Handlungen (vgl. ebd.: 53).

Um die Belastungen und Verteilungsungerechtigkeiten auszugleichen und die Lebensbedingungen der Familien zu verbessern, bedarf es einer familienfreundlichen und familienergänzenden Infrastruktur, in der sie

Verbindungen zu anderen Eltern und Generationen, Austausch, ein gut funktionierendes Netzwerk, Ermutigung und Anleitung durch interdisziplinäre Mitarbeiter_innen und andere Eltern, um gemeinsam für sich und ihre Kinder eine anregungsreiche Lebenswelt zu gestalten, die fehlerfreundlich ist, in der Menschen für einander Zeit haben, in der sie stabile Beziehungen aufbauen können, wo sie Orte des Rückzugs, der Anerkennung und Wertschätzung finden (Tschöpe-Scheffler 2014: 19).

Diese Forderung bezieht sich auf alle Familien, auch auf Familien mit Kindern mit Behinderung. „Diese Kinder sind wie alle anderen Kinder auch: Individuen mit eigener Persönlichkeit, mit eigenen Fähigkeiten und Fertigkeiten, Hoffnungen und Wünschen" (Roth 2014: 218).

Mit der UN-Konvention[11] über die Rechte von Menschen mit Behinderung (2009) wird der Ansatz der Inklusion auch in Kindertageseinrichtungen verfolgt. Insbesondere hier kann eine gelingende Zusammenarbeit mit den Familien dazu beitragen, diesem Anspruch gerecht zu werden und die Chance einer gemeinsamen Weiterentwicklung aller Kinder, Eltern und Fachkräfte zu sehen. Eine konsequent inklusive Haltung verfolgt zwei Perspektiven, zum einen das Aufwachsen in einem gewohnten sozialen Umfeld und zum anderen die bestmögliche Förderung. Dies stellt eine Herausforderung für alle Verantwortungsebenen dar (vgl. ebd.: 219).

Da es das erziehende Dorf des afrikanischen Sprichwortes[12] heute so nicht mehr gibt, muss es andere Orte geben, zu denen sich Kindertageseinrichtungen und Familienzentren immer mehr entwickeln. Es lässt sich ein Paradigmenwechseln erkennen: weg von überwiegend formalen Bildungsangeboten hin zu individueller lebensweltbezogener Erziehungspartnerschaft zwischen Müttern, Vätern, Erzieher_innen und anderen Menschen, mit denen die Familien in ihrem Sozialraum zu tun haben. Damit sollen den Familien

---

11 Text zur UN-Konvention der Vereinten Nationen über die Rechte von Menschen mit Behinderung ist einzusehen unter: http://www.bildungsserver.de/db/mlesen.html?Id =47812&mstn=3.

12 Afrikanisches Sprichwort: „Um ein Kind zu erziehen, bedarf es eines ganzen Dorfes".

unterschiedliche Begegnungs- und Bildungsräume eröffnet werden, in denen sie sich selbstwirksam beteiligen und positive Erfahrungen sammeln können. Mit dem Ansatz eines informellen Zugangs zu Familien können neben formalen Bildungseinheiten Leerräume im Sinne noch nicht vorstrukturierter Erfahrungs- und Begegnungsräumen geschaffen werden. Unterstützend wirkt dabei eine didaktische und professionelle Zurückhaltung und eine dialogische, vorurteilsbewusste, ressourcenorientierte Haltung mit einem forschenden Habitus der Fachkräfte, damit sich Mütter und Väter eingeladen fühlen, selbstinitiierten Lernprozessen zu folgen (vgl. ebd.: 23).

„Die Welt trifft sich im Kindergarten" beschreibt die soziale, kulturelle und Herkunfts-Vielfalt, die in Kindertageseinrichtungen immer mehr zu finden ist. Jede Familie ist einzigartig, besonders bewusst wird dies im Umgang mit Familien aus anderen Herkunftsschichten und Herkunftsländern (vgl. Viernickel 2009: 61). Nach Keller (2011) bildet sich die kulturelle Diversität in den elterlichen Sozialisationszielen und Erziehungsstrategien ab. Pädagogische Fachkräfte stehen vor der Aufgabe, sowohl familiären Werten, Erziehungsvorstellungen und religiösen Ritualen gegenüber offen zu sein und in der Kindertageseinrichtung Raum zu geben und dabei gleichzeitig grundlegende Erziehungsziele und Haltungen einer kindorientierten Pädagogik beizubehalten.

Das Wissen um den bedeutsamen Einfluss von Kultur, Tradition, Religion und Muttersprache auf die jeweilige Bildung und Entwicklung der Kinder wird für die pädagogische Praxis immer wichtiger. Kultur definiert, was Reichtum und Armut oder Schutz und Sicherheit bedeuten, wie Bindung und Liebe aussieht, was Vertrauen ist. Anregung und Förderung ermöglicht (Keller 2011: 94).

4.2.3 Sozialräume als Lebenswelten

Wie bereits beschrieben wird die Lebenssituation von Kindern und ihren Familien maßgeblich durch die Lebenswelt, in der sie leben, beeinflusst. Die individuelle Entwicklung des Kindes wird durch das familiäre und soziale Umfeld geprägt. Dabei spielt die Art, wie Eltern mit ihren Kindern ihre Lebenswelt erfahren und gestalten, eine bedeutende Rolle (vgl. Hess 2012: 109). Ergebnisse internationaler Vergleichsstudien belegen,

[…] dass die Zusammenarbeit zwischen Eltern, Bildungsorten und pädagogischen Fachkräften besonders erfolgreich ist, wenn gleichzeitig Eltern, Familien und die „Community", das heißt der Sozialraum, Unterstützung erfahren und geben (Kobelt Neuhaus et al. 2015: 29).

Seit der Novelle des SGB VIII – Kinder- und Jugendhilfe - 2005

[…] umfasst der gesetzliche Auftrag der Kindertageseinrichtungen neben Erziehung, Bildung und Betreuung von Kindern auch die Vernetzung und das Zusammenwirken der

Kitas mit anderen Kind- und Familienbezogenen Diensten, Einrichtungen, Personen, Institutionen und Organisationen im Sozialraum (BAG LJÄ 2006: 2).

Kindertageseinrichtungen bieten eine Chance, der Mehrdimensionalität benachteiligter Lebenslagen von Kindern und Familien zu begegnen, wenn sie mit den im Sozialraum vorhandenen Partnern zusammenarbeiten und deren Kompetenzen sowie Möglichkeiten nutzen. Den Kitas kommt dabei zwar eine Schlüsselrolle zu, jedoch liegt die Gesamtverantwortung für eine gelingende Kooperation im Sozialraum beim jeweiligen Jugendamt (vgl. ebd.: 2). Die traditionelle dezentrale Organisation, zunächst auf Eltern und Träger bezogen, sollten Kindertageseinrichtungen als ihre Stärke erkennen, um sich dem Sozialraum zu öffnen. Die Stadtteilorientierung wurde bereits seit den 70er Jahren z.B. im Situationsansatz und in der Reggio-Pädagogik gefordert und umgesetzt.

Im Rahmen des Projekts „Qualitätsentwicklung im Diskurs" wurde sich dem Begriff der „Sozialraumorientierung" zunächst über den Begriff der „Lebenswelt", wie er in den Bildungs- und Erziehungsempfehlungen (BEE) und den Empfehlungen zur Qualität der Erziehung, Bildung und Betreuung in Kindertagesstätten in Rheinland-Pfalz beschrieben wird, genähert (vgl. Ministerium 2012a: 195). Hierin werden die Begriffe des Lebens- und des Sozialraumes nebeneinander gestellt.

Der Begriff der Lebenswelt wurde von Husserl und Schütz geprägt und hatte in den 70er und 80er Jahren des letzten Jahrhunderts Auswirkungen auf das Konzept des Sozialraums.

Mit dem Begriff der Lebenswelt werden besonders die sekundären Qualitäten des sozialen Raumes beleuchtet, also Eigenschaften, die Dinge nur haben, wenn sie von Menschen wahrgenommen werden. Andersherum betrachtet, geht es um die Frage, welche Merkmale des Raumes von den Menschen aus ihrer subjektiven Sicht erfasst und mit relevanten Bedeutungen aufgeladen werden. Thematisiert wird dabei die Konstitution subjektiver Sinnzusammenhänge im Bewusstsein handelnder Menschen, die Bedeutung sozialräumlicher Phänomene wird aus den subjektiven Sinnzusammenhängen der sie konstituierenden Handelnden erklärt (Eberle 2000, Riege 2012: 11).

Die Begriffe Sozialraum und Sozialraumorientierung werden in der gegenwärtigen Diskussion vor dem Hintergrund unterschiedlicher Bedeutungsfacetten innerhalb der Jugendhilfe verstärkt diskutiert. Noack (2015) weist darauf hin, dass es als Aufgabe Sozialer Arbeit gilt, zwischen den Lebenswelten junger Menschen und ihren Familien und den institutionellen sozialen Systemen, die diese Lebenswelten beeinflussen, zu vermitteln. Da sich die räumliche Dimension der einzelnen Lebenswelten geografisch über unterschiedliche Orte erstrecken kann, ist es notwendig, einen Sozialraumbegriff für das Fachkonzept der Sozialraumorientierung in der Kinder- und Jugendhilfe zu entwickeln, der sowohl im institutionellen System als auch in den örtlich verinselten Lebenswelten anschlussfähig ist (vgl. Noack 2015: 77).

Je nach subjektiver Definition, Ausstattung und Gruppenzugehörigkeit werden also höchst individuelle Sozialräume definiert. Gleichzeitig gibt es Überlappungen, an denen sich verschiedene, höchst individuelle Sozialräume überschneiden; [...] die dann von einem Teil der Bevölkerung als ‚unser' Sozialraum bezeichnet werden: Stadtteile, Straßen, Dörfer, Bezirke (Hinte und Treeß 2014: 30).

So ist der Sozialraum nicht nur ein sozialgeografisch begrenzter Raum, sondern auch ein sozial konstruierter Raum, ein Lebensraum und sozialer Mikrokosmos. Die Stadtentwicklungsforscher Mc Kenzie, Park und Burges (1925) verwendeten den Begriff der Social Area. Bronfenbrenner (1981) entwarf das sozialökologische Modell des Mesosystems mit aufeinander bezogenen Mikrosystemen, die durch ein Exosystem beeinflusst werden und in ein Makrosystem eingebettet sind. Im Konzept der Lebensweltorientierung von Thiersch (2000) wird der erlebte und wahrgenommene soziale Raum als räumliche Dimension der Lebenswelt bezeichnet. Lebenswelt konkretisiert sich in einzelnen Lebenswelten, wie z.B. in der Familie, in der Straßenwelt, in der Öffentlichkeit, in denen jeweils andere Muster und Strukturen und darin geprägte Erfahrungen gelten. Lebens- oder Sozialräume sind unterschiedlich strukturiert mit unterschiedlichen Interessen und Bewältigungsaufgaben und Gestaltungs- und Partizipationsmöglichkeiten der Akteure. Ausgrenzungen erfolgen unter den Gesichtspunkten wie Armut, Geschlecht, soziale Schicht und Nationalität (vgl. Thiersch 2002: 245).

Soziale Räume von Kindern wurden mit unterschiedlichen Aspekten erforscht, z.B. unter geschlechtsspezifischer Perspektive (Böhnisch und Nissen 1997), unter dem Aspekt der Nutzung von städtischen Lebensräumen (Muchow und Muchow 1998) oder der Zeitstrukturen dieser Nutzung (Zeiher 1990). In den neueren Diskursen zur Sozialraumorientierung geht es vor allem um Überlegungen zur Neuorganisation einer lebensweltorientierten, sozialraumorientierten Jugendhilfe (vgl. ebd.: 244).

Vor diesem Hintergrund unterscheidet Thiersch (2000) verschiedene Aspekte des Sozialraums: Der bebaute und bewohnte Raum bezeichnet die geografischen Bedingungen eines Stadtteils oder Ortes unter Einbeziehung der sozialen Zusammensetzung der Bewohner. Hier befasst sich die Sozialraumanalyse mit den Gegebenheiten, in denen soziales Leben stattfindet: z.B. Wohnbedingungen, Einkaufs- und Freizeitmöglichkeiten, Anzahl der Kinder, der Alten, Reichen, Armen, Beschäftigten, Arbeitslosen, Deutschen, Ausländer.

Der erlebte Raum: Unter diesem Aspekt werden die Erfahrungen, die Menschen in diesem Raum machen, z.B. beim Wohnen, Spielen, Einkaufen, betrachtet. Unterschiedliche Bevölkerungsgruppen machen unterschiedliche Erfahrungen. Die Qualität eines Stadtteiles ist abhängig von der Lebenssituation der Nutzer_innen, ob es sich um einen Jungen oder ein Mädchen, einen Mann oder eine Frau handelt. Mit dem Verwaltungsraum richtet sich der Blick auf die Bedarfe, z.B. im Hinblick auf notwendige Betreuungsangebote.

Der zu gestaltende Raum bezieht sich auf Fragen, inwieweit die Nutzer bei der Gestaltung des Stadtteils mitwirken können bzw. dürfen (vgl. Thiersch 2002: 245).

Sozialräumliche Untersuchungen und die aktive Beteiligung der Bewohnerschaft reichen als Arbeitsprinzipien bis in die Gegenwart und werden unter den folgenden zwei Dimensionen betrachtet: zum einen als bebauter, bewohnter und administrativ strukturierter Raum und zum anderen als von unterschiedlichen Bewohnern erlebter Raum (vgl. Riege 2012: 9). In diesem Zusammenhang steht für Hinte (2014) Sozialraumorientierung für eine personenzentrierte Haltung im Sinne von dein Wille wird ernst genommen - weg von der Haltung ich weiß schon, was gut für dich ist. Die Bedeutung des Begriffs Wille steht für die Handlungsbereitschaft aktiver Beteiligung der Menschen unter der Voraussetzung, dass der Wille der Menschen sowohl bei der Gestaltung des Lebensraumes als auch bei der Gewährung sozialstaatlicher Leistungen gehört wird. Sozialraumorientierung meint nicht, mit pädagogischer Intervention Menschen zu verändern, sondern unter Mitwirkung der Betroffenen ihre Lebenswelt zu gestalten und so zu arrangieren, dass Menschen auch in prekären Lebensverhältnissen zurechtkommen. Sozialraumorientierung soll nach Hinte verstanden werden als Fachkonzept, das theoretische, oft abstrakte Aussagen so konkretisiert, dass sie für professionelles Handeln nutzbar sind (vgl. Hinte 2014: 10).

Die Sozialraumorientierung wurde in unterschiedlichen theoretischen Ansätzen thematisiert, so z.B. im Hamburger Ansatz (Rauhes Haus, Klatezki), Lebensweltorientierung (Otto, Thiersch). Diese Ansätze gehen davon aus, dass Hilfen auf die Bedingungen vor Ort abgestimmt, gut zugänglich und koordiniert miteinander verbunden sein müssen. Dem folgt der Begriff der *Sozialraumorientierung* als Arbeitsprinzip sozialpädagogischer Dienstleistungen, wie er im KJHG formuliert wurde (vgl. Thiersch 2000: 4). Daher formuliert Schmid (2001):

Sozialraumorientierung bedeutet, seinen Sozialraum kennen, präsent sein, Beratung und passende Hilfe im Einzelfall leisten, differenzierte, den örtlichen Gegebenheiten und dem Bedarf entsprechende Gruppenangebote aufbauen, die Schule unterstützen, fall- und strukturbezogene Ressourcen erschließen, Kontakte knüpfen, Berührungsängste und Widerstände überwinden, mit allen für die Belange von Kindern, Jugendlichen und Familien relevanten Personen, Initiativen und Trägern vor Ort zusammenwirken. Kooperationen pflegen, Vertrauen aufbauen, Impulse aufnehmen und geben, mit Bürgermeister und Gemeinderat verhandeln, pädagogisches Grundlagenmaterial für kommunalpolitische Entscheidungen liefern und nie den Blick auf die allgemeine Situation der Kinder, Jugendlichen und Familien im gesamten Sozialraum verlieren (Schmid 2001: 204; Kessl und Reutlinger 2010: 41).

Dies bedeutet eine Dezentralisierung in der Jugendhilfe und somit auch für die Kindertageseinrichtungen als Institutionen der Jugendhilfe. In Kindertageseinrichtungen ist eine solche dezentrale Organisation meist selbstverständlich, ausgenommen sind zentrale Einrichtungen für einen bestimmten Schwerpunkt. Kindertageseinrichtungen haben einen eigenen Bezug zum

Sozialraum. Hier ist der Sozialraum der, den die Kinder und ihre Familien alltäglich erleben, vor dem Hintergrund unterschiedlicher Lebenserfahrungen. Diese Erfahrungen in die pädagogische Arbeit einzubeziehen, stellt eine Herausforderung für die pädagogischen Fachkräfte der Einrichtung dar.

Sozialökologische Theorieansätze können helfen, subjektive Realitäten von Kindern und ihren Familien zu verstehen. Das Modell von Baacke (1980) steht in der Tradition der Lebensweltanalyse. Er beschreibt in Anlehnung an Bronfenbrenner die Lebenswelt, die sich Kinder und Jugendliche in ihrer Entwicklung erschließen, anhand vier ökologischer Zonen: Das ökologische Zentrum ist die „Familie/das Zu Hause" als Ort, an dem sich die Kinder und ihre unmittelbaren Bezugspersonen vorwiegend aufhalten. Der ökologische Nahraum ist die „Nachbarschaft", der Stadtteil, das Dorf als Ort, in dem das Kind die ersten „Außenbeziehungen" aufnimmt. Die ökologischen Ausschnitte sind die Orte mit eher zweckbestimmten Erfahrungsräumen, wie z.B. die Schule und die Zone der ökologischen Peripherie gelten als Orte, in denen gelegentliche Kontakte, ungeplante Begegnungen im Gegensatz zu vertrauten Orten bzw. Routinen gemacht werden können. Dieses Zonenmodell ist nicht statisch zu verstehen sondern als dynamisches Modell, das verschiedene Bereiche der Lebenswelt der Kinder erfasst.

Daneben wird das Inselmodell von Zeiher (1983) diskutiert. Es beschreibt die Wohninsel als ökologisches Zentrum, von dem aus andere Inseln (z.B. Schule, Kita, Sportverein) aufgesucht werden. Die Erweiterung des Handlungsraumes vollzieht sich nicht mehr kontinuierlich, sondern orientiert sich an sozialräumlich unzusammenhängenden Orten. Dieses Modell eignet sich auch, um die Lebenswelten im ländlichen Bereich zu beschreiben.

Das Instrumentarium beschreibt den Sozialraum zunächst in Anlehnung an Kobelt Neuhaus (2013) als fußläufig erreichbares Gebiet, das sich etwa drei bis fünf Kilometer rund um die Einrichtung erstreckt und in dem individuelle und gesellschaftliche Handlungen und Interaktionen stattfinden. Es wird des Weiteren mit den beiden oben aufgeführten Modellen von Baacke und Zeiher ergänzt.

Die sozialökonomischen Ansätze beziehen sich vor allem auf die Struktur und die Veränderung von Lebensräumen, weniger auf die Qualität der Räume. Erst durch die Verbindung von Raum und Subjekt werden Räume zu sozialen Räumen. Erwachsene betrachten öffentliche Räume eher funktional, bei Kindern steht die „Aneignung", d.h. die tätige Auseinandersetzung mit der materiellen und kulturellen Umwelt im Vordergrund, die sich nicht auf einen Stadtteil begrenzen lässt. Dementsprechend versuchen sozialräumlich orientierte Lebensweltanalysen, weniger die demografischen Daten, sondern vielmehr die lebensweltlichen Interpretationen und Sichtweisen der Kinder bezüglich ihrer Lebensräume in den Vordergrund zu stellen (vgl. Deinet und Krisch 2012:127).

Klawe (1995) spricht von einem Sozialraum als Modell, der sich geografisch beschreiben lässt, der durch Beziehungen gekennzeichnet ist und in dem gemeinsam geteilte Deutungsmuster und Regeln gelten. Aus diesen Paradigmen lassen sich sowohl strukturelle Chancen und Risiken des Aufwachsens als auch die Handlungsspielräume für Kinder ableiten.

Das Konzept der „Aneignung" fragt danach, wie Kinder und Jugendliche diese objektiven Parameter subjektiv wahrnehmen, deuten und verarbeiten. Aneignung ist die tätige Auseinandersetzung von Kindern und Jugendlichen mit ihrer konkreten Umwelt. [...]sie machen sich fremde Orte zu eigen, erschließen sich deren Bedeutung und die Möglichkeiten, die in den Räumen liegen, und vergrößern ihren Horizont im Sinne einer Verbreiterung ihres Verhaltensrepertoires [...] (Deinet und Sturzenhecker 1998: 216).

Kinder lernen und bilden sich nicht nur in Institutionen, sondern in ihren jeweiligen Lebenswelten. Hier findet informelles Lernen statt, das wesentlichen Einfluss auf die intentionalen Bildungsprozesse hat. Bildung vollzieht sich in den verschiedensten Handlungszusammenhängen; neben der elterlichen Wohnung und der Kita gibt es vielfältige weitere Orte, an denen Kinder elementare Bildungserfahrungen sammeln. Eine soziale Infrastruktur stellt ein Netzwerk für Kinder, Familien, pädagogische Fachkräfte und andere Beteiligte dar. Der Ausbau einer sozialen Infrastruktur im Sinne einer sozialen Kultur des Aufwachsens, mit niedrigschwelligen Angeboten, die sich an alle - nicht ausgrenzend und stigmatisierend nur an bestimmte Gruppen - richtet, kann dazu beitragen, bessere Chancen und Lebensperspektiven für die Kinder zu schaffen (vgl. Rätz-Heinisch 2009: 93):

[...] die Quote der von relativer Einkommensarmut nach dem Standard der EU Betroffenen liegt zwischen 13 und 19% aller Kinder [...]. Das höchste Risiko haben hier Kinder im Vorschul- und Grundschulalter, also in der Lebensphase mit dem größten Potenzial zur Entwicklung ihrer Ressourcen und Kompetenzen (Chassé 2008; Rätz-Heinisch 2009: 93).

Kindertageseinrichtungen als meist dezentrale Einrichtungen bringen gegenüber anderen Jugendhilfeeinrichtungen aufgrund ihrer Organisationsstruktur gute Voraussetzungen für eine Sozialraumorientierung mit. Diese Chance darf aber nicht zur Überforderung der Fachkräfteteams führen. Sie muss in Bezug zu ihrem Auftrag der Bildung, Erziehung und Betreuung der Kinder in Zusammenarbeit mit den Eltern gesehen werden, um so einen Beitrag zu gerechteren und gelingenden Lebensverhältnissen zu leisten. Bedeutsame Anregungen einer sozialräumlich orientierten Arbeit liefern der Situationsansatz und die Reggio Pädagogik:

1. Die Reflexion der Bedeutung von öffentlichen Straßen und Spielräumen für Kinder, die Erkundung der Wohnumgebung der Kinder und die Erfahrungen in der Erwachsenenwelt.
2. Die systematische Aufarbeitung der Lebensbedingungen als Bezugspunkt für die Arbeit in den Kindertageseinrichtungen

und die Öffnung nach außen, auch über die Zusammenarbeit mit den Eltern hinaus, sowie

3. die Beteiligung der Mitarbeiterinnen und Eltern an Organisation und Planung der pädagogischen Infrastruktur (Thiersch 2002: 251).

Sozialräumliches Handeln in Kindertageseinrichtungen bedeutet zunächst einmal den Blick zu erweitern, weg vom Einzelfall hin zu komplexen Lebenssituationen von Kindern und Familien mit ihren räumlichen Bedingungen, aber auch in Bezug auf weitere Bewohner und Generationen des Sozialraums.

Ein erster Schritt dazu besteht in der Analyse der Lebensbedingungen der zu betreuenden Kinder und ihrer Eltern, um die unterschiedlichen Erfahrungen in die pädagogische Arbeit einfließen zu lassen. Dies bedeutet aber auch, dass die pädagogischen Kräfte sensibel und offen sind, diese Erfahrungen aus unterschiedlicher Perspektive wahrzunehmen. Sie müssen mit den Kindern und Eltern über deren Erfahrungen sprechen, z.B.: Wo spielen die Kinder? Welche Räume sind angstbesetzt? Empfinden die Familien ihre Wohngegend als angenehm? Wie ist die gegenseitige Wahrnehmung von Alteingesessenen und von Neuzugezogenen? Was erwarten ausländische und was erwarten deutsche Eltern von der Einrichtung? (vgl. ebd.: 252). Um diese Wahrnehmungen zu verstehen, ist es sinnvoll, eine Sozialraumanalyse durchzuführen. Dazu gehört einerseits die Auseinandersetzung mit sozialstatistischen Daten sowie mit den räumlichen Bedingungen und der sozialen Infrastruktur, z.B. in Form von Stadtteilbegehungen auch mit Kindern. Aufgrund der gewonnenen Daten aus dem Sozialraum ergibt sich ein Profil der Einrichtung, z.B. einer Kindertageseinrichtung auf dem Land oder in einer Stadt, in einem wohlhabenden Vorort oder in benachteiligten Wohngebieten. Daraus könnte sich eine sozialräumliche Typologie unterschiedlicher Kindertageseinrichtungen entwickeln, auf deren Basis spezifische Aufgabenprofile für die pädagogische Arbeit genauer bestimmt werden, wie z.B. besondere Betreuungsformen in Stadtteilen mit vielen berufstätigen Müttern. Diese Aufgabenprofile beziehen sich auf die Rahmenbedingungen, wie beispielsweise die Öffnungszeiten, und zugleich auf die inhaltliche Arbeit.

Deinet (2010) nennt den Begriff der Lebensweltanalyse als Beispiel einer raumbezogenen Methode, um die Lebenswelten von Kindern und Jugendlichen zu erkunden und daraus Ziele und Maßnahmen für die pädagogische Arbeit zu formulieren. Das Konzept der Lebensweltanalyse versteht sich als eine qualitative Vorgehensweise in der Jugendhilfe im Gegensatz zu einer quantitativen Vorgehensweise auf der Grundlage sozialstatistischer Daten. Dabei stehen Kinder als handelnde Akteure im Fokus lebensweltanalytischer Beobachtungen und werden als Experten ihrer Lebenswelt gesehen. Hierüber ist es möglich, ihre Wahrnehmungen zu verstehen und zu interpretieren. Zu den Methoden der Lebensweltanalyse gehören z.B. eine Stadtteilbegehung mit Kindern und Jugendlichen oder das Erstellen von subjektiven Landkarten (Deinet 2010: 59).

An dieser Stelle ist wieder auf das Instrumentarium des Projektes Kita!Plus „Qualitätsentwicklung im Diskurs" zu verweisen. In der zweiten Säule ist die Grundlage jedes weiteren Vorgehens eine Bedingungsanalyse, die im Team und in Erweiterung auch mit den Nutzern, wie Kindern, Eltern und anderen Beteiligten des Sozialraums vorgenommen wird. Leitfragen helfen den Fachkräften, sich den Sozialraum zu erschließen. Zusätzlich werden den Teams der Kindertageseinrichtungen weitere Methoden und Materialien zur Lebensweltanalyse an die Hand gegeben (vgl. Kapitel 9).

4.2.4   Sozialraumorientierte Haltungen und Arbeitsprinzipien

Im Kontext der sozialräumlichen Diskussion ist der Begriff Haltung eher selten zu finden. Pantucek (1998) versteht den Begriff der Lebensweltorientierung als Haltung.

Lebensweltorientierung als Haltung, die Respekt vor und Auseinandersetzung mit den Welten und Sichten des Klientels zu kultivieren versucht, ist folgerichtig bestrebt, den institutionellen Kontext der Sozialarbeit [...] so zu gestalten, dass dieser Respekt sichtbar wird (Pantucek 1998: 91, Deinet 2009: 45).

Auch wenn Hinte (2014) den Begriff Haltung nicht verwendet, geht es ihm um die Anerkennung der Ressourcen der Lebenswelt und einen veränderten Zugang dazu. Kessl und Reutlinger haben den Begriff einer reflexiven räumlichen Haltung geprägt. Für sie ist diese Haltung kein neues Verfahren oder eine Methode, sondern eine grundsätzliche Herangehensweise (vgl. Kessl, Reutlinger 2010: 126). Um diese reflexive räumliche Haltung in die Praxis umzusetzen, bedarf es handlungsorientierter Arbeitsprinzipien. Diese finden sich z.B. bei von Spiegel:

Arbeitsprinzipien enthalten grundlegende und umfassende Aussagen über das Selbstverständnis und die zentralen Orientierungen einzelner Fachkräfte und/oder Organisationen. Sie beziehen sich meist auf gemeinsam geteilte Werte der Profession und sind teilweise arbeitsfeldübergreifend, teilweise arbeitsfeld- und problemspezifisch formuliert, ohne jedoch eine konkrete besondere Situation im Blick zu haben (von Spiegel 2000: 176).

Der Begriff der Haltung beschreibt eher die persönliche Seite des Akteurs, der mit einer Grundeinstellung an die Sozialraumanalyse herangeht. Die Arbeitsprinzipien helfen, diese Haltungen zu operationalisieren, und betonen die methodische Seite, wie bestimmte Haltungen in der Praxis der Sozialraumanalyse umgesetzt werden können. Deinet (2009) spricht von sozialräumlichen Haltungen, Zugangsweisen und Arbeitsprinzipien. Eine grundlegende Haltung besteht darin, eine Beobachter- und Forscherperspektive einzunehmen. Dies soll mit einer möglichst von der Einrichtung distanzierten

Vorgehensweise geschehen, die nicht die vorhandenen Rahmenbedingungen und Ressourcen direkt „mitdenkt" – also eine Forscherperspektive, bezogen auf den eigenen Sozialraum, „obwohl man meinte, schon alles zu kennen". Es geht dabei nicht um eine einmalige Handlung, sondern um eine Haltung, die kontinuierlich „mitläuft" und die pädagogische Fachkräfte in die Lage versetzt, den Sozialraum mit seinen Veränderungen ständig wahrzunehmen. Dabei sind unterschiedliche Perspektiven hilfreich, z.B. den Stadtteil zu Fuß, mit dem Auto oder dem Fahrrad zu erkunden, ihn aus der Perspektive eines Rollstuhlfahrers oder ihn spielerisch mit einem detektivischen Blick, z.B. dem „Sherlock-Holmes-Blick", zu sehen.

Aus dieser Forscherperspektive kommt es zur Haltung des Beobachtens und Verstehens sowie der reflektierten Interpretation der Beobachtungen. Hier hat Beobachtung Vorrang vor Kontaktaufnahme und Intervention, um einer vorschnellen Bewertung und Konzeptionsentwicklung zu begegnen. Hilfreich sind der kollegiale Austausch und die Auswertung im Korrektiv eines Partners. Es gilt dabei immer wieder, die Fragestellungen, die am Anfang einer Sozialraumanalyse stehen, im Verlauf der Analyse zu präzisieren bzw. zu verändern. Die Haltung, „sowohl Einschränkungen als auch Möglichkeiten der Raumgestaltung wahrzunehmen", bietet die Möglichkeit, sowohl Einschränkungen, eine Verdrängung kindlicher Raumkonstruktion sowie realisierter Raumkonstruktion in Form von Aneignung zu erkennen. Zum einen müssen sich Kinder immer mehr in sozialräumliche Bedingungen einpassen (Raummanifestation), zum anderen schaffen sie es immer wieder, sich neue Möglichkeiten zu „verschaffen" (Raumkonstruktion), d.h. an einem Ort können mehrere Räume entstehen (vgl. Deinet 2009: 54). Ähnlich beschreibt Löw (2001) mit den Begriffen „Spacing" und „Synthese" zwei zu unterscheidende Prozesse, in denen die beiden Seiten des Raumes sowohl als gestaltbar aber auch als eingrenzend erlebt werden können (vgl. Noack 2015: 76).

Räume entstehen durch die Interaktion von Menschen, und so können an einem bestimmten Ort (sozialgrafische Lokalisierung) unterschiedliche Räume entstehen, je nachdem, welche Bedeutungen die Menschen den Räumen verleihen. Dieser Blick auf die Ambivalenzen sozialräumlicher Aneignungsprozesse lässt sowohl Barrieren und Hindernisse als auch verborgene Möglichkeiten der Aneignung von Kindern erkennen (vgl. Deinet 2009: 55).

Als weitere Haltung wird die Haltung, Menschen als Experten ihrer Lebenswelten wahrzunehmen, gesehen. In dieser sozialräumlichen Haltung finden Partizipation und Beteiligung einen besonderen Ausdruck. Diese Haltung ist stark geprägt von ethnografischen Ansätzen und macht es möglich, Lebensorte von Kindern zu interpretieren. So können Fachkräfte stellvertretend, z.B. über ein jugendpolitisches Mandat, die Interessen von Kindern und Jugendlichen in Planungsprozessen im politischen Bereich übernehmen. Eine typische Methode, die die subjektive Perspektive von Kindern hervorhebt, ist die Stadtteilbegehung mit den Kindern. Deinet betont, dass das Aneignungs-verhalten der Kinder und Jugendlichen immer unter dem geschlechtsspezifi-schen Aspekt gesehen werden muss, um sich dem Problem der bipolaren Kodierung von „Weiblichkeit" und „Männlichkeit" im öffentlichen Raum zu stellen. Die von Deinet und Krisch (2006) entwickelten Methoden sozial-räumlicher Aneignung wurden für die sozialräumliche Arbeit in Kindertages-einrichtungen bereits modifiziert und erprobt (vgl. ebd.: 58).

Das Instrumentarium des Projektes setzt Impulse, diese sozialräumlichen Haltungen und Arbeitsprinzipien im Team zu diskutieren und damit die Aus-einandersetzung mit den eigenen Wertvorstellungen und denen der anderen Teammitglieder zu ermöglichen. So bietet das Instrumentarium die Chance, einen Konsens einer grundsätzlichen „Haltung des Einrichtungsteams" her-beizuführen. Damit rückt das Erreichen der Zielsetzung näher, die individu-ellen Bedingungen der Einrichtung vor Ort besser zu erfassen und die Bedar-fe der Familien aus unterschiedlichen Perspektiven wahrzunehmen. Ergän-zend werden Leitfragen und unterschiedliche Methoden und Materialen an-geboten.

4.2.5 Zusammenfassung

Die Zusammenarbeit mit Eltern und Familien sowie die Öffnung zum Sozial-raum werden zunehmend in den Alltag der Kindertageseinrichtungen inte-griert. Roth (2010) sieht Eltern-, Familien- und Sozialraumorientierung als Ausdruck einer Haltung, die davon ausgeht, dass einerseits eine gute Zu-sammenarbeit mit den Eltern und Familien und andererseits ein sozialräumli-che Eingebundenheit von Kindern und Familien förderlich für die kindliche Entwicklung ist. Nentwig-Gesemann (2011) beschreibt eine solche professi-onelle Haltung als generatives Prinzip des Handelns pädagogischer Fachkräf-te, die als Grundlage für die Gestaltung der Praxis und der Beziehungen mit Eltern und Familien gesehen wird. Sie zeigt sich in konkreten Interaktionssi-tuationen. Eltern-, Familien- und Sozialraumorientierung richtet den Blick sowohl auf das einzelne Kind, seine Eltern und die Familie als auch auf die Gesamtelternschaft sowie die Vernetzung der Eltern untereinander und auf familienrelevante Akteure im Sozialraum. Den pädagogischen Fachkräften kommt die Aufgabe zu, diese Zusammenarbeit professionell zu gestalten. Hierfür bedarf es einer reflektierten Haltung. Fachwissenschaftler_innen für den Bereich der Frühpädagogik wie Tschöpe-Scheffler (2014) benennen eine wertschätzende, dialogisch forschende Haltung als Grundlage für eine Zu-sammenarbeit mit Eltern- und Familien. Kobelt Neuhaus (2014) spricht von einer Haltung, mit der Eltern als Experten für ihre Kinder wahrgenommen werden.

Zugleich nennen Wissenschaftler_innen für den Bereich der Sozialen Arbeit wie Kessl und Reutlinger (2010) den Begriff einer reflexiven räumlichen Haltung. Diese Haltung ist für sie kein neues Verfahren, sondern eine Herangehensweise, eine Haltung. Deinet (2012) spricht u.a. von einer Haltung der Einnahme einer Forscherperspektive und der Haltung, Menschen als Experten wahrzunehmen. Es wird deutlich, dass eine kontinuierliche Haltung und nicht einmalige Handlungen im Vordergrund stehen.

So verstanden, ist Eltern-, Familien- und Sozialraumorientierung als professionelle Haltung mehr, als Angebote und Aktivitäten für die Eltern bereit zu stellen, sondern es geht um aktive Teilhabe und Teilgabe in der Zusammenarbeit mit Eltern und Familien sowie im Sozialraum.

Das Instrumentarium zur „Qualitätsentwicklung im Diskurs" basiert auf diesen Annahmen. Wesentlich in der Bearbeitung ist die Auseinandersetzung (individuell als auch im Team) mit den Grundlagen von Eltern-, Familien- und Sozialraumorientierung, um darauf weitere Schritte aufzubauen.

5. Projektziele und Fragestellungen

Die Ziele des vorliegenden Projektes ergeben sich im Wesentlichen aus dem entsprechenden Forschungsauftrag des rheinland-pfälzischen Ministeriums für Integration, Familie, Kinder, Jugend und Frauen und werden in Abschnitt 5.1 erläutert. Anschließend werden in Abschnitt 5.2 die Forschungsfragen dargestellt, die aus den Projektzielen abgeleitet wurden. Eine Beschreibung des Konzeptes und der Ablaufplanung, welche den Forschungsprozess strukturierte, findet sich in Abschnitt 5.3, eine Darstellung des Evaluationsgegenstandes und der Evaluationszwecke in Abschnitt 5.4.

5.1 Auftrag

Im Rahmen des Landesprogramms Kita!Plus wurde die Säule 3: „Evaluation, Qualitätssicherung und Qualitätsentwicklung einer Eltern- und Familienorientierung in Kindertagesstätten in Rheinland-Pfalz" ausgeschrieben. Dabei handelt sich um eine Grundlagenforschung, die das Ministerium für Integration, Familie, Kinder, Jugend und Frauen des Landes Rheinland-Pfalz nach einem Ausschreibungsverfahren an die Hochschule Koblenz, Institut für Forschung und Weiterbildung im Fachbereich Sozialwissenschaften (IFW) vergeben hat. Kita! Plus verfolgt sowohl eine stärkere Beachtung der Eltern- und Familienorientierung im pädagogischen Alltag von Kindertageseinrichtungen in Bezug auf alle Kindertageseinrichtungen, als auch in Bezug auf Kindertageseinrichtungen in Wohngebieten mit besonderem Entwicklungsbedarf.

In einem ersten Konzeptpapier des Ministeriums für Integration, Familie, Kinder, Jugend und Frauen vom 20. August 2012 heißt es dazu:

Eine beginnende systematische Evaluation der pädagogischen Arbeit von Kindertagesstätten soll Qualität sichernde Prozesse und Verfahren zu den „Empfehlungen zur Qualität der Erziehung, Bildung und Betreuung in Kindertagesstätten in Rheinland-Pfalz", insbesondere im Hinblick auf die Zusammenarbeit mit Eltern, und die Familienorientierung in den Blick nehmen. Es geht um die weitere Etablierung eines Qualitätsbegriffes der „Entwicklung im Diskurs" auch in Abgrenzung von anderen Qualitätsverständnissen. [...] Kindertagesstätten in Rheinland-Pfalz werden auf freiwilliger Basis eingeladen, sich an einer Evaluation zu beteiligen. Perspektivisch soll die Methodik der Evaluation als fester Bestandteil der Qualitätsentwicklung als professionelle, partizipative, systematische und datenbasierte Beschreibung und Bewertung von pädagogischen Prozessen im System implementiert werden. [...] Grundlage ist die in den Empfehlungen zur Qualität zugrunde gelegte Haltung der Partizipation, der mit diskursiven und dialogischen Verfahren und Instrumenten Rechnung getragen wird. Respekt und Wertschätzung gegenüber der Fachpraxis sind Voraussetzungen für das Interesse, die Qualität in Kindertagesstätten zu sichern und weiterzuentwickeln (Ministerium 2012: 9).

Die Qualitätsempfehlungen im Land Rheinland-Pfalz sind Grundlage für die Weiterentwicklung der Kindertageseinrichtungen. Auf deren Grundlagen wird im Handlungsfeld 3 von Kita!Plus in enger Kooperation zwischen der Hochschule Koblenz (Projektleitung: Armin Schneider) und dem Landesbeirat Evaluation ein ergebnisoffenes und partizipatives Instrument der Qualitätsentwicklung genutzt, um die unterschiedlichen, bereits erfolgreichen, Wege der Qualitätsentwicklung, die die Träger im Land beschreiten mit dem Fokus auf der Eltern-, Familien- und Sozialraumorientierung, zu analysieren, zu dokumentieren und weiterzuentwickeln. Weiter soll in den Kindertageseinrichtungen des Landes dazu ein Instrumentarium der Selbstevaluation entwickelt, eingeführt und genutzt werden. In der je eigenen Besonderheit der Träger und Einrichtungen wird es um eine professionelle, partizipative, systematische und datenbasierte Beschreibung und Bewertung von pädagogischen Prozessen und Programmen gehen, um von dort aus die Qualität weiterzuentwickeln. „Qualitätsentwicklung im Diskurs" ist dabei als eine Leitlinie zu verstehen, die sich von anderen Qualitätsbegriffen absetzt und in und mit dem Projekt vorangebracht wird. Dabei wird eine enge Verzahnung mit den weiteren Bereichen von Kita!Plus angestrebt.

Der Austausch und die Etablierung eines Qualitätsbegriffes der „Entwicklung im Diskurs" finden unter Beteiligung von Vertretern_innen der vielfältigen Trägergruppen rheinland-pfälzischer Kindertageseinrichtungen in einem fachlichen Beirat statt. Die Leitung des Gremiums erfolgt durch das Ministerium für Integration, Familie, Kinder, Jugend und Frauen und wird durch die Hochschule Koblenz ergänzt, die für die wissenschaftliche Begleitung zuständig ist. Der regelmäßige Austausch mit den Beiratsmitgliedern ist ein wichtiger Bestandteil für die perspektivisch geplante Implementierung der Evaluation als festen Bestandteil der Qualitätsentwicklung.

Das Evaluationsverständnis geht dabei von einer Zusammenarbeit von Forschung, Praxis und weiteren Beteiligten „auf gleicher Augenhöhe" aus. Die Zwecke der Evaluation liegen u.a. in der Gewinnung von Erkenntnis und in der Weiterentwicklung. Dabei wird insbesondere in den Kindertageseinrichtungen beabsichtigt, an konkreten Fragestellungen und Bedarfe der Praxis anzusetzen und hier arbeitsfeldbezogen, prozessorientiert und ergebnisoffen zusammenzuarbeiten. Sofern sich daraus aus der Perspektive der Beteiligten Erkenntnisse gewinnen lassen, die über die Einrichtung hinaus von Bedeutung sind, sollen diese in die Dokumentation einfließen.

Kinder, pädagogische Fachkräfte und Eltern sind gemeinsam Koproduzenten erfolgreicher Bildungs- und Erziehungspraxis (Ministerium 2010: 38).

Die Erziehungs- und Bildungspartnerschaft zwischen den Eltern und der Kindertagesstätte ist die Grundlage für eine auf Dauer angelegte konstruktive, partnerschaftliche Bildungs- und Erziehungsarbeit mit dem Kind (Ministerium 2009: 109).

Gerade weil das jeweilige Kind im Zentrum des Auftrages der Kindertages-einrichtung steht, ist die Zusammenarbeit der pädagogischen Fachkräfte mit den Eltern elementar.

Das Projekt läuft vom 1. Februar 2013 bis zum 31. Dezember 2015 unter der Projektleitung von Armin Schneider und mit den drei wissenschaftlichen Mitarbeiterinnen Sylvia Herzog, Catherine Kaiser-Hylla und Ulrike Pohl-mann. Das Projekt ist in fünf Teilprojekte gegliedert mit folgenden Aufga-ben:

- Teilprojekt I: Analyse der vorhandenen Qualitätsmanage-mentsysteme der Träger in Rheinland Pfalz.
- In einem ersten Schritt werden die im Lande vorhandenen unterschiedlichen Konzepte und Verfahren zur Qualitätsent-wicklung im Hinblick auf deren Bezug und Umsetzungswei-se der Eltern-, Familien- und Sozialraumorientierung be-schrieben und in ihren Verfahren dokumentiert. Dazu kom-men sowohl Dokumentenanalysen als auch Experteninter-views und Gruppendiskussionen zum Einsatz.
- Teilprojekt II: Entwicklung eines Instrumentariums für die Selbstevaluation in den Kindertageseinrichtungen.
- Hier werden Grundlagen für eine Evaluation mit dem Bezug zu den Qualitätsempfehlungen und unter Einbeziehung be-reits bestehender Qualitätsmanagementsysteme in den Ein-richtungen mit Schwerpunkt Eltern-, Familien- und Sozial-raumorientierung erarbeitet. Das Ziel ist die Entwicklung ei-nes alltagsintegrierenden Instrumentariums zur Beschrei-bung, Weiterentwicklung und Implementierung von Qualität, insbesondere in den Bereichen Eltern-, Familien- und Sozial-raumorientierung, das im Alltag „leicht" handhabbar, unab-hängig von Konzeptionen einsetzbar, jedoch unter Berück-sichtigung organisationsspezifischer Entwicklungen zu nut-zen ist. In einer Auftaktveranstaltung mit allen sich beteili-genden Einrichtungen erfolgt eine grundlegende Einführung in das Instrumentarium
- Teilprojekt III: Erprobung des Instrumentariums in den Kin-dertageseinrichtungen.
- In einer weiteren Phase können sich Kindertageseinrichtun-gen bewerben, um eine Evaluation ihrer je eigenen Umset-zung der Qualitätsempfehlungen mit der beschriebenen Fo-kussierung durchzuführen. Es können sich zehn bis zwölf Kindertageseinrichtungen in Rheinland-Pfalz bewerben, da-bei sollen die nördlichen, mittleren und südlichen Regionen von Rheinland-Pfalz ausgewogen berücksichtigt werden. Sollte die Anzahl der Bewerbungen die Kapazitäten überstei-

gen, soll die Auswahl eine hohe Vielfalt von Kindertageseinrichtungen (Träger, Konzepte, Sozialräume) abbilden. Dabei sollen auch Einrichtungen in Wohngebieten mit besonderem Entwicklungsbedarf berücksichtigt werden. Sogenannte „Tandems", die aus der Leitungskraft und einer weiteren verantwortlichen pädagogischen Fachkraft der jeweiligen Einrichtung bestehen, nehmen an vier eintägigen Arbeitstreffen über eine halbes Jahr lang teil. Die Durchführung und Begleitung erfolgt ebenfalls im „Tandem" von jeweils zwei wissenschaftlichen Mitarbeiterinnen des Projektes. Zwischen den Arbeitstreffen werden die Einrichtungen mit den Teams und ggf. anderen Beteiligten vor Ort jeweils einen für sie wichtigen Aspekt der Eltern-, Familien- oder Sozialraumorientierung evaluieren.

- Teilprojekt IV: Feedbackschleife und Anpassung des Instrumentariums.
- In dieser Phase wird unter Nutzung der Erkenntnisse und der Rückmeldungen aus den Kindertageseinrichtungen das Instrumentarium reflektiert und angepasst.
- Teilprojekt V: „Qualitätsentwicklung im Diskurs – Begleitung für Eltern-, Familien- und Sozialraumorientierung" - Schulung von Multiplikator innen für das Instrumentarium und gleichzeitiger Start der Phase eines einjährigen Prozesses der Qualitätsentwicklung in den Bereichen Eltern-, Familien- und Sozialraumorientierung für weitere 15 Kindertageseinrichtungen in Rheinland-Pfalz.
- Folgende Schwerpunktthemen sind u.a. Bestandteile der Schulung: Evaluation, professionelle Haltung und Gestaltung von Veränderungsprozessen.
- Hierbei liegt der Fokus auf einer Verselbständigung und Verstetigung eines neu zu entwickelnden Instrumentariums der Selbstevaluation in den Kindertageseinrichtungen.

Der Verlauf des Projektes wird in enger Abstimmung mit dem Beirat dokumentiert und auf dem Kita-Server des Landes Rheinland-Pfalz präsentiert. Ergebnisse fließen in die vorliegende wissenschaftliche Dokumentation ein, in der sowohl der Stand und die Perspektiven der Qualitätsempfehlungen im Hinblick auf Eltern-, Familien- und Sozialraumorientierung als auch Möglichkeiten der Implementierung eines Instrumentariums zur Selbstevaluation in Kindertageseinrichtungen als professioneller Standard, in den Blick genommen werden. Darüber hinaus erfolgen diverse Veröffentlichungen in Fachzeitschriften und Fachliteratur.

5.2 Forschungsfragen

Der grundsätzliche Zweck der Forschung wurde in folgende Forschungsbereiche gegliedert, die den Projektverlauf bestimmten:

1. Analyse der vorhandenen Qualitätsentwicklungskonzepte in den Bereichen Eltern-, Familien und Sozialraumorientierung.
2. Qualitätsentwicklungskonzepte und ihre Auswirkungen mit dem Blick auf Eltern/Familie und Sozialraum. Dieser Zweck wurde im Verlaufe des Projektes in folgender Richtung präzisiert: Rekonstruktion impliziter Haltungen zu den Bereichen Eltern-, Familien und Sozialraumorientierung in rheinlandpfälzischen Kindertageseinrichtungen.
3. Weiter- und Neuentwicklung von Maßnahmen der Qualitätsentwicklung im Bereich der Eltern-, Familien- und Sozialraumorientierung.

Näher differenziert lauteten die zu beantwortenden Forschungsfragen wie folgt:

Analyse von Dokumenten zur Qualitätsentwicklung:

- Welche Qualitätsentwicklungs- Konzepte (QE-Konzepte) werden in Kitas in Rheinland-Pfalz genutzt?
- Wie finden sich Eltern-, Familien- und Sozialraumorientierung in den QE-Konzepten wieder?
- Inwieweit sind die QE-Konzepte kompatibel mit den Qualitätsempfehlungen RLP mit Blick auf Eltern-, Familien- und Sozialraumorientierung?
- Wie sind die QE-Konzepte in Bezug auf Eltern-, Familien- und Sozialraumorientierung in den Alltag rheinlandpfälzischer Kindertageseinrichtungen integriert?
- Welche Instrumente/Methoden in Bezug auf Eltern-, Familien- und Sozialraumorientierung sind gut einsetzbar und warum?
- Wie werden die Ergebnisse verwendet?

Qualitätsentwicklungskonzepte und ihre Auswirkungen:

- Wie zeigt sich Eltern-, Familien- und Sozialraumorientierung in der „Haltung" der pädagogischen Fachkräfte?
- In welcher Art und Weise werden Eltern-, Familien- und Sozialraumorientierung in die pädagogischen Prozesse integriert?

Weiter- und Neuentwicklung:

- Welche alltagsunterstützenden Maßnahmen können nachhaltig die Selbstreflexion der pädagogischen Fachkräfte hinsichtlich Eltern-, Familien- und Sozialraumorientierung unterstützen?
- Welche alltagsunterstützenden Maßnahmen können nachhaltig die pädagogischen Prozesse hinsichtlich Eltern, Familien- und Sozialraumorientierung fördern?
- Was bedeutet Qualitätsentwicklung in Bezug auf Eltern-, Familien- und Sozialraumorientierung in rheinland-pfälzischen Kitas?
- Welche (bekannten) Instrumente/Methoden können dafür genutzt bzw. weiterentwickelt werden?
- Wie kann die Implementierung der Qualitätsentwicklung in Bezug auf Eltern-, Familien- und Sozialraumorientierung in rheinland-pfälzischen Kitas erfolgen?

Dabei zeigte sich sehr deutlich, dass nicht alle diese Fragen aufgrund der vorhandenen Kapazitäten im Sinne einer Primärerhebung in gleicher Weise beantwortet werden konnten, sondern durch Literaturrecherchen und den Rückgriff auf andere Studien erfolgten. Dies war in besonderer Weise für die Forschungsfragen im Feld der Auswirkungen erforderlich. Die Forschungsfragen im Bereich der Weiter- und Neuentwicklung betrafen in erster Linie die Entwicklung des Instrumentariums mit einer Ongoing-Evaluation.

5.3   Konzept und Ablaufplanung

Entsprechend dem vorgenannten Verständnis von Evaluation waren im Verlauf des Forschungs- und Entwicklungsprojektes vor allem zwei Ziele von Bedeutung: Zunächst die Analyse der vorhandenen Qualitätsmanagementkonzepte und -manuale und daran anschließend die Evaluation der Eltern-, Familien- und Sozialraumorientierung in ausgewählten Kindertageseinrichtungen.

Das erste Ziel wurde verfolgt, indem eine weitgehend umfassende Analyse der zum Erhebungszeitpunkt vorhandenen Qualitätsentwicklungskonzepte in Rheinland-Pfalz durchgeführt wurde. Die Analyse wurde in Anlehnung an die Qualitative Inhaltsanalyse nach Mayring (vgl. 2010) durchgeführt. Die Qualitätsempfehlungen konnten als Referenz und Grundlage für die Dokumentenanalyse genutzt werden, da sie für Rheinland-Pfalz verbindlich und im Diskurs mit den Trägern konsensual entwickelt wurden.

Zur Untersuchung der zweiten Zielsetzung wurde ebenfalls eine qualitative Vorgehensweise gewählt. Nach vorab festgelegten Kriterien wurden zwölf Kindertageseinrichtungen ausgewählt und in die Studie einbezogen („theoretisches Sampling").

Bei den einzelnen Schritten, die nachfolgend noch detailliert beschrieben werden, musste auch die Frage beantwortet werden, worin ein Maßstab für eine Bewertung bestehen könnte. Zwar gibt es viele unterschiedliche Konzepte der Eltern-, Familien- und Sozialraumorientierung, aber diese sind sowohl in der Wissenschaft als auch in der Praxis sehr unterschiedlich rezipiert. Vor diesem Hintergrund fanden auch die Interviews mit den Leitungen und die Gruppendiskussionen statt, wobei hier auch, wie später darzustellen sein wird, induktiv vorgegangen wurde und Erkenntnisse aus den Aussagen der beteiligten Personen rekonstruiert wurden. Die Gruppendiskussionen erfolgten aus der Überlegung heraus, dass das zu entwickelnde Instrumentarium praxistauglich sein soll. Zum einen bestand der Anspruch, die Praxis in den Diskurs der Entwicklung einzubeziehen und zum anderen die Erkenntnisse aus der Analyse vorhandener Konzepte und Instrumentarien in den Blick zu nehmen.

Das Forschungs- und Entwicklungsprojekt war so angelegt, dass innerhalb von 2 ¾ Jahren alle genannten Teilprojekte umgesetzt werden sollten, insofern sah der Zeitplan folgende Meilensteine und zeitliche Ressourcen vor (Tabelle 10):

Tabelle 10: Ursprüngliche Ablaufplanung „Qualitätsentwicklung im Diskurs"

Jahr	Quartal	Tätigkeit/*Meilensteine*
2013	1.	*Evaluationskonzept und Ablaufplan*
	2. und 3.	Analyse der vorhandenen Qualitätsmanagementhandbücher und -manuale in Rheinland-Pfalz, Dokumentenanalyse *Veröffentlichung der Teilergebnisse*
2014	1. und 2.	Entwicklung eines Konzeptes für die Evaluation in Kindertageseinrichtungen *Vorstellen des entwickelten Instrumentariums*
	2.	Bewerbungsphase für die Kindertageseinrichtungen
	3. und 4.	Erprobungsphase: Evaluation in Kindertageseinrichtungen
2015	1.	Feedback-Schleife: Anpassung/ Ergebnissicherung
	2. und 3.	2. Phase: Evaluation in Kindertageseinrichtungen
	4.	Auswertung
	4.	Abschlussveranstaltung

Quelle: eigene Darstellung

Wie bei allen Projekten, gab es in der Umsetzung der Planung verschiedene Verzögerungen, Unwägbarkeiten, aber auch Beschleunigungen und zusätzliche Aufgaben. Zu nennen sind hier zum einen die vielfältigen Veröffentlichungen, mit der die Fachöffentlichkeit über einzelne Schritte und das Gesamtprojekt informiert wurde (siehe hierzu die Veröffentlichungen der Autor_innen dieses Bandes im Literaturverzeichnis), zum anderen die zusätzlich durchgeführten Fachtagungen in 2014 und 2015 (2014: Rheinland-pfälzische Schätze: Zwischenergebnisse und Darstellung von guter Praxis aus einzelnen Kindertageseinrichtungen; 2015: Die Kita als Türöffner: Zwischenergebnisse aus der Erprobungsphase).

5.4   Evaluationsgegenstand und -zwecke

Das Projekt Kita!Plus: „Qualitätsentwicklung im Diskurs" hat Evaluation gleich zweifach im Blick. Zum einen bestand im ersten Teilprojekt das Ziel darin, eine Evaluation der vorhandenen trägerspezifischen Manuale und Handbücher zur Qualitätsentwicklung vorzunehmen. Zum anderen war es das Ziel des Projektes, Evaluation in der Praxis der Kindertageseinrichtungen als Instrument der Organisationsentwicklung zu verankern. Der Evaluationsgegenstand des Forschungsprojektes bestand in der eltern-, familien- und sozialraumorientierten Qualitätsentwicklung von Kindertageseinrichtungen.

Da, wie bereits ausgeführt, Evaluation sehr unterschiedlich definiert wird, sei hier noch einmal darauf hingewiesen, dass ein wesentliches Merkmal der Evaluation im Rahmen des Projektes die Partizipation ist, die sich insbesondere in folgenden Aspekten verdeutlicht:

- Beteiligung Betroffener, in diesem Kontext vor allem der Eltern.
- Qualität ist auf Kommunikation und Diskurs angewiesen.
- Trägerpluralität und Trägerautonomie. Hier galt es, die gewachsene Struktur unterschiedlicher Träger in Rheinland-Pfalz zu berücksichtigen, als Ressource zu nutzen und deren Autonomie als Grundlage in der Projektarbeit zu beachten.
- Die Evaluation soll als systematisierte und datenbasierte Forschung den Gütekriterien einer Evaluation entsprechen.
- Die Evaluation soll „auf Augenhöhe" stattfinden und nicht im Sinne einer vom Expertenstatus dominierten Evaluation.
- Ebenfalls gibt es keine methodische Einschränkung, sondern eine Einschätzung, dass Methoden als Instrumente vielfältig und, immer bezogen auf den Evaluationsgegenstand hin, zum

Einsatz kommen, nicht vor dem Hintergrund von Methoden-präferenzen.

- Schließlich soll, nicht nur aus der Perspektive der Hochschule, eine enge Verzahnung von Theorie, Praxis, Forschung und Lehre erfolgen.

Entsprechend dem Evaluationsverständnis von Beywl (2007: 6) ist die Evaluation eine Dienstleistung für das Programm und setzt an den Konzepten und am Zielsystem des Programms an. Daraus entwickeln sich Zwecke der Evaluation (diese Sprachregelung, beim Programm von „Zielen", bei der Evaluation von „Zwecken" zu reden ist eine Festlegung, die Beywl vornimmt, die aber die Kommunikation im Feld der Evaluation vereinfacht).

Als Gegenstand der Evaluation wurde im Rahmen des vorliegenden Projektes benannt:

Konzepte und Umsetzung von Qualitätssicherung und Qualitätsentwicklung in rheinland-pfälzischen Kitas im Themenfeld Eltern-, Familien- und Sozialraumorientierung auf der Grundlage der Qualitätsempfehlungen Rheinland-Pfalz (Projektunterlagen).

Nach Stockmann (vgl. 2014) hat eine Evaluation vor allem vier Funktionen bzw. Zwecke: Sie soll Erkenntnisse gewinnen, Kontrolle ausüben, Maßnahmen, Projekte und Programme legitimieren und Entwicklungs- und Lernprozesse auslösen.

Der Landesbeirat des Projektes Kita!Plus: „Qualitätsentwicklung im Diskurs" stellte fest, dass zwar die Hauptzwecke der Evaluation in der Gewinnung von Erkenntnissen und in der Auslösung von Entwicklungs- und Lernprozessen bestehen, dennoch auch die Ausübung von Kontrolle (z.B. in dem Sinne, dass geprüft wird, ob die Qualitätsempfehlungen auch umgesetzt werden) und die Legitimation eine Rolle spielen.

Detailliert lauteten die Zwecke wie folgt:

1. Erkenntnisgewinnung: Systematische Evaluation der pädagogischen Arbeit in Kitas, um Qualität-sichernde Prozesse/Verfahren zu den Qualitätsempfehlungen Rheinland-Pfalz, insbesondere mit Blick auf Eltern-, Familien- und Sozialraumorientierung zu erkennen.
2. Entwicklungs- und Lernprozesse auslösen: Etablierung eines Qualitätsbegriffes der „Entwicklung im Diskurs".
3. Legitimation: Implementierung einer Methodik der (Selbst-)Evaluation als fester Bestandteil der Qualitätsentwicklung als professionelle, partizipative, systematische und datenbasierte Beschreibung/Bewertung von pädagogischen Prozessen in Kitas in RLP (Projektunterlagen).

Eine weitere wichtige Festlegung neben den Standards für Evaluation (Nützlichkeit, Durchführbarkeit, Fairness und Genauigkeit) war die Orientierung, die König (vgl. 2007: 50f.) für die Selbstevaluation in den folgenden fünf Grundlagen benennt:

- Arbeitsfeldorientierung statt Grundlagenorientierung: so zu verstehen, dass die Ergebnisse in erster Linie in dem Arbeitsfeld genutzt werden.
- Lebensweltorientierung statt experimentelle Orientierung: Evaluation im Alltag der Kindertageseinrichtung, nicht in künstlich geschaffenen Umgebungen.
- Subjektorientierung statt Verallgemeinerungsorientierung: Trotz der Idee, Erkenntnisse über den Einzelfall hinaus zu gewinnen, soll an den Subjekten angesetzt werden, so dass diese den größten Gewinn haben.
- Prozessorientierung statt Output-Orientierung: Der Prozess der Evaluation, der Partizipation ist nicht nur Mittel zum Zweck, sondern bereits ein wichtiger Bestandteil, der zu Veränderungen führt und Umsetzungen erleichtert.
- Selbstorganisation statt Expertendominanz: Evaluation soll in beiden oben genannten Bereichen (Analyse vorhandener Qualitätsentwicklungskonzepte, Entwicklung eines Instrumentariums) nicht als expertengesteuertes Instrument verstanden werden, sondern die Selbstorganisation in den Vordergrund stellen.

Wenn Evaluation bedeutet, Evaluationsgegenstände zu beschreiben und zu bewerten, dann heißt dies auch, die Maßstäbe für eine Bewertung offen zu legen. In dem Projekt Kita!Plus: „Qualitätsentwicklung im Diskurs" sind die folgenden drei Maßstäbe von wesentlicher Bedeutung:

- Bildungs- und Erziehungsempfehlungen für Kindertagesstätten in Rheinland-Pfalz (Ministerium 2009 bzw. 2014).
- Empfehlungen zur Qualität der Erziehung, Bildung und Betreuung in Kindertagesstätten in Rheinland-Pfalz (Ministerium 2010 bzw. 2014).
- Diskurs: Auf diese Tradition wurde bereits hingewiesen. Insbesondere die ersten beiden Maßstäbe wurden im Diskurs aller Beteiligten entwickelt. Diese besondere Qualität muss daher auch im Projekt „Kita!Plus: Qualitätsentwicklung im Diskurs" Maßstab des Handelns sein. Vordergründig bedeuten diskursive Prozesse einen höheren Aufwand und erschweren eine lineare Steuerung. Allerdings ist für diskursive Prozesse wesentlich, dass Beteiligung erfolgt und Selbststeuerungspotenziale freigesetzt werden, wodurch eine für die Kinder- und Jugendhilfe zentrale Maxime der Vielfalt erhalten bleibt. Dies ist von zentraler Bedeutung, da im Feld der

Kindertageseinrichtungen eine Orientierung an den zahlreich vorhandenen gesetzlichen Grundlagen am „Wohl des Kindes" erfolgen muss.

6. Methoden

Im Projekt Kita!Plus: „Qualitätsentwicklung im Diskurs" wurden zwei Untersuchungen durchgeführt, die den Grundstein für die Entwicklung eines Instrumentariums zur „Qualitätsentwicklung im Diskurs" bildeten. Mit dem Ziel zu erfassen, welche einschlägigen Verfahren in der Praxis zum Einsatz kommen, wurden trägerspezifische Leit- und Richtlinien sowie Instrumente zur eltern-, familien- und sozialraumorientierten Qualitätsentwicklung analysiert. In einer weiteren Untersuchung wurde angestrebt zu rekonstruieren, wie Eltern-, Familien- und Sozialraumorientierung in der Praxis „gelebt" werden bzw. mit welchen impliziten Haltungen sie verbunden sind. Das methodische Vorgehen zur Planung und Umsetzung dieser beiden Untersuchungen wird in den folgenden Abschnitten näher erläutert.

6.1 Dokumentenanalyse

Einen Ausgangspunkt für die methodische Herangehensweise stellte die Trägervielfalt dar, wodurch sich Rheinland-Pfalz im Bereich der Kindertageseinrichtungen auszeichnet (vgl. Ministerium 2014: 201). Das Forschungsteam der Hochschule Koblenz wird im Projekt von einem Landesbeirat begleitet, dem unterschiedliche Trägervertreter_innen rheinlandpfälzischer Kindertageseinrichtungen und weitere Beteiligte angehören.

Die Beantwortung der entwickelten Forschungsfrage bezüglich der vorhandenen Leit- und Richtlinien sowie der Instrumente zur eltern-, familien- und sozialraumorientierten Qualitätsentwicklung erfolgte über eine umfassende Analyse. Die Untersuchung verschiedener Handbücher und Manuale zur Qualitätsentwicklung wurde ermöglicht, indem die unterschiedlichen Trägervertreter_innen die jeweiligen Dokumente zur Verfügung stellten, insbesondere diejenigen, welche nicht frei zugänglich sind. Mit dem Abschluss der Dokumentenanalyse war ein erster wichtiger Meilenstein innerhalb des Projektes erreicht. In den folgenden Abschnitten werden zunächst das Untersuchungsdesign (Abschnitt 6.1.1) und das Sampling (Abschnitt 6.1.2) erläutert. Anschließend werden das Untersuchungsmaterial (Abschnitt 6.1.3) und die für die Auswertung der Dokumente genutzte Qualitative Inhaltsanalyse (Abschnitt 6.1.4) beschrieben.

6.1.1 Untersuchungsdesign

Die Dokumentenanalyse wurde im Zeitraum von Juli 2013 bis Januar 2014 durchgeführt. Hierin wurden insgesamt elf Handbücher und Manuale zur Qualitätsentwicklung einbezogen, die dem Team des Forschungsprojektes entweder von einzelnen Trägervertreter_innen zur Verfügung gestellt wurden oder frei zugänglich sind.[13] Das Ziel bestand darin zu untersuchen, welche Leit- und Richtlinien und Instrumente zur Qualitätsentwicklung hinsichtlich der Eltern-, Familien- und Sozialraumorientierung in Rheinland-Pfalz von Trägern für Kindertageseinrichtungen zur Verfügung gestellt werden. Die Dokumentenanalyse bezieht sich auf die Untersuchung ausgewählter Themen und kann die Lektüre der einzelnen Handbücher und Manuale nicht ersetzen. Es mussten große Materialmengen einbezogen werden, die systematisch und regelgeleitet im Hinblick auf die Forschungsfragen untersucht wurden (vgl. Mayring 2010: 124).

Eine Hauptfragestellung zielte darauf ab zu untersuchen, welche Leit- und Richtlinien in Bezug auf Eltern-, Familien- und Sozialraumorientierung in den Dokumenten formuliert werden. Die Definition dieser drei Bereiche und ihrer Kennzeichen wurde auf der Grundlage der Empfehlungen zur Qualität der Erziehung, Bildung und Betreuung in Kindertagesstätten in Rheinland-Pfalz formuliert (vgl. Ministerium für Bildung, Wissenschaft, Jugend und Kultur, Rheinland-Pfalz 2014). Die Definitionen und der Weg ihrer Entwicklung innerhalb des Forschungsprojektes sind in Kapitel 9 ausgeführt. Eine andere Hauptfragestellung bestand darin zu untersuchen, welche Instrumente zur Erfassung und Entwicklung der eltern-, familien- und sozialraumorientierten Qualität in den bestehenden Handbüchern und Manualen vorhanden sind.

Die Dokumentenanalyse wurde als eine Methode gewählt, die die Möglichkeiten bietet, fixierte Kommunikation in einer systematischen und regelgeleiteten Form zu untersuchen und Rückschlüsse auf die gestellten Forschungsfragen zu ermöglichen (vgl. Mayring 2010: 13). Zugleich wurde mit der Dokumentenanalyse erstmals ein umfassender Überblick über elf unterschiedliche Handbücher und Manuale zur Qualitätsentwicklung im Hinblick auf Leit- und Richtlinien sowie Instrumente zur Eltern-, Familien- und Sozialraumorientierung für Rheinland-Pfalz ermöglicht.

---

13 An dieser Stelle möchten wir uns herzlich für die Unterstützung und Kooperation der unterschiedlichen Träger bedanken.

6.1.2   Sampling

Die Auswahl der Dokumente erfolgte in Anlehnung an die Methode des theoretischen Samplings (vgl. Flick 2002: 105). Dabei war es das Ziel, dass die Stichprobenzusammensetzung bei begrenztem Umfang eine möglichst große Vielfalt von Handbüchern und Manualen zur Qualitätsentwicklung in Rheinland-Pfalz abbildet. Die kriteriengeleitete Fallauswahl erfolgte, indem die Fälle während der Dokumentenanalyse bestimmt wurden (vgl. Kelle, Kluge 2010: 50).

Zentrale Kriterien bildeten hierbei die Trägerschaft, der Standort sowie die Dokumente zur Qualitätsentwicklung. Als aus theoretischer Perspektive eine ausreichende Sättigung festgestellt werden konnte, wurde die Rekrutierung in Anlehnung an die Methode des theoretischen Samplings abgeschlossen (vgl. Flick 2002: 105). Die Rekrutierung von Handbüchern und Manualen zur Qualitätsentwicklung erfolgte primär mit der Unterstützung der Vertreter_innen der unterschiedlichen Träger und Spitzenverbände aus dem Landesbeirat des Projektes Kita!Plus: „Qualitätsentwicklung im Diskurs". Zudem wurden aufgrund von Literaturrecherchen und einer Telefonumfrage[14] die in Rheinland-Pfalz vorhandenen Dokumente zur Qualitätsentwicklung ermittelt.

Auf diese Weise konnten insgesamt elf Manuale und Handbücher zur Qualitätsentwicklung in die Dokumentenanalyse einbezogen werden, die in Rheinland-Pfalz im Bereich der Kindertageseinrichtungen eingesetzt werden. Diese Untersuchungsmaterialien werden im folgenden Abschnitt (6.1.3) vorgestellt.

6.1.3   Untersuchungsmaterial

In die Dokumentenanalyse wurden die nachstehend aufgeführten Manuale und Handbücher zur Qualitätsentwicklung einbezogen, die oft bundesweit im Bereich der Kindertageseinrichtungen eingesetzt werden:

- Brunsberg, M. (2004). BildungsQualität. Entwicklung und Umsetzung einer Bildungskonzeption (**Quality Pack**),
- Bundesvereinigung Evangelischer Tageseinrichtungen für Kinder e.V. (**BETA**) und Diakonisches Institut für Qualitätsentwicklung im Diakonischen Werk der EKD e.V. (Hrsg.) (2011). Bundesrahmenhandbuch. Leitfaden für den Aufbau

---

14   Es wurde eine telefonische Anfrage bei 41 kommunalen Trägern hinsichtlich des Vorhandenseins und des Einsatzes von Qualitätsentwicklungskonzepten im Bereich der Kindertageseinrichtungen getätigt. Das Projektteam erhielt von 34 kommunalen Trägern hierzu eine Rückmeldung.

eines Qualitätsmanagementsystems in Tageseinrichtungen für Kinder (Diakonie-Siegel KiTa, Evangelisches Gütesiegel),

- Qualitätsmanagement in Tageseinrichtungen für Kinder im Bistum Limburg (2010) (**Q-iTa**),
- Deutsches Rotes Kreuz (**DRK**). Fünf Broschüren zu den Themen Kindertageseinrichtungen im Deutschen Roten Kreuz: Leitbild der DRK-Kindertageseinrichtung (2008a), Träger werden ist nicht schwer – Träger sein dagegen sehr (2008b), Bildung in DRK-Kindertageseinrichtungen – Unsere Arbeitsgrundlagen (2012c), Die Bedeutung der Rotkreuz-Grundsätze für die pädagogische Arbeit in den DRK-Kindertageseinrichtungen – Arbeitshilfe (2012d), Kindertageseinrichtungen im Deutschen Roten Kreuz: Rahmenkonzeption (2012e),
- Diakonisches Werk Pfalz (Hrsg.) (2012). Materialien für die interne Evaluation des Bundesrahmenhandbuchs der Bundesvereinigung Evangelischer Tageseinrichtungen für Kinder (BETA)/Qualität im Situationsansatz (QuaSi), entwickelt im Auftrag von der Qualitätsoffensive der Evangelischen Kirche der Pfalz in Zusammenarbeit mit dem Diakonischen Werk Pfalz (**Kita^{+QM}**),
- DiCV Trier (2008). Qualitätsmanagement in Tageseinrichtungen für Kinder im Bistum Trier (**TRI^{er} QM^{elementar}**),
- Preissing, C. (Hrsg.) (2009). Qualität im Situationsansatz. Qualitätskriterien und Materialien für die Qualitätsentwicklung in Kindertageseinrichtungen (**QuaSi**),
- Qualitätsmanagement in Tageseinrichtungen für Kinder im Bistum Mainz (2010) (**QMelementar**),
- Rheinischer Verband Evangelischer Tageseinrichtungen für Kinder e.V. (Hrsg.) (2009). Integriertes Bildungssystem Evangelischer Kindertageseinrichtungen (**IBEK**),
- Verband Katholischer Tageseinrichtungen für Kinder – Bundesverband e.V. (Hrsg.) (2013). KTK-Gütesiegel. Bundesrahmenhandbuch (**KTK**),
- Zentrum Bildung der EKHN. Fachbereich Kindertagesstätten (Hrsg.) (2010). Qualitätsentwicklung in den Kindertagesstätten der Evangelischen Kirche in Hessen und Nassau (**EKHN**)[15].

---

15 Im Folgenden werden die in Klammern gesetzten Abkürzungen der Handbücher und Manuale zur Qualitätsentwicklung genutzt, um eine bessere Lesbarkeit zu gewährleisten.

Der Ablauf erfolgte nach einem a priori festgelegten Vorgehen. Aufgrund der großen Menge des Datenmaterials in Form der elf Manuale und Handbücher wurde eine inhaltsanalytische Auswertungsmethode gewählt (vgl. Lamnek 2010: 447). Diese erfolgte in Anlehnung an die Qualitative Inhaltsanalyse (vgl. Kuckartz 2014 und Mayring 2010) und wird im nachstehenden Abschnitt näher erläutert.

6.1.4 Qualitative Inhaltsanalyse

Wie oben dargestellt bestand in der Dokumentenanalyse die erste Hauptfragestellung darin zu untersuchen, welche Leit- und Richtlinien die Handbücher und Manuale zur eltern-, familien- und sozialraumorientierten Qualitätsentwicklung zum Zeitpunkt der Analyse beinhalteten. Mit der zweiten Hauptfragestellung sollte untersucht werden, welche Instrumente zur Erfassung und Entwicklung der eltern-, familien- und sozialraumorientierten Qualität in den zur Verfügung stehenden Manualen und Handbüchern zu finden waren (vgl. Kaiser-Hylla, Pohlmann 2014: 6).

Die Auswertung des vorliegenden Datenmaterials wurde in Anlehnung an die Methode der Qualitativen Inhaltsanalyse durchgeführt, die von Mayring (2010) auch als „kategoriengeleitete Textanalyse" bezeichnet wird (13). Das vorliegende Datenmaterial, welches in Textform von den unterschiedlichen Trägern rheinland-pfälzischer Kindertageseinrichtungen vorlag, wurde mit Hilfe der qualitativen Methode schrittweise, systematisch und kategoriengeleitet unter Bezug auf die theoretischen Fragestellungen ausgewertet (vgl. Kuckartz 2014 und Mayring 2010).

Hierfür wurden deduktive und induktive Vorgehensweisen miteinander verbunden. So erfolgte die Kategorienbildung deduktiv aus den zuvor entwickelten Forschungsfragen und wurde induktiv durch die Arbeit mit dem Datenmaterial ergänzt. Hiermit sollte die Offenheit der theoretischen Überlegungen gewährleistet werden (vgl. Lamnek 2010: 462).

Eine weitere Grundlage für die Bildung des Kategoriensystems waren die Empfehlungen zur Qualität der Erziehung, Bildung und Betreuung in Kindertagesstätten in Rheinland-Pfalz (vgl. Ministerium 2014). Die inhaltliche Definition der Eltern-, Familien- und Sozialraumorientierung basiert auf den genannten Empfehlungen.

Diese gliedern sich wie folgt auf:

Tabelle 11: Bereiche der Eltern-, Familien- und Sozialraumorientierung

Eltern- und Familienorientierung	Sozialraumorientierung
Erziehungs- und Bildungspartnerschaft	Sozialraumorientierung und Gemeinwesenarbeit
Familienorientierung	Bedarfsplanung

Eltern- und Familienorientierung	Sozialraumorientierung
Elternbeteiligung	Bedarfsorientierung
Gestaltung der Übergänge	Vernetzung mit anderen Institutionen

Quelle: Ministerium (2014)

Die Definition der Hauptkategorien Eltern-, Familien- und Sozialraumorientierung erfolgte zu Beginn der Dokumentenanalyse, indem neben den vorhandenen Empfehlungen zur Qualität der Erziehung, Bildung und Betreuung in Kindertagesstätten in Rheinland-Pfalz (ebd.) die Ergebnisse einer im Rahmen des Projektes erstellten fachwissenschaftlichen Recherche hinzugezogen wurden.

Anzumerken ist an dieser Stelle, dass in den Empfehlungen zur Qualität der Erziehung, Bildung und Betreuung die Sozialraumorientierung in ihren Facetten in dem Kapitel „Lebenswelt" dargestellt wird (vgl. ebd.: 194). Hierin werden die Begriffe des Lebens- und des Sozialraumes nebeneinander gestellt. Zu Beginn der Analyse wurde auf der Basis der fachwissenschaftlichen Recherche im Projektteam entschieden, dass ausschließlich der Begriff des Sozialraumes im weiteren Verlauf genutzt wird. Zudem wurden die Merkmale der Bedarfsorientierung und der Bedarfsplanung innerhalb der Qualitativen Inhaltsanalyse in einer Kategorie zusammengefasst, da sich dies in den untersuchten Manualen und Handbüchern widerspiegelte. Eine ausführliche Darstellung der Bereiche und ihrer Merkmale ist in der im Internet veröffentlichten Dokumentenanalyse nachzulesen (vgl. Kaiser-Hylla, Pohlmann 2014).

Nachdem sich das Projektteam zunächst einen Überblick über die gesamten Dokumente verschafft hatte, erfolgte die Analyse der Daten getrennt und auf die jeweilige Fragestellung bezogen. Zunächst wurden die relevanten Textabschnitte aus den Handbüchern und Manualen zur eltern-, familien- und sozialraumorientierten Qualitätsentwicklung definiert, anschließend extrahiert und den entsprechenden Kategorien zugeordnet (vgl. Kuckartz 2010: 35, 60). Mittels der gebildeten Kategorien konnte der Codiervorgang in den verschiedenen Handbüchern und Manualen zur Qualitätsentwicklung vorgenommen werden. Hierbei war es notwendig, dass die von den einzelnen Forscherinnen formulierten Kategorien im Team ausgetauscht und besprochen wurden. Die Überprüfung hinsichtlich der Nutzbarkeit der Kategorien stellte einen wichtigen Arbeitsschritt in der Analyse im Hinblick auf die Einhaltung von Gütekriterien dar und führte zur Bildung von thematischen Codes (vgl. ebd.: 61, 87), welche Hinweise auf Themen aus den zuvor deduktiv gebildeten Kategoriensystemen gaben.

Unter Einsatz der Kategoriensysteme und der thematischen Codierung des vorliegenden Materials war es möglich zu ermitteln, welche Leit- und Richtlinien zu den drei Bereichen und ihren jeweiligen Merkmalen in den einzelnen Textdokumenten formuliert werden. Aus den einzelnen Manualen und Handbüchern wurden die mit Hilfe der Kategorien und thematischen Codes identifizierten Kapitel in Tabellen festgehalten, so dass eine erste Übersicht über die Textabschnitte mit Leit- und Richtlinien zur eltern-, familien- und sozialraumorientierten Qualitätsentwicklung entstand. Dies ermöglichte die Reduktion der zum Teil sehr umfangreichen Materialien, so dass die Aussagen gebündelt werden konnten und zugleich die wesentlichen Inhalte erhalten blieben (vgl. Mayring 2010: 65). Anschließend wurden die entsprechenden Textabschnitte in Bezug zu den Kategorien gesetzt, so dass eine Einschätzung im Hinblick auf die eltern-, familien- und sozialraumorientierten Leit- und Richtlinien formuliert werden konnte. Die Gemeinsamkeiten und Unterschiede der elf untersuchten Manuale und Handbücher zur Qualitätsentwicklung wurden ebenfalls zusammenfassend dargestellt (vgl. Kaiser-Hylla, Pohlmann 2014).

Außerdem wurde die Analyse in Bezug auf die Frage nach Instrumenten zur Erfassung und Entwicklung der eltern-, familien- und sozialraumorientierten Qualität durchgeführt. Hierfür wurden die Materialien auf der Grundlage der Kategorien und der thematischen Codierung wiederum tabellarisch zusammengefasst. Eine Übersicht wurde hinsichtlich der vorhandenen Verfahren und Instrumente zur eltern-, familien- und sozialraumorientierten Qualität erstellt, in der die zu erhebenden Datenformen (quantitativ, qualitativ) und die Ziele sowie die Adressaten der Instrumente der einzelnen Handbücher und Manuale festgehalten wurden. Die identifizierten Textabschnitte wurden sodann in Bezug zu den vorab bestimmten Kategorien gesetzt. Die Ergebnisse der Arbeitsschritte wurden einzeln für die elf untersuchten Manuale und Handbücher zur Qualitätsentwicklung dargestellt und in ihren Gemeinsamkeiten und Unterschieden eingeschätzt (vgl. ebd.).

Die dargestellte Form der Auswertung bot neben der auf den Forschungsfragen basierenden Analyse die Möglichkeit, dass die deduktiv gebildeten Kategorien im Rahmen der Untersuchung erweitert wurden und Vorschläge für die Weiterentwicklung der einzelnen Manuale und Handbücher zur Qualitätsentwicklung erarbeitet wurden. In den beiden Abschnitten, in denen die Analyseergebnisse (Abschnitt 7.1.1) und Implikationen für das weitere Vorgehen (Abschnitt 7.1.2) vorgestellt werden, wird auch dieser Aspekt aufgegriffen.

6.2   Gruppendiskussionen

Zur Beantwortung der aufgeworfenen Untersuchungsfragen wurde die Methode der Gruppendiskussion gewählt, um dem Prinzip der „Entwicklung von Qualität im Diskurs" zu entsprechen. In den folgenden Abschnitten werden neben dem Untersuchungsdesign (Abschnitt 6.2.1) und dem Sampling (Ab-

schnitt 6.2.2) auch das Untersuchungsmaterial (Abschnitt 6.2.3) und die Dokumentarische Methode zur Auswertung des qualitativen Datenmaterials
(Abschnitt 6.2.4) beschrieben. Die letztendliche Auswahl der zu analysieren-
den Gruppendiskussionen und Textpassagen wird in Abschnitt 6.2.5 dargestellt und begründet.

6.2.1   Untersuchungsdesign

Im Zeitraum von September 2013 bis Januar 2014 wurden in zwölf rheinland-pfälzischen Kitas Gruppendiskussionen zum Thema Eltern-, Familien-
und Sozialraumorientierung geführt. Die Zielsetzung hierbei bestand darin,
Forschungsergebnisse zu gewinnen, die auf dem Diskurs zwischen Mitgliedern heterogener Realgruppen basieren. Derartige Gruppen zeichnen sich
dadurch aus, dass sie unabhängig von der Diskussionsrunde bestehen und das
gleiche Bezugssystem teilen; im vorliegenden Projekt ist dies die jeweilige
Kita (vgl. Lamnek 2010: 398ff.). Während Mitglieder einer Realgruppe sich
per Definition in der gleichen Konstellation auch schon früher begegnet sind
(z.B. Mitglieder einer Abteilung; vgl. Kühn & Koschel, 2011: 76f.), war dies
in der vorliegenden Untersuchung kein notwendiges Kriterium. Vielmehr
saßen die Diskussionsteilnehmer_innen in einer solchen Konstellation zumindest teilweise erstmals an einem gemeinsamen Tisch. Dieses Vorgehen
erschien geeignet, da es der sozialen Wirklichkeit von Kitas entspricht, dass
unterschiedliche Personen aus der Einrichtung und deren Umfeld an Eltern-,
Familien- und Sozialraumorientierung beteiligt sind.
　　Ein weiteres Merkmal von Realgruppen besteht laut Kühn und Koschel
(2011: 76f.) darin, dass die Diskussionsteilnehmer_innen bereits vor der
Diskussion bestimmte Rollen vertreten, beispielsweise die der Kita-Leitung
oder der Elternvertretung. Dies war in der vorliegenden Untersuchung der
Fall.

An den Diskussionen nahmen vier bis zehn Personen teil, die aus Sicht der
jeweiligen Kita-Leitung für die Bereiche Eltern-, Familien- und Sozialraumorientierung als besonders bedeutsam eingeschätzt wurden. Neben pädagogischen Fachkräften waren dies beispielsweise Fachberatungen, Eltern- und
Trägervertretungen.
　　Als zeitlicher Orientierungsrahmen wurden 60 bis 90 Minuten pro Diskussionsrunde veranschlagt. Die Gruppendiskussionen fanden immer vor Ort
in unterschiedlichen rheinland-pfälzischen Kitas statt. Jeweils zwei Mitglieder des Kita!Plus-Forschungsteams moderierten die Gruppendiskussion im
Tandem.
　　Die Durchführung von Gruppendiskussionen erschien nicht nur aus For-
schungssicht mit dem Ziel eines Erkenntnisgewinns sinnvoll. Vielmehr

schien diese Methode auch geeignet, um den teilnehmenden Kitas mit ihren pädagogischen Fachkräften, Eltern und weiteren Beteiligten des Sozialraums mit Wertschätzung begegnen zu können. Im folgenden Abschnitt wird näher auf das Sampling und die Auswahl von Einrichtungen eingegangen.

6.2.2 Sampling

Die Auswahl von Einrichtungen erfolgte nach dem Prinzip des theoretischen Samplings (vgl. Flick 2002: 105). So sollte die Stichprobenzusammensetzung bei begrenztem Umfang eine möglichst breite Vielfalt von Kitas in Rheinland-Pfalz abbilden. Unterscheidungskriterien bildeten hierbei die Größe der Kita, die Trägerschaft, der Standort sowie Art und bisherige Dauer von Qualitätsentwicklungsmaßnahmen. Der Stichprobenumfang wurde nicht a priori festgelegt, wie beim statistischen Sampling üblich. Vielmehr wurde nach Art des theoretischen Sampling die Rekrutierung abgeschlossen, nachdem in theoretischer Hinsicht eine ausreichende Sättigung festgestellt werden konnte (vgl. ebd.: 105).

Die Rekrutierung von Kitas, die sich zu einer Teilnahme an Gruppendiskussionen bereit erklärten, erfolgte in erster Line mit Unterstützung unterschiedlicher rheinland-pfälzischer Einrichtungsträger. Trägervertreter_innen, die dem Landesbeirat des Projekts Kita!Plus: „Qualitätsentwicklung im Diskurs" angehören, wurden um die Benennung von Einrichtungen gebeten[16]. Auf diese Weise konnten Kontakte zu Einrichtungen hergestellt werden, die sich in unterschiedlichen Landesteilen von Rheinland-Pfalz befinden.

Leiter_innen von insgesamt 20 Kitas wurden telefonisch durch das Projektteam kontaktiert und nach ihrer Bereitschaft gefragt, auf freiwilliger Basis in ihrer Einrichtung eine Gruppendiskussion zu den Themen Eltern-, Familien- und Sozialraumorientierung zu organisieren. Den Leiter_innen wurde mitgeteilt, dass sie im Falle einer Teilnahme solche Personen_zu der Diskussion einladen könnten, die aus ihrer Sicht besonders bedeutsam für die Bereiche von Eltern-, Familien- und Sozialraumorientierung in ihrer Einrichtung sind. Die Bestimmung der Anzahl einzuladender Diskussionsteilnehmer_innen wurde aus theoretischen Überlegungen ebenfalls in die Hände der Kitaleiter_innen gelegt (siehe hierzu Abschnitt 6.2.1). Als Richtwert für den Umfang der Diskussionsrunden wurde eine Zahl zwischen vier und zwölf Personen angegeben. Von den befragten Leiter_innen erklärten sich zwölf dazu bereit, gezielt Personen anzusprechen und diese zu einer Gruppendiskussion in ihre Einrichtung einzuladen.

---

16 An dieser Stelle möchten wir uns herzlich für die Unterstützung und Kooperation der unterschiedlichen Träger bedanken.

Auf diesem Wege konnten insgesamt zwölf Gruppendiskussionen durchgeführt und aufgezeichnet werden, an denen je vier bis zehn Personen teilnahmen. Dies waren unter anderem Kita- und Projektleiter_innen, Eltern- oder Trägervertreter_innen. Die Trägerschaft der teilnehmenden Einrichtungen setzte sich wie folgt zusammen:

- Acht Einrichtungen in freier Trägerschaft (davon drei katholische, vier evangelische sowie eine Kita der AWO),
- drei Einrichtungen in öffentlicher, städtischer Trägerschaft,
- eine Betriebskita.

6.2.3 Untersuchungsmaterial und -ablauf

Als Grundlage für die Gruppendiskussionen wurde ein Leitfaden mit offenen Impulsfragen entwickelt (siehe Anhang), der den Gesprächsverlauf strukturieren und als allgemeine Orientierung dienen sollte. Der Ablauf und die Ausgestaltung des Leitfadens orientieren sich an den Ausführungen von Kruse (2011: 68ff.) und von Kühn und Koschel (2011: 102 ff.) und werden im Folgenden näher erläutert.

Zu Beginn jeder Gruppendiskussion stellten sich die Moderator_innen vor, begrüßten die Anwesenden und wiesen auf die Aufzeichnung mittels Diktiergerät hin. Darüber hinaus wurden die Anwesenden über den Untersuchungszweck aufgeklärt und unterzeichneten eine schriftliche Einverständniserklärung. Zudem wurden die Gesprächsregeln erläutert. Hierzu zählte beispielsweise die Bitte, sich gegenseitig aussprechen zu lassen.

In einem weiteren Schritt erhielten alle Anwesenden die Möglichkeit, sich selbst kurz vorzustellen. Neben Informationen über die Zusammensetzung der Diskussionsrunde war dieser Aspekt auch mit Blick auf die spätere Transkription der Audiodateien von großer Bedeutung, da auf diese Weise eine Zuordnung von Äußerungen zu Personen möglich wurde.

Den inhaltlichen Beginn der Gruppendiskussion bildete ein provokanter Cartoon zu den Themen Eltern-, Familien- und Sozialraumorientierung, der teilweise bereits einen Anlass zur Verselbständigung des Gesprächsverlaufs bot. Insgesamt wurde der spontane Gesprächsverlauf so wenig wie möglich unterbrochen. Gleichzeitig wurde versucht, möglichst alle Teilnehmer_innen einzubeziehen.

Immer wieder griffen die Moderator_innen neue Themenaspekte auf. Ein Themenblock bezog sich auf die Frage, wie sich Eltern-, Familien- und Sozialraumorientierung in der Haltung pädagogischer Fachkräfte widerspiegeln. In einem weiteren Block wurde auf die Stärkung der Erfassung elterlicher Bedarfe und ihrer Erziehungskompetenz eingegangen. Anschließend wurde die Frage gestellt, inwieweit die Konzeption, die Bildungs- und Erziehungsempfehlungen des Landes Rheinland-Pfalz (vgl. Ministerium 2014) oder andere Konzepte der Qualitätsentwicklung im pädagogischen Alltag eine Rolle spielen. Abschließend wurden die Anwesenden danach gefragt, was aus ihrer persönlichen Perspektive die wichtigsten Maßnahmen für eine gelingende eltern-, familien- und sozialraumorientierte Einrichtungsarbeit wären, die sie Entscheidungsträgern vorschlagen würden.

Die aufgezeichneten Audiodateien wurden transkribiert und alle Angaben, die Rückschlüsse auf die Einrichtung und auf die teilnehmenden Personen erlauben, wurden anonymisiert bzw. bewusst verfremdet. Allen Personen wurde ein Code aus einem Buchstaben und einer Zahl zugewiesen. Es wurde bewusst darauf verzichtet, unterschiedlichen Funktionen bestimmte Codes zuzuweisen (z.B. KL für Kitaleitung), um die Anonymität der sprechenden Personen und der Einrichtungen zu gewährleisten. Jeder Sprecherwechsel wurde durch einen Zeilenwechsel gekennzeichnet. Alle Zeilen wurden durchnummeriert und der transkribierte Text für eine bessere Lesbarkeit eingerückt.

Die Transkription erfolgte nach zuvor festgelegten Regeln, in Anlehnung an Kuckartz (2014: 38ff.). Beispielsweise wurde wörtlich transkribiert, nicht lautsprachlich oder zusammenfassend, vorhandene Dialekte wurden in Hochdeutsch übertragen. Eine Auflistung der Transkriptionsregeln findet sich im Anhang.

Die Auswertung des aufbereiteten Datenmaterials erfolgte anhand der Dokumentarischen Methode, die im folgenden Abschnitt 6.2.4 näher erläutert wird.

6.2.4 Die Dokumentarische Methode als qualitatives Auswertungsverfahren

Ein zentrales Forschungsziel des Projekts Kita!Plus: „Qualitätsentwicklung im Diskurs" besteht darin, folgender Frage nachzugehen: Welche impliziten Haltungen zu Eltern-, Familien- und Sozialraumorientierung können durch die Analyse von Beschreibungen der pädagogischen Handlungspraxis rekonstruiert werden?

Diese Fragestellung zielt darauf ab, ausgehend von Beschreibungen der pädagogischen Handlungspraxis, handlungsleitendes Wissen zu rekonstruieren. Somit sollen Rückschlüsse auf zugrundeliegende Haltungen der Akteure gezogen werden. Entsprechende Beschreibungen der pädagogischen Handlungspraxis mit Blick auf Eltern-, Familien- und Sozialraumorientierung wurden im Rahmen der durchgeführten Gruppendiskussionen erhoben.

Durch eine systematische Analyse ausgewählter Textpassagen soll ein Zugang zu impliziten Haltungen ermöglicht werden, die den Beteiligten im

Alltag nicht unmittelbar zugänglich und bewusst sind. Eine Strategie zur Analyse qualitativer Daten, die sich genau dieser Zielsetzung zuwendet und deshalb zur Analyse der Gruppendiskussionen ausgewählt wurde, ist die Dokumentarische Methode (vgl. Kubisch 2014).

Bohnsack (2010: 249) beschreibt die Zielsetzung der Dokumentarischen Methode wie folgt:

Es ist dies die Frage nach der Rekonstruktion der handlungspraktischen Herstellung von Realität, also die Frage nach den habitualisierten Praktiken, die auf dem handlungsleitenden und z.T. inkorporierten Erfahrungswissen der Akteure basieren – im Unterschied zu einer theoretisch-definitorischen Herstellung von Realität. Erst der Zugang zu dieser Praxis, genauer: zu dem die Praxis orientierenden Wissen, eröffnet im Sinne von Karl Mannheim [1964] den Zugang zur ‚Weltanschauung' sowohl der Klientel wie auch der Professionellen.

Hierbei wird davon ausgegangen, dass Akteure, die in eine gemeinsame Praxis eingebunden sind, ähnlichen Erfahrungen ausgesetzt sind. Sie teilen sich einen Erfahrungsraum und verfügen daher auch über ein geteiltes, aus der Praxis selbst erwachsenes, atheoretisches Wissen (vgl. ebd.: 249 f.). Dieses *in der Praxis* entstandene Wissen unterscheidet sich von dem Wissen *über die Praxis*. Bohnsack (2013: 179) greift zur Verdeutlichung das Beispiel der Familie auf, welches an dieser Stelle auf den Bereich der Kita übertragen werden soll. So macht es einen Unterschied, ob nach Wissen *über* Kindertageseinrichtungen gefragt wird oder nach Wissen, welches *innerhalb* einer Kita entstanden ist. Zur Beantwortung der ersten Frage können zahlreiche theoretische Abhandlungen herangezogen werden. Letztere Frage dagegen basiert auf Wissen, welches von Personen gewonnen wurde, die am praktischen Geschehen in der Kita beteiligt sind. Es wurzelt in gemeinsamen Erfahrungen und bildet einen Orientierungsrahmen für das Verhalten und den gegenseitigen Umgang der Beteiligten. Da es atheoretisch und implizit ist, kann es nicht einfach kommuniziert werden. Es erschließt sich erst durch die Rekonstruktion von Beschreibungen, die sich auf die pädagogische Handlungspraxis beziehen und die von Personen geäußert werden, welche diese Praxis (mit-)gestalten.

Gruppendiskussionen sind als Erhebungsinstrument für die Dokumentarische Methode in besonderem Maße geeignet (vgl. Przyborski & Wohlrab-Sahr 2014: 272ff.). Die Interpretation des Textmaterials erfolgt schrittweise, nach einem geordneten methodischen Vorgehen, welches an dieser Stelle lediglich kurz skizziert werden soll.

Zunächst werden ausgewählte Textpassagen *formulierend* interpretiert. Bei diesem Arbeitsschritt steht die Frage im Vordergrund, *was* gesagt wurde. Die Äußerungen der Beteiligten werden in Ober- und Unterthemen untergliedert, sinngemäß und zusammenfassend reformuliert (vgl. Bohnsack (2013: 190ff.).

In einem weiteren Schritt wird das Textmaterial *reflektierend* interpretiert. Dabei wird der Frage nachgegangen, *wie* ein Thema besprochen wird (vgl. ebd.: 190). Hierzu wird zunächst eine Diskursanalyse durchgeführt, in deren Rahmen die Formalstruktur der Passage untersucht wird. Anschließend wird eine Sequenzanalyse vorgenommen, die den interaktiven Prozess und die Verknüpfung von Äußerungen und Anschlussäußerungen beleuchtet. Przyborski und Wohlrab-Sahr (2010: 289) verdeutlichen das Ziel der Reflektierenden Interpretation anhand folgender Leifragen:

Was zeigt sich hier über den Fall? Welche Bestrebungen und/oder welche Abgrenzungen sind in den Redezügen impliziert? Welches Prinzip, welcher Sinngehalt kann die Grundlage der konkreten Äußerung sein? Welches Prinzip kann mir verschiedene (thematisch) unterschiedliche Äußerungen als Ausdruck desselben, ihnen zugrunde liegenden Sinnes verständlich machen?

Im Rahmen der reflektierenden Interpretation werden Sinnmuster rekonstruiert, aus denen unterschiedliche Handlungen resultieren. Diese Sinnmuster werden als Orientierungen bezeichnet (vgl. ebd.: 298). Es wird analysiert, wie eine Orientierung eingeführt wird, wie sie sich durch das interaktive Geschehen in der Gruppendiskussion entfaltet und/oder beendet wird. Die Art und Weise, wie Äußerungen und Anschlussäußerungen miteinander in Bezug stehen, spielt hierbei ebenfalls eine wichtige Rolle. Sie wird als Diskursorganisation bezeichnet (vgl. Bohnsack 2010: 252).

Der Forschungsprozess mündet in die sog. Typenbildung, die einen weiteren Arbeitsschritt der Dokumentarischen Methode darstellt (vgl. Przyborski & Wohlrab-Sahr 2010: 298). Hierbei werden fallinterne und -externe Vergleiche von Orientierungsrahmen angestellt (vgl. Bohnsack 2013: 194). Entsprechend werden zum einen Vergleiche zwischen Aussagen aus einer bestimmten Gruppendiskussion angestellt und zum anderen Vergleiche zwischen Aussagen aus unterschiedlichen Gruppendiskussionen. Das strukturierende Element dieser Vergleiche ist ein gemeinsames bzw. ähnliches Thema. Im Unterschied zur Dokumentarischen Methode wird im vorliegenden Projekt der Begriff der Typenbildung in eingeschränkter Form verwendet, es wird von charakterisierenden Merkmalen der Gruppendiskussionen gesprochen. Mit dieser Begrifflichkeit soll der Bezug zum Einzelfall hervorgehoben werden.

In der vorliegenden Untersuchung wurden Beschreibungen, die im Rahmen von Gruppendiskussionen geäußert wurden und sich auf die praktizierte Eltern-, Familien- und Sozialraumorientierung in Kitas bezogen, anhand der Dokumentarischen Methode analysiert. Hiermit wurde das Ziel verfolgt, Haltungen zu rekonstruieren, die von an der pädagogischen Handlungspraxis beteiligten Personen vertreten werden. Im folgenden Abschnitt 6.2.5 werden die Kriterien dargestellt, die zur Auswahl von Passagen aus den Gruppendiskussionen formuliert wurden.

6.2.5 Aufbereitung und Auswertung des qualitativen Datenmaterials anhand der Dokumentarischen Methode

Die Auswahl von Textpassagen für eine weiterführende Interpretation anhand der Dokumentarischen Methode wurde durch das inhaltliche Erkenntnisinteresse und durch formale Anforderungen an das Datenmaterial geleitet. Dabei erfolgte die formale Auswahl der Textpassagen und die Aufbereitung des transkribierten Datenmaterials in Anlehnung an das von Przyborski und Wohlrab-Sahr (2010: 286ff.) vorgeschlagene Vorgehen. Nach Möglichkeit wurden Passagen gewählt, bei denen sich die Diskussion „verselbständigt", was beispielsweise durch einen raschen Sprecherwechsel erkennbar ist. Zudem wurde darauf geachtet, dass die ausgewählten Passagen möglichst wenige bzw. keine Nachfragen und auch möglichst keine Ansprachen bestimmter Personen durch das Projektteam beinhalteten.

Was das inhaltliche Erkenntnisinteresse anbelangt, so wurde darauf geachtet, solche Passagen zu wählen, die Beschreibungen von Aspekten konkreter pädagogischer Handlungspraxis beinhalten. Diese sollten sich zum einen auf Eltern- und Familienorientierung, zum anderen auf Sozialraumorientierung beziehen. Der thematische Verlauf der Gruppendiskussionen wurde im Fall der vorliegenden Untersuchung durch die Impulsfragen der Moderator_innen entscheidend mitbestimmt.

Die Zeilennummern der Textpassagen aus den unterschiedlichen Gruppendiskussionen (GD), die im vorliegenden Projekt zur Beantwortung der aufgeworfenen Fragestellungen ausgewählt wurden, werden in Tabelle 12 zusammenfassend dargestellt. In der Tabelle werden die gewählten Passagen den Bereichen Eltern- und Familienorientierung sowie Sozialraumorientierung zugeordnet.

Tabelle 12: Auswahl von Textpassagen zu den Bereichen der Eltern-, Familien- und Sozialraumorientierung.

	Eltern- und Familienorientierung	Sozialraumorientierung
Gruppen-diskussion 2	-	467 - 513
Gruppen-diskussion 3	153 - 185	128 - 180
Gruppen-diskussion 6	089 - 126	306 – 349
Gruppen-diskussion 9	041 - 097	268 - 331
Gruppen-diskussion12	001 - 050	-

Quelle: eigene Darstellung

Die Auswertung anhand der Dokumentarischen Methode orientierte sich an dem in Abschnitt 6.2.4 beschriebenen Vorgehen und erfolgte nach vorab festgelegten Arbeitsschritten. Nachdem die Textpassagen ausgewählt waren, wurden sie in einem ersten Schritt formulierend interpretiert. In einem zweiten Schritt erfolgte eine reflektierende Interpretation, die in eine auf die Fragestellung bezogene Zusammenfassung mündete. In einem dritten Schritt wurden zum Zwecke der Typenbildung Vergleiche zwischen Aussagen zur pädagogischen Handlungspraxis angestellt. Diese erfolgten zum einen innerhalb der einzelnen Textpassagen, zum anderen zwischen den unterschiedlichen Gruppendiskussionen.

Alle Mitglieder des Projektteams waren an der Datenauswertung beteiligt. Die Auswertungsschritte wurden jeweils zunächst in Einzelarbeit ausgeführt, wobei die Textpassagen unter den Mitgliedern aufgeteilt wurden. Anschließend wurden die erarbeiteten Ergebnisse innerhalb des gesamten Projektteams diskutiert, reflektiert und entsprechend überarbeitet. Die auf der reflektierenden Interpretation aufbauende Erarbeitung charakterisierender Merkmale der Gruppendiskussionen wurde für alle Textpassagen ausschließlich im Plenum erarbeitet, unter Beteiligung des gesamten Projektteams.

Im Abschnitt 7.2 werden die Ergebnisse der qualitativen Auswertung nach der Dokumentarischen Methode zusammenfassend dargestellt.

7. Ergebnisse

Nachdem in Kapitel 6 das methodische Vorgehen zur Planung und Umsetzung der Dokumentenanalyse und der Durchführung von Gruppendiskussionen zur Rekonstruktion impliziter Haltungen dargestellt wurde, werden nunmehr ausgewählte Ergebnisse dieser beiden Untersuchungen präsentiert. In den folgenden Abschnitten wird zunächst die qualitative Untersuchung in Form einer Analyse von trägerspezifischen Leit- und Richtlinien dargestellt (Abschnitt 7.1). In den sich anschließenden Ausführungen stehen die durchgeführten Gruppendiskussionen zur Rekonstruktion impliziter Haltungen im Zentrum (Abschnitt 7.2), bevor die qualitativen Untersuchungen des Forschungsprojektes in eine Diskussion und in Schlussfolgerungen münden (Kapitel 8).

7.1 Analyse von trägerspezifischen Leit- und Richtlinien

Das Programm Kita!Plus des Landes Rheinland-Pfalz umfasst sieben Handlungsfelder, welche unterschiedliche Schwerpunkte zu den Themenbereichen der Eltern-, Familien- und Sozialraumorientierung beinhalten. Das dritte Handlungsfeld „Qualitätsentwicklung im Diskurs" ist in einem Forschungsprojekt an der Hochschule Koblenz angelegt. Hier werden u.a. Konzepte der Qualitätsentwicklung unterschiedlicher Träger sowie deren Umsetzung in rheinland-pfälzischen Kindertageseinrichtungen untersucht.

Ein erster wichtiger Meilenstein des Projektes bestand darin zu untersuchen, welche Leit- und Richtlinien und Instrumente zur Qualitätsentwicklung in den Bereichen der Eltern-, Familien- und Sozialraumorientierung vorhanden sind. In den nachstehenden Abschnitten werden die qualitativen Untersuchungen vorgestellt, die innerhalb des Forschungsprojektes erfolgt sind. Zunächst werden die Ergebnisse der durchgeführten Dokumentenanalyse (Abschnitt 7.1.1) vorgestellt. Implikationen für die weitere Vorgehensweise innerhalb des Forschungsprojektes, die sich aus der Analyse ergaben, werden in Abschnitt 7.1.2 erläutert.

7.1.1 Ergebnisse

Die Ergebnisse der durchgeführten Dokumentenanalyse zeigen auf, dass seitens der Träger rheinland-pfälzischer Kindertageseinrichtungen ein hohes fachliches und inhaltliches Engagement bei der qualitativen Weiterentwicklung im System der Kindertageseinrichtungen besteht. Im Folgenden werden sowohl die Gemeinsamkeiten als auch die Unterschiede der trägerspezifischen Leit- und Richtlinien zur eltern-, familien- und sozialraumorientierten Qualitätsentwicklung der elf untersuchten Manuale und Handbücher vorgestellt.

Verschiedene Dokumente weisen einen gemeinsamen Ursprung und damit einige Parallelen auf. Das Manual Kita^{+QM} ist beispielsweise in die fünf Dimensionen des QuaSi gegliedert und beinhaltet die inhaltlichen Zuordnungen zum Bundesrahmenhandbuch (BETA). Das TRI^{er} QM^{elementar}, das Q-iTa und das QMelementar bauen unter anderem auf dem KTK-Gütesiegel auf und stellen damit weitere Beispiele einer gemeinsamen Grundlage inhaltlicher Parallelen dar.

Zugleich ist festzustellen, dass Begrifflichkeiten in den einzelnen Handbüchern und Manualen teilweise sehr unterschiedlich verwendet werden. Beispielsweise reicht der Begriff der Beteiligung vom „regelmäßigen Dabeisein" bis hin zu „struktureller Beteiligung in Konzeptionsbelangen", und der Begriff der Sozialraumorientierung reicht von der „Wahrnehmung der Umgebung der Kindertagesstätte" bis hin zur „Mitwirkung in Entwicklungsprozessen im Gemeinwesen" (vgl. Kaiser-Hylla, Pohlmann 2014: 32).

Im Verlauf der Analyse zeigte sich, dass die DIN EN ISO-Norm 9000ff. in den meisten der analysierten Manuale und Handbücher zur Qualitätsentwicklung einen wesentlichen Bezugspunkt darstellt, nämlich in BETA, KTK, Q-iTa, TRI^{er} QM^{elementar}, Quality Pack und QMelementar. Bei der Verwendung von Begrifflichkeiten aus der DIN EN ISO-Norm ist in einigen Manualen eine stärkere Orientierung hieran festzustellen. So werden Eltern in einzelnen Dokumenten konfessioneller Träger als „Kunden" bezeichnet (z.B. KTK, QMelementar, Q-iTa, TRI^{er} QM^{elementar}), und auch der Begriff der „Dienstleistung" wird verwendet.

In Bezug auf diese Begrifflichkeiten wurde vom Forscher_innenteam nach der Analyse der Hinweis gegeben, dass kritisch hinterfragt werden kann, inwieweit der Kunden- und Dienstleistungsgedanke auf das partnerschaftliche Verhältnis übertragbar ist, welches in Bildungs- und Erziehungsfragen zwischen Eltern und den Teams von Kindertageseinrichtungen angestrebt wird.

Zusammenfassend werden nun die Ergebnisse der Dokumentenanalyse hinsichtlich der trägerspezifischen Instrumente zur Qualitätsentwicklung in den Bereichen der Eltern-, Familien- und Sozialraumorientierung vorgestellt.

Die Ergebnisse der Untersuchung der elf Manuale und Handbücher zeigen ein breites Spektrum von Instrumenten. Als Beispiele sind zu nennen: Auditchecklisten (BETA), Checklisten zur Bewertung von Qualitätsmanagementsystemen (EKHN), Prozessbeschreibungen und Formulare zur Bestimmung von Qualitätskriterien (Quality Pack), Ablaufschemata mit Prozessdarstellungen und Qualitätsmerkmalen (Q-iTa, QMelementar, TRI^{er}

QM^elementar), Qualitätsanforderungen mit Praxisindikatoren und Nachweismöglichkeiten (KTK) sowie Verfahren der strukturierten Selbsteinschätzung und Gruppendiskussion (Kita^{+QM}, QuaSi).

Abschließend soll auf bedeutende Aspekte der unterschiedlichen Instrumente eingegangen werden. Hierbei bildet die Perspektive der Fachpraxis eine wesentliche Grundlage, zum Beispiel hinsichtlich des alltagstauglichen Dokumentationsaufwandes für die Mitarbeiter_innen in den Kindertageseinrichtungen.

In einigen Manualen sind Instrumente zu finden, die die Kindertageseinrichtungen darin unterstützen sollen, den aktuellen Stand der eigenen Organisationsentwicklung festzustellen (z.b. EKHN). Neben der Erfassung des IST-Standes, welche durch verschiedene Verfahren mancher Handbücher ermöglicht werden soll, zeigt die Dokumentenanalyse bei der Zielsetzung und hinsichtlich des Differenzierungsgrades Unterschiede auf. Teilweise sind Ablaufschemata zu finden, die zur Systematisierung wiederkehrender, grundsätzlicher Prozesse beitragen sollen. Außerdem enthalten einige Handbücher und Manuale Checklisten mit Fragen zu unterschiedlichen Arbeitsbereichen, die in der internen und externen Evaluation genutzt werden können (vgl. BETA, EKHN). In den Dokumenten von QuaSi und Kita^{+QM} zeigt sich, dass mit den Instrumenten unterschiedliche Ebenen von Selbstevaluationen genutzt werden sollen. In einer strukturierten Selbsteinschätzung und einer strukturierten Gruppendiskussion soll zusammen mit einer zusammenfassenden schriftlichen Einschätzung das erreichte Qualitätsniveau dokumentiert werden (vgl. Kita^{+QM} 2012: 8). Diese Instrumente werden im QuaSi mit Dokumentenanalysen erweitert, die zum Beispiel im Rahmen von Situationsanalysen durchgeführt werden können (QuaSi 2009: 58).[17]

Die Bedeutung der Bedarfsermittlung als wesentliches Element der Arbeit einer Kindertageseinrichtung zeigt sich in der Analyse der unterschiedlichen Dokumente sehr deutlich. Daneben ist festzustellen, dass eine Auswahl unterschiedlicher Methoden für die einzelnen Arbeitsbereiche in den Hand-

---

17 In Bezug auf die QM-Systeme QuaSi und Kita^{+QM} ist anzumerken, dass die einzelnen Qualitätsansprüche in der strukturierten Selbsteinschätzung und die Evaluationsfragen für die strukturierten Gruppendiskussionen bis zu acht bzw. zehn verschiedene Items in Form von Aussagen enthalten (vgl. Kita^{+QM} 2012: 74, QuaSi 2009: 96). Diese müssen jeweils zusammenfassend, d.h. im Rahmen einer einzigen Aussage beantwortet werden. Das Antwortformat hierzu ist eine Ratingskala, die vier bis fünf Stufen umfasst. Wenngleich die Instrumente, die im QuaSi zum Einsatz kommen, sehr differenziert unterschiedliche Arbeitsprozesse und -inhalte aufgreifen, erscheint das komprimierte, zusammenfassende Antwortformat problematisch. Die Komplexität der vielfältigen Bestandteile der einzelnen Qualitätsansprüche bzw. Evaluationsfragen kann hierüber in erster Linie resümierend erfasst werden.

büchern und Manualen zu finden ist, so dass die Kindertageseinrichtungen ihren Bedarfen und Anforderungen gemäß eine Auswahl treffen können.

Die zusammenfassende Betrachtung der Ergebnisse aus der Analyse von elf Handbüchern und Manualen zur Qualitätsentwicklung zeigt, dass die Eltern- und Familienorientierung mit ihren Bereichen der Erziehungs- und Bildungspartnerschaft, Familienorientierung, Elternbeteiligung und Gestaltung der Übergänge mehrheitlich sehr differenziert dargelegt wird. In fast allen Dokumenten sind die Bereiche Erziehungs- und Bildungspartnerschaft und Partizipation von Eltern und Familien als feste Bestandteile zu finden. Die Ergebnisse der Analyse lassen eine stärkere Berücksichtigung der Bereiche Familienorientierung und Gestaltung der Übergänge als sinnvoll erscheinen, da sie einerseits die Grundlagen der untersuchten Themen darstellen und zum anderen nur in einigen der analysierten Dokumente zu finden sind. Vielfach wird der Bereich der Gestaltung der Übergänge inhaltlich mit dem Thema Sozialraumorientierung verbunden, vornehmlich mit dem Bereich der Vernetzung mit anderen Institutionen.

In Bezug auf die Sozialraumorientierung zeigt die Analyse auf, dass nicht alle untersuchten Handbücher und Manuale ein eigenes Kapitel zu diesem Themenfeld enthalten. Gleichwohl ist die Berücksichtigung der Empfehlungen zur Qualität der Erziehung, Bildung und Betreuung in Kindertagesstätten in Rheinland-Pfalz (Ministerium 2014) hinsichtlich der Bereiche Sozialraumorientierung/Gemeinwesenarbeit, Bedarfsorientierung und -planung sowie Vernetzung mit anderen Institutionen in den untersuchten Dokumenten festzustellen. Allerdings könnte eine weitere Differenzierung und Konkretisierung der Handlungsebene in den beiden zuletzt genannten Bereichen vorgenommen werden.

Zusätzlich ist festzustellen, dass die Themen Beteiligung der Eltern und Familien, partnerschaftliche Zusammenarbeit und Orientierung an den Bedarfen der Familien in allen Dokumenten wiederzufinden sind. Allerdings zeigt sich, dass die Frage, wie Bedarfe unterschiedlicher Familienkulturen und Familien in verschiedenen Lebenswelten und individuellen Lebenslagen wahrgenommen werden können, kaum aufgegriffen wird. Aus diesem sowie weiteren Aspekten der Analyse ergeben sich Implikationen für das weitere Vorgehen, insbesondere für die Entwicklung des Instrumentariums, welche im folgenden Abschnitt (7.1.2) dargelegt werden.

7.1.2 Implikationen für das weitere Vorgehen

Für die Entwicklung eines Instrumentariums im Rahmen des Projektes Kita!Plus: „Qualitätsentwicklung im Diskurs" bildet die Dokumentenanalyse eine wichtige Grundlage. Diese zeigt deutlich, dass Eltern-, Familien- und

Sozialraumorientierung viele Schnittstellen aufweisen und nicht getrennt voneinander zu betrachten sind, da sie sich gegenseitig bedingen.

Die hier vorgestellte Untersuchung gibt einen Überblick, inwieweit diese Themen in trägerspezifischen Leit- und Richtlinien und Instrumenten wiederzufinden sind. Mit Hilfe des Instrumentariums, das im Rahmen des Projektes Kita!Plus „Qualitätsentwicklung im Diskurs" geschaffen wurde, sollen Kindertageseinrichtungen in der eltern-, familien- und sozialraumorientierten Qualitätsentwicklung unterstützt werden. Im Instrumentarium sind die bestehenden Qualitätsmanagement- und Qualitätsentwicklungssysteme berücksichtigt worden, indem die Ergebnisse der Dokumentenanalyse eine Grundlage für dessen Entwicklung bildeten.

Vor dem Hintergrund der Ergebnisse aus der fachwissenschaftlichen Recherche und der Analyse ist zu empfehlen, dass das Themenfeld der Sozialraumorientierung mit den einzelnen Bereichen in einem eigenen Abschnitt des jeweiligen Manuals oder Handbuchs zur Qualitätsentwicklung aufgegriffen wird. Das Instrumentarium soll Kindertageseinrichtungen ermöglichen, ihre bestehenden Qualitätsstandards in der Eltern-, Familien- und Sozialraumorientierung zu überprüfen und gegebenenfalls den Bedarf zur Qualitätsentwicklung in diesen Bereichen zu erkennen. Methoden der Selbstevaluation sollen die Teams der Einrichtungen darin unterstützen, ihren Organisationsentwicklungsstand einzuschätzen und in den Bereichen der Eltern-, Familien- und Sozialraumorientierung weiterzuentwickeln.

Eine Matrix mit acht Feldern soll zum einen vier Bereiche für die Eltern- und Familienorientierung und zum anderen vier Bereiche für den Bereich der Sozialraumorientierung anbieten. Bei der Thematik der Sozialraumorientierung soll der erste Bereich in „Sozialraumorientierung/Gemeinwesenarbeit" umbenannt werden, um gleichwertige Ebenen von Sozialraum und Gemeinwesen zu schaffen. Im Bereich „Bedarfsplanung" soll neben den Kindertageseinrichtungen die Ebene der Träger berücksichtigt werden, um diese aktiv in den Diskurs der Bedarfsplanung des örtlichen Trägers der öffentlichen Jugendhilfe einzubinden (vgl. Ministerium 2014: 198).

Das Thema „Haltung" wird als ein grundlegender Aspekt in das Instrumentarium einbezogen, welcher als Reflexionshorizont aller acht Bereiche der Eltern-, Familien- und Sozialraumorientierung dient.

Die Ergebnisse der empirischen Untersuchungen haben im Projektverlauf aufgezeigt, dass dem Thema „Haltung" in der Praxis von Fachkräften und Trägern sowie in deren Dokumenten eine zentrale Bedeutung zugewiesen wird, welche im Arbeitsfeld von Kindertageseinrichtungen häufig mit der Anforderung einer „professionellen Haltung" von Fachkräften verbunden wird (vgl. Friederich 2011b: 18). Die Reflexion der eigenen Haltung sowie der im Team geteilten Haltung zu Aspekten der Eltern-, Familien- und Sozialraumorientierung sind eine wichtige Basis der Qualitätsentwicklung von Kindertageseinrichtungen.

7.2 Gruppendiskussionen zur Rekonstruktion impliziter Haltungen

Ein Forschungsschwerpunkt des Projekts Kita!Plus: „Qualitätsentwicklung im Diskurs" besteht darin zu untersuchen, wie sich Eltern-, Familien- und Sozialraumorientierung in der Haltung pädagogischer Fachkräfte widerspiegeln. Mit dem Ziel, die entsprechenden Erkenntnisse bei der Konzeption eines Instrumentariums zur Qualitätsentwicklung berücksichtigen zu können, wurde eine qualitative Untersuchung zu dieser Fragestellung durchgeführt. Im Rahmen der Untersuchung wurden in rheinland-pfälzischen Kitas Gruppendiskussionen geführt und analysiert. Hiermit wurde das Ziel verfolgt, über die Interaktion von Gruppenmitgliedern zu rekonstruieren, wie Eltern-, Familien- und Sozialraumorientierung in der pädagogischen Praxis gelebt, beschrieben und empfunden wird (vgl. hierzu Kühn & Koschel, 2011: 60).

In den folgenden Abschnitten werden das methodische Vorgehen (Abschnitt 7.2) und die Ergebnisse der Analysen von Gruppendiskussionen (Abschnitt 7.2.1) dargestellt. Sodann wird in Kapitel 7.2.2 beschrieben, welche Implikationen sich aus den Analysen für die Konzeption des Instrumentariums zur Qualitätsentwicklung im Diskurs ergaben.

7.2.1 Ergebnisse

Die Auswertung der Gruppendiskussionen anhand der Dokumentarischen Methode wird nun vor dem Hintergrund der Forschungsfragen verdichtet dargestellt. Es wird untersucht, welche impliziten Haltungen durch die Analyse von Beschreibungen der pädagogischen Handlungspraxis rekonstruiert werden können. Dabei bezieht sich der erste Teil auf Haltungen zu den Bereichen der Eltern- und Familienorientierung, der zweite Teil auf Haltungen zur Sozialraumorientierung.

Aus Platzgründen und aus Gründen der Lesbarkeit erfolgt die Ergebnisdarstellung an dieser Stelle in Form einer Kurzzusammenfassung.

Eltern- und Familienorientierung

Die Forschungsfrage, welche impliziten Haltungen zu Eltern- und Familienorientierung durch die Analyse von Beschreibungen der pädagogischen Handlungspraxis rekonstruiert werden können, wurde über die Analyse von Textpassagen aus vier Gruppendiskussionen untersucht (siehe Tabelle 13). Die entsprechenden Ergebnisse werden nun zusammenfassend dargestellt und anhand von ausgewählten Beispielen verdeutlicht. Tabelle 13 stellt die charakterisierenden Merkmale dar, durch die sich die einzelnen Gruppendiskussionen auszeichnen.

Tabelle 13: Charakterisierende Merkmale der Textpassagen

	Orientierung	Charakterisierendes Merkmal
GD3	Offene Suche nach adäquaten Austauschmöglichkeiten auf unterschiedlichen Ebenen.	**Selbstreflexive Haltung**
GD6	Normierte, regelbasierte Ansprache der Eltern auf persönlicher Ebene.	**Standardbasierte Haltung**
GD9	Unterschiedliche Medien als Anlass für einen Austausch zwischen Eltern, mit dem Ziel der Verselbstständigung.	**Durch Vertrauen in die Ressourcen der Elternschaft geprägte Haltung.**
GD12	Breite Möglichkeit der Teilnahme am Alltagsgeschehen, Suche nach Anknüpfungspunkten für einzelne Gespräche.	**Am pädagogischen Alltag der Kita orientierte Haltung.**

Gruppendiskussion (GD)
Quelle: eigene Darstellung

Die Textpassagen aus den Gruppendiskussionen und die zentralen Ergebnisse werden zusammenfassend dargestellt.

Gruppendiskussion 3 – Selbstreflexive Haltung.
Die ausgewählte Textpassage zur Eltern- und Familienorientierung umfasst die Zeilen 153 bis 185 im Transkript. In dieser Passage beteiligen sich drei unterschiedliche Personen an der Gruppendiskussion. Die Passage folgt einem Abschnitt, in dem die wichtige Bedeutung der pädagogischen Fachkräfte für die Zusammenarbeit mit den Eltern thematisiert wird. In diesem Zusammenhang wird erklärt, die Kita-Leitung sei aufgrund der Einrichtungsgröße darauf angewiesen, dass die pädagogischen Fachkräfte ein gutes Verhältnis zu den Eltern pflegen. Im Anschluss an die Textpassage wird thematisiert, dass manche Eltern auf keinerlei Ansprache reagieren.

In den Zeilen 153 bis 185 wird über die Beteiligung von Eltern und den Austausch mit Fachkräften gesprochen. Es wird erklärt, dass Eltern-Kind-Gruppen von Elternseite sehr bewusst angenommen werden. Ein weiteres Oberthema bildet die Einbindung von Eltern in die konzeptionelle Ausgestaltung. An dieser Stelle wird unterschieden zwischen Entwicklungsbedarfen und Aspekten der Zusammenarbeit, die schon gut funktionieren. Bezüglich der Kommunikation mit Eltern wird dargestellt, dass unterschiedliche Möglichkeiten eingesetzt und ausprobiert werden.

Zusammenfassend kann festgehalten werden, dass der Fokus in dieser Textpassage auf die Beteiligung und Einbindung der Eltern in der Einrichtung gerichtet wird. In dieser Passage nehmen drei Personen an der Konversation teil. Es zeigt sich eine deutliche Übereinstimmung in der Haltung, dass erfolgreiche Zusammenarbeit von Gegenseitigkeit abhängig ist und dass die Kita ebenso daran interessiert ist, Informationen zu geben, als auch Informationen von Eltern zu erhalten. Dies betrifft sowohl die persönliche als auch die inhaltliche Ebene. Dieser Aspekt lässt sich beispielsweise durch folgende Aussage verdeutlichen:

B5: […] Also unseren Anspruch, warum machen wir was, dass man Diskussionen, die sich daraus ergeben, dann auch wirklich für beide Seiten sehr fruchtbar sind. Weil wo man es hier schon hört, zum einen man erfährt unheimlich viel von Eltern, Eltern erfahren aber auch nochmal viel, vieles von den Hintergründen der Einrichtung.

Gleichzeitig scheinen die pädagogischen Fachkräfte bei den Eltern einen gewissen Bedarf nach pädagogischem Wissen wahrzunehmen, wodurch die gegenseitige Zusammenarbeit mit Eltern auf Augenhöhe eingeschränkt wird:

B5: […] Eltern es unheimlich gut tut, nicht nur auf der persönlichen Ebene abgeholt zu werden oder auch an Sommerfesten und Ähnlichem beteiligt zu werden, sondern dann tatsächlich dann auch dadurch eine Basis findet, vor Ort mit Eltern und Kindern gemeinsam zu, ja, Pädagogik vermitteln zu können.

In ihren Aussagen weisen die Beteiligten auf ihr Bewusstsein dafür hin, dass in der Zusammenarbeit mit Eltern noch viel getan werden muss und darin auch noch viel Entwicklungspotential gesehen wird.

Zusammenfassend kann festgehalten werden, dass sich die Beteiligten grundsätzlich an einer auf Gegenseitigkeit beruhenden Zusammenarbeit mit den Eltern interessiert zeigen. Die Zusammenarbeit wird selbstkritisch reflektiert, und es wird ein positiver Ausblick gegeben, dass noch mehr getan werden kann und dies auch zu schaffen ist. Klärungsbedarf wird dahingehend geäußert, was genau unter einer solchen Zusammenarbeit zu verstehen ist und welche Wege zu wählen sind. Die anwesenden Personen validieren sich gegenseitig, was auf einen hohen Grad an Übereinstimmung hindeutet.

Die komparative Sequenzanalyse zeigt auf, dass sich die dargestellte Textpassage insbesondere durch eine offene Suche nach adäquaten Austauschmöglichkeiten auf unterschiedlichen Ebenen auszeichnet. Es wird die Orientierung zum Ausdruck gebracht und geteilt, wonach unterschiedliche Wege und Mittel ausprobiert und überprüft werden, um mit Eltern und Kindern in Kontakt zu treten und zu kommunizieren. Kennzeichnend hierfür ist eine **selbstreflexive Haltung**.

Gruppendiskussion 6 – Standardbasierte Haltung.
Die folgenden Darstellungen beziehen sich auf eine Textpassage, die sich von Zeile 089 bis 126 im Transkript erstreckt. Drei unterschiedliche Personen beteiligen sich in dieser Passage an der Diskussion. Sie folgt einem Abschnitt, in dem die Elternvertreterin berichtet, dass sie sich in der Einrichtung

angenommen fühlt, und dass es ihr wichtig ist, dass auf die Kinder eingegangen wird. Interaktion und Information seien in beide Richtungen bedeutsam. Im Anschluss an die Passage fragt die Interviewerin nach Kontakten mit dem Sozialraum, die gut funktionieren.

In der Textpassage wird thematisiert, dass der persönliche Kontakt und die Beziehung zu Eltern und Kindern nicht nur eine Methode sind, sondern Ausdruck einer Haltung seien. Dieser persönliche Kontakt manifestiere sich darin, dass es keine Sperrstunde gebe, und dass jede Person, die an der Tür klingle, mit einem persönlichen Wort an der Tür empfangen werde. Es wird betont, dass persönlicher Kontakt und Beziehungen eine große Rolle spielen. Die Bedeutung eines persönlichen Kontakts wird höher gewertet als das Erlernen der unterschiedlichen Farben:

C1: […] Also wir haben uns ja vor einigen Jahren intensiv mit Menschenbild und Haltung beschäftigt, und daraus sind auch diese Dinge entstanden. Und ich glaube, dass die Erzieherinnen, die hier arbeiten, dass die das auch im Herzen tragen, dass uns das ein Anliegen ist, dass man hier Menschen herzlich willkommen heißt, und dass auch der persönliche Kontakt, die Beziehung hier, eine große Rolle spielt. Das ist uns sehr wichtig. Das ist uns wichtiger, als dass wir heute mit den Kindern rote und blaue Farben lernen.

Es wird eine Aussage eines nicht anwesenden Vaters über die „Sperrstunde" in einer anderen Kita angeführt und im Sinne eines negativen Gegenhorizontes dazu genutzt, die eltern- und familienorientierte Haltung der gesamten Einrichtung zu verdeutlichen. Die Diskussionsteilnehmer_innen bestärken sich dabei gegenseitig, abstrahieren vom Einzelfall auf die Situation und von der Situation auf die Haltung der Kindertageseinrichtung.

In der Passage lässt sich eine gegenseitige Bezugnahme und Steigerung der Gesprächspartner beobachten. Das Thema der „Sperrstunde" wird für die eigene Einrichtung erst negiert, dann eingeschränkt:

C2: […] Und, ich habe, also so was haben wir halt nicht. Also die Kinder können kommen, wann sie wollen. Es ist halt, wenn es ein Tageskind ist, dann sind halt auch gewisse Absprachen notwendig. Das Essen muss bis zu einem bestimmten Zeitpunkt bestellt sein. […] Und ja, also die Kinder können, aber es ist eigentlich in der Regel so, dass sie doch spätestens bis, sage ich mal, spätestens halb zehn alle da sind. Weil es einfach dann durch den Infokreis morgens startet, danach ist ein Angebot, und dann sorgen die Kinder dann auch schon teilweise für sich, dass sie sagen: ,Dann will ich da sein.'

Nachdem die eigene geschlossene Tür beschrieben ist, wird dieses Phänomen apologetisch entfaltet, wobei genau diese Schwelle dazu diene, jede Person zu begrüßen um die Haltung des „Gewünschtseins" auszudrücken:

C6: […] Wir könnten ja einfach die Ankommen-Situation- der Schnapper rein und jeder kommt, wie er möchte. Nein, man klingelt, das heißt, jedes Kind, jeder Erwachsene wird an der Tür abgeholt. Sie haben unsere Ankommenssituation gesehen, es gibt eine Theke, so ein bisschen wie im Hotel: "Hallo, Guten Morgen." Also es gibt immer an jedes Elternteil und an jedes Kind an jedem Morgen beim Ankommen ein persönliches Wort.

Die Elternorientierung wird an der Kommunikationssituation in der Einrichtung festgemacht und als erwünschte Willkommenshaltung dargestellt. Die Textpassage ist durch eine starke gegenseitige Validierung und Bezugnahme gekennzeichnet und weist homologe Muster in der Diskursorganisation auf sowie dichotome Gegenüberstellungen von „negativem" und „positivem" Verhalten.

Insgesamt wird in der Passage eine normierte, regelbasierte Ansprache der Eltern auf persönlicher Ebene deutlich. Es wird der für alle die Einrichtung aufsuchenden Personen geltende Standard beschrieben, der das Öffnen der Einrichtungstür und eine individuelle Begrüßung durch eine pädagogische Fachkraft beinhaltet. Das Eingehen auf individuelle Bedarfe der Eltern und Familien leitet sich aus diesem generalisierten Standard ab. Ausgehend von einer komparativen Sequenzanalyse lässt sich die damit verbundene **Haltung** zur Eltern- und Familienorientierung als **standardbasiert** bezeichnen.

Gruppendiskussion 9 – Durch Vertrauen in die Ressourcen der Elternschaft geprägte Haltung.

Aus dem Transkript zur Gruppendiskussion 9 wurden die Zeilen 041 bis 097 für eine Rekonstruktion der eltern- und familienorientierten Haltung gewählt. Im Rahmen der Passage sprechen vier an der Gruppendiskussion beteiligte Personen sowie die beiden interviewenden Personen aus dem Projektteam. Im Vorfeld beschäftigt sich die Diskussion mit Möglichkeiten der Beteiligung von Eltern im pädagogischen Alltag der Kita. Diesbezüglich wird beispielsweise die Beteiligung der Eltern durch Kontakt und Gespräche sowie bei Instandhaltung der Außenanlage angeführt. Im Anschluss an die Passage fragt die Interviewerin nach, in welchem Verhalten der Fachkräfte sich aus Sicht der Beteiligten eine eltern-, familien- und sozialraumorientierte Haltung manifestiert.

Den Beginn der analysierten Textpassage bildet die Frage des Interviewers nach einem zuvor erwähnten Kochkreis. Es wird erklärt, der Kochkreis trage dazu bei, dass Sprachbarrieren überwunden, Kontakte geknüpft und externe Angebote in Anspruch genommen werden könnten. Bei regelmäßigen Treffen komme es zu einem Austausch zwischen den Müttern. Es wird beschrieben, dass sich der Kochkreis aus „Leuten mit Migrationshintergrund" und „vielen Deutschen" (C5) zusammensetzt und erklärt, dass das Kochen eine sprachunabhängige Kommunikation ermögliche:

D3: [...] Die Problematik war ja immer die, dass die Migranteneltern, also einige nicht gut Deutsch sprechen. Sie konnten sich nicht mitteilen. Also kommt kein Gespräch an der Garderobe zustande. Man spricht sich nicht an, und dann war der Gedanke eben, eben dass so was sich entwickelt hat, auch aus einem anderen Projekt, was finanziell begleitet wurde, wurde dann die Idee geboren. Wir treffen uns also hier regelmäßig zum Kochen, und da hat sich dann gezeigt, dass Mütter sprechen können ohne zu sprechen.

Vor dem Hintergrund der Forschungsfrage zeigt die ausgewählte Textpassage, dass unter den Beteiligten gegenseitiger Austausch und Kommunikation als besonders wichtig für eine Eltern- und Familienorientierung eingeschätzt werden. So scheint ein geteiltes Interesse zu bestehen, eine Kommunikation mit und zwischen Eltern - insbesondere Müttern - unterschiedlicher Nationalitäten zu ermöglichen und zu fördern. Als Beispiel dafür, wie Kommunikation gefördert werden kann, wird ein „Rollentausch" angeführt, in dessen Rahmen „fähige Frauen", die der deutschen Sprache nicht mächtig waren, in einem Kochkreis pädagogische Fachkräfte und andere Mütter anleiteten (C3). Insgesamt zeichnet sich die Textpassage durch eine hohe gegenseitige Bezugnahme und Übereinstimmung aus. Die Abschnitte sind in homologer Weise aufgebaut.

Wie die komparative Sequenzanalyse aufzeigt, zeichnet sich die Haltung der beteiligten Personen insbesondere durch das Bestreben aus, die auf Seiten der Eltern vorhandenen Ressourcen zu fördern, um eine Verselbständigung zu erreichen. Das Kochen kann dabei als Medium zur Förderung von Ressourcen angesehen werden, wobei in diesem Fall in erster Linie Mütter angesprochen und beteiligt werden. Die rekonstruierte Haltung kann als eine **durch Vertrauen in die Ressourcen der Elternschaft geprägte Haltung** bezeichnet werden.

Gruppendiskussion 12 – Am pädagogischen Alltag der Kita orientierte Haltung.
Die zu analysierende Textpassage zur Eltern- und Familienorientierung erstreckt sich im Originaltranskript von Zeile 001 bis 051 und bildet somit den Einstieg in die Gruppendiskussion. An der Diskussion beteiligen sich in dieser Passage vier Personen sowie eine Interviewerin. Im Anschluss an die Passage wird von Elternausschusstreffen berichtet, in deren Rahmen sich Eltern unterschiedlicher Kindertageseinrichtungen austauschen konnten.

Den Beginn der Passage bildet eine Frage der Interviewerin, wie sich Eltern in den pädagogischen Alltag der Kita einbringen können. Als Reaktion auf diese Frage berichtet eine teilnehmende Person von unterschiedlichen regelmäßigen Angeboten, welche die Kita für Eltern organisiert, etwa vom Eltern- bzw. Themencafé und vom Elternfrühstück. Es wird positiv bewertet, dass Eltern sich hieran beteiligen und ihre Themen benennen können. Diese Aussage wird validiert und elaboriert, indem laufende Angebote für Kinder benannt werden, an denen sich Eltern und andere Familienmitglieder beteiligen können:

E1: Vielleicht kann man dazu ergänzen, dass wir das einfach in den pädagogischen Alltag eingebaut haben. Also wir machen kein extra Termin Laternenbasteln am soundsovielten nachmittags, sondern wir sagen, in der Zeit zum Laternenbasteln bieten wir den Eltern an, während der Zeit kommen und auch in, in den Räumen mit den Kindern und mit den Erzieherinnen zu arbeiten. Also dass das selbstverständlich ist, während dieser Zeit. Oder Aschermittwochs-Gottesdienst, der findet hier in den Räumlichkeiten statt, und Eltern sind immer dazu eingeladen. Also zu allen Aktivitäten so, die im Jahreskreis stattfinden, gucken wir immer, wie können Eltern und auch Großeltern, manchmal können ja auch nur die Großeltern mitkommen […].

Bezüglich der Einbindung von Eltern und Großeltern wird Übereinstimmung geäußert, und es werden weitere Beispiele benannt. Abschließend wird erklärt:

E3: Dann ist mir halt aufgefallen in der kurzen Zeit, wo ich hier bin. Dass eigentlich immer irgendwie Eltern auch hier sind […].

Zusammenfassend kann festgehalten werden, dass in der gewählten Textpassage, ausgehend von der Frage der Interviewerin, das Thema „Beteiligung von Eltern" erörtert wird. Die Elternorientierung wird immer wieder mit Formulierungen dargestellt, die eine gewisse Distanz aufweisen, wie z.B. „man". In der Diskursorganisation sind homologe Muster zu finden. Die Teilnehmerinnen der Gruppendiskussion stellen die Beteiligung zunächst am Beispiel des Elterntreffs, Elterncafés und Themencafés dar. Wenngleich auch traditionelle Formen wie Feste angeführt werden, wird die Haltung deutlich, dass Beteiligung von Eltern aber auch von Großeltern ein integrativer Teil des Kita-Alltags sein sollte und nicht zwingend im Rahmen von Extraterminen zu erfolgen hat.

Die komparative Sequenzanalyse verdeutlicht, dass die Textpassage durch das Aufzeigen zahlreicher Möglichkeiten der Teilnahme am Alltagsgeschehen gekennzeichnet ist. Dabei wird immer wieder das Streben nach Anknüpfungspunkten für einzelne Gespräche thematisiert. Entsprechend ist diese Passage durch eine **am pädagogischen Alltag der Kita orientierte Haltung** charakterisiert.

Sozialraumorientierung

Im vorliegenden Abschnitt werden Ergebnisse zur Untersuchung der Forschungsfrage dargestellt, welche impliziten Haltungen zur Sozialraumorientierung durch die Analyse von Beschreibungen der pädagogischen Handlungspraxis rekonstruiert werden können. Analog zu dem in Abschnitt 7.2 dargestellten Vorgehen hinsichtlich der Eltern- und Familienorientierung wurden auch hier vier Textpassagen aus den Gruppendiskussionen untersucht und vergleichend nebeneinandergestellt. Für einen allgemeinen Überblick werden zunächst in Tabelle 14 die charakterisierenden Merkmale der einzelnen Gruppendiskussionen dargestellt. Diese werden anschließend im Rahmen der zusammenfassenden Ergebnisdarstellung erläutert.

Tabelle 14: Charakterisierende Merkmale der Textpassagen

	Orientierung	Charakterisierendes Merkmal
GD2	Individuelle Bedürfnisse, Orientierung am Einzelfall und an der zielorientierten Nutzung von fachlichen Ressourcen im Sozialraum.	Fallorientierte Haltung
GD3	Punktuelle Nutzung von Gelegenheiten, die sich im Sozialraum ergeben.	Situative, am pädagogischen Alltag der Kita orientierte Haltung.
GD6	Ausgleich von Defiziten aufgrund subjektiv wahrgenommener Bedürfnisse. Angebotsorientierte Exkursionen zu Institutionen im Sozialraum.	Durch situative Bereitstellung eigener Ressourcen geprägte Haltung.
GD9	Orientierung an den fachlichen Ressourcen, die aus der Zusammenarbeit mit Beratungsinstitutionen im Sozialraum erwachsen. Betreuende Unterstützung der Eltern.	Durch Vertrauen in die Fachkräfte der kooperierenden Institutionen geprägte Haltung.

Gruppendiskussion (GD)
Quelle: eigene Darstellung

Gruppendiskussion 2 – Fallorientierte Haltung.
Die ausgewählte Textpassage zur Sozialraumorientierung umfasst die Zeilen 467 bis 513 im Transkript. Die Passage folgt einem Abschnitt, in dem ein Fallbeispiel aus der Kindertageseinrichtung erläutert wird. Es handelt von einem ehemaligen Kita-Kind, welches auch später als Hort-Kind Unterstützung erfahren habe. Zugleich sei den Eltern bei Behördengängen geholfen worden, wodurch z.B. die Beitragsübernahme durch die Verwaltung ermöglicht werden konnte. Im Anschluss an die gewählte Passage wird die Erfahrung geschildert, dass Eltern für ihre Kinder gerne den beitragsfreien Ganztagesplatz in Anspruch nehmen, hierbei jedoch nicht die von ihnen zu zahlenden Kosten für ein warmes Mittagessen bedenken.

In der analysierten Textpassage gibt es Sprecherwechsel zwischen vier an der Gruppendiskussion beteiligten Personen. Zunächst wird in der Diskussion die individuelle Lage einer Familie geschildert. Es wird ein Fall beschrieben, in dem die pädagogischen Fachkräfte bei einem Kind Auffälligkeiten feststellten und eine Kooperation mit der Oma des Kindes anstrebten:

A3: [...] Wir haben auch festgestellt, dass das Kind sehr stark entwicklungsverzögert ist. Es fanden dann viele Gespräche mit der Oma statt. Wir haben ja geraten, sie soll das Kind doch mal nach [nennt Namen einer Stadt] und testen lassen und gucken, wo da noch Hilfe zu holen ist, und es ist lange, lange, lange nichts passiert. Bis wir dann gemerkt haben, die Frau, die traut sich einfach nicht und ihr dann Begleitung angeboten haben. Also damals war ich das. Ich bin dann mit dem Kind und mit der Oma direkt nach [nennt Name einer Stadt] gefahren. Also. Was oft auch nicht üblich ist, dass dann jemand hier vom Haus dann mitgeht. Aber dadurch kam dann auch einiges ins Rollen. Ja.

Anschließend wird von den Diskussionsteilnehmer_innen das Mehrgenerationenhaus mit der dort ansässigen Lebensberatung als unterstützende Institution genannt. Es wird erklärt, dass Mitarbeiterinnen des Mehrgenerationenhauses in die Kita kommen und Kontakte zu Eltern und Familien sowie zu anderen Fachdiensten ermöglichen.

Der Aufbau von Kontakten zu Familien, die sich in Belastungssituationen befinden, wird als schwierig beschrieben. Die Ursache wird darin gesehen, dass Eltern gegenüber den Fachkräften ihre Lebenssituation offenbaren müssen, damit ihnen geholfen werden kann. Zugleich wird die Aussage der Interviewerin bestätigt, dass die Erzieherinnen einen engen Kontakt zu den Familien haben. Es wird ein Vergleich zwischen Schulen und Kitas in Bezug auf die Offenheit von Eltern angeführt:

A1: [...] Die Eltern haben auch uns gegenüber weniger Hemmungen und Hemmschwellen wie dann in der Schule, und Lehrer sind einfach nochmal eine andere Ebene. Eltern fühlen sich von Lehrern oft belehrt und dementsprechend halt auch von der Haltung passt das oft nicht [...].

Anschließend wird wieder Bezug auf das Beispiel mit der Oma genommen. Dies zeige, dass nach einer unterstützenden Maßnahme weitere Entwicklungen angestoßen werden, die Menschen positive Erfahrungen machten und dadurch die Angst verlören.

Im Zentrum der vorliegenden Interpretation steht die Frage, welche impliziten Haltungen zu Sozialraumorientierung durch die Analyse von Beschreibungen der pädagogischen Handlungspraxis expliziert werden können. In der ausgewählten Textpassage zeigt sich, dass die Wahrnehmung und das aktive Zugehen auf Eltern und Familien als wichtig eingeschätzt werden, insbesondere beim Kontaktaufbau zu Fachdiensten im Sozialraum. Die Argumentationslinie wird gestützt, indem zur Kita der Gegenhorizont Schule aufgebaut wird.

Die Textpassage zeichnet sich durch eine gegenseitige Bezugnahme und Übereinstimmung aus. Die Abschnitte sind in homologer Weise aufgebaut. In Bezug auf Sozialraumorientierung zeigt sich in den Ausführungen, dass die Beteiligten die Hilfestellung für Familien in den Vordergrund stellen. Als Bestandteil impliziter Haltungen zu Sozialraumorientierung kann die Verantwortung der Kindertageseinrichtung expliziert werden, die darin besteht, die individuelle Situation der jeweiligen Familie wahrzunehmen und bei Bedarf aktiv auf diese zuzugehen. Zudem kann die Notwendigkeit des Perspektivenwechsels der Fachkräfte in die der Eltern festgehalten werden. Offen bleibt die Frage, wie die beteiligten Fachkräfte professionelles Handeln für ihre Arbeit definieren.

Zusammenfassend zeigt die Auswertung, dass in Bezug auf Sozialraumorientierung die Haltung einer sogenannten „Geh-Struktur" von den Fachkräften der Kindertageseinrichtung gelebt wird. Die Orientierung an individuellen Bedarfe, am Einzelfall und die zielorientierte Nutzung von fachlichen Ressourcen im Sozialraum charakterisieren die **fallorientierte Haltung** der teilnehmenden Personen.

Gruppendiskussion 3 – Situative, am pädagogischen Alltag der Kita orientierte Haltung.
Folgende Ausführungen beziehen sich auf eine Passage zur Sozialraumorientierung, welche sich im Transkript in den Zeilen 306 bis 349 befindet. An der Diskussion beteiligen sich in dieser Passage vier unterschiedliche Personen sowie eine Interviewerin.

Die Passage ist in folgenden Kontext eingebettet: Im Vorfeld wird eine Befragung zur Zufriedenheit der Eltern thematisiert, die auf Anregung des Elternausschusses durchgeführt wurde. Die Interviewerin fragt im Anschluss daran gezielt nach der Einbeziehung des Sozialraumes in die Kita-Arbeit anhand von Beispielen. Nach dem Abschnitt wird beschrieben, dass die Kita sehr zentral liegt und die Wege zu anderen Institutionen (z.B. Beratungsstelle) kurz sind.

Das Erkunden des Sozialraums und die Wahrnehmung von Angeboten bilden das Oberthema der gewählten Textpassage. Es werden Ausflüge in den Sozialraum thematisiert sowie Besuche von Angeboten im Sozialraum der Kita:

B2: Wir gehen mit unserer Gruppe. Jetzt rede ich nur von meiner Gruppe, aber ich habe beobachtet, die Kolleginnen machen auch. Wir gehen fast jeden Tag raus in unserem Stadtteil bis in die Mitte bis am [nennt Namen eines Gewässers] sogar spazieren, auf die Spielplätze spielen, einfach nur Spaziergänge z. B. zum Bahnhof oder in die Stadt Eis essen. Also wir erleben das soziale Umfeld sehr nah.

Zu den Angeboten zählen auch Ausstellungen im Rathaus, das „Bilderbuchkino" in der Stadtbücherei oder das Kinofestival. Die Zusammenarbeit mit anderen Institutionen im Sozialraum bildet einen weiteren Schwerpunkt der Sozialraumorientierung:

B1: Was mal gut war, was Herr [nennt Name von B5] schon angesprochen hat, ist die Zusammenarbeit zu der Beratungsstelle hier, zu der öffentlichen Beratungsstelle. Die hatten wir vor wenigen Wochen auch zum Thema Kindesmissbrauch im Team, bzw. Kindeswohlgefährdung [unv.] Kindeswohlgefährdung da hatten wir sie im Team. Das ist auch immer für uns eine Möglichkeit, die Adresse an Eltern weiterzugeben, wenn ein Bedarf besteht. Da sind wir regelmäßig im Austausch. Ich weiß nicht, Frauen-, Frauencafé?

Abschließend wird angemerkt, dass bislang andere Institutionen eher weniger in die Kita eingeladen wurden.

Die Analyse der Textpassage steht unter der Fragestellung, welche impliziten Haltungen zu Sozialraumorientierung durch die Analyse von Beschreibungen der pädagogischen Handlungspraxis expliziert werden können. Obwohl die Aussagen meist in „Wir-Form" formuliert werden, scheinen die pädagogischen Fachkräfte individuell zu handeln. Ein geregelter verbaler Austausch über die Aktivitäten scheint nicht zu erfolgen. Vielmehr scheint das Wissen bezüglich sozialraumbezogener Aktivitäten anderer Gruppen auf Beobachtungen zu beruhen.

Die Textpassagen zeigen, dass im Team keine geteilte Definition von Sozialraumorientierung zu bestehen scheint. Vielmehr lassen sich interindividuelle Unterschiede feststellen, und es werden verschiedene Vorstellungen darüber geäußert, wie der Sozialraum in die pädagogische Arbeit einbezogen werden kann.

Es besteht überwiegend eine „Geh-Struktur", die geprägt ist von nebeneinander stehenden erlebnispädagogischen Aktivitäten für die Kinder. Im Interview herrscht zwar gegenseitige Bezugnahme und Übereinstimmung, aber es wird auch deutlich, dass - zumindest die Unternehmungen mit den Kindern - eher situativ, nicht planmäßig und ohne Absprache zwischen den Gruppen zu erfolgen scheinen. Am Rande wird kritisch angemerkt, dass zu wenig gemacht wird, um Institutionen in die Kita einzuladen.

Die durch eine punktuelle Nutzung von Gelegenheiten, die sich im Sozialraum ergeben, geprägte Haltung lässt sich als **situative, am pädagogischen Alltag der Kita orientierte Haltung** bezeichnen.

Gruppendiskussion 6 – Durch situative Bereitstellung eigener Ressourcen geprägte Haltung.
Die Textpassage zur Sozialraumorientierung umfasst die Zeilen 128 bis 180 im Transkript und beinhaltet Sprecherwechsel zwischen vier beteiligten Personen sowie Fragen von zwei Interviewer_innen. Sie ist in folgenden Kontext eingebettet: Im Vorfeld wird betont, dass die persönliche Begrüßung jeder einzelnen Person nicht nur Methode sei, sondern Ausdruck einer gewachsenen Haltung, eines Anliegens. Nach der Textpassage folgt die Nennung konkreter Veranstaltungen für Eltern, wie z.B. ein Familienfrühstück und eine Krabbelgruppe.

Das Oberthema der Textpassage umfasst die wahrgenommenen Bedarfe im Sozialraum und Folgerungen, die daraus abgeleitet werden. Die Passage beginnt mit einer Frage der Interviewerin nach Kontakten mit dem Sozialraum, die gut funktionieren. Als Reaktion auf die Frage werden Beispiele für sozialraumbezogene Unterstützungsangebote für Eltern angeführt. Diese wurden aus Beobachtungen von C6 abgeleitet:

C6: Also wenn ich aus meiner Sicht das noch mal sage, wir haben jetzt Kita!Plus gemacht und haben nicht überlegt, es gibt so viel Geld, was sollten wir anschaffen? Sondern ich habe gesagt, die Jungs, Freunde meines Sohnes, die kommen zu mir zum Ausdrucken. Weil sie vielleicht einen Computer aber keinen Drucker mehr haben. Also wir brauchen hier die Möglichkeit, auch mal eine Bewerbung ausdrucken zu können, deshalb Laptop und Drucker. Oder Menschen fragen mich: „Wissen Sie eine Arbeit?" Mütter: „Wissen Sie eine Arbeit für mich?" Und dann kriegt man hier ja nur den Stadtanzeiger, aber nicht die Rhein-

Zeitung, wo man dann noch mal drin auch stöbern kann. Also es ist bewusst aus den Fragen, die der Sozialraum hat, hier dann auch entstanden [...].

Es wird ein großer Beratungsbedarf in den Bereichen Lebensberatung und bei Behördenangelegenheiten angesprochen sowie die Möglichkeit, unter Umständen in finanzielle Vorlage zu gehen. Das Angebot mit den Bewerbungen sei bisher am meisten genutzt worden.

Auf die Frage nach weiteren Kontakten zum Sozialraum, die gut funktionieren, wird erklärt, dass die Einrichtung einen guten Stand in der Stadt habe, und dass Besuche in die Sparkasse, zum Bäcker und in die Eisdiele unternommen werden.

Insgesamt ist die Diskursanalyse so aufgebaut, dass die eingeführte Thematik von den anderen Gesprächsteilnehmer_innen mit Beispielen belegt wird, die von anderen Personen validiert und weiter elaboriert werden. Es werden Ressourcen geschaffen, die an den wahrgenommenen Bedarfen bzw. Defiziten der Eltern orientiert sind, wobei eigene Grenzen angesprochen werden. Dabei wird über das Bestreben diskutiert, entsprechende Defizite auszugleichen. Der Stand der Einrichtung wird an Besuchen von öffentlichen Einrichtungen und an angebotsorientierten Exkursionen zu Institutionen im Sozialraum deutlich gemacht. Insgesamt lässt sich die im Rahmen der komparativen Sequenzanalyse rekonstruierte Haltung als eine **durch situative Bereitstellung eigener Ressourcen geprägte Haltung** bezeichnen.

Gruppendiskussion 9 – Durch Vertrauen in die Fachkräfte der kooperierenden Institutionen geprägte Haltung.
Nachfolgende Ergebnisdarstellung bezieht sich auf eine Textpassage, welche die Zeilen 268 bis 331 im Transkript umfasst. Sie beinhaltet Sprecherwechsel zwischen zwei Personen sowie eine durch eine Interviewerin gestellte Diskussionsfrage.

Im Vorfeld unterhalten sich die Anwesenden über die Haltung gegenüber Kindern und Eltern. Dabei wird unter anderem das gemeinschaftlich entwickelte Leitbild thematisiert, welches zu einer Haltung beitrage, dass Kinder und Eltern so angenommen werden, wie sie sind. Nach der Textpassage wird über den Bedarf an Unterstützung gesprochen, der in den Familien vorherrscht. Zudem wird die interkulturelle Zusammensetzung der Familien mit der Haltungsfrage verknüpft.

Das Oberthema der Textpassage liegt in der Kooperation mit anderen Einrichtungen im Sozialraum. Auf eine Frage der Interviewerin, welche Rolle der Sozialraum und die Kooperationspartner spielen, werden die Frühen Hilfen, deren Eingang sich auf der anderen Seite des Parkplatzes befinde, und das Caritas Zentrum mit seinem offenen Sprechstundenangebot als wichtige Kooperationspartner genannt.

Da die Hemmschwellen für Eltern oft zu hoch seien, sich an eine Beratungsinstitution in der Stadt zu wenden, sollte versucht werden, Eltern da abzuholen, wo sie die Fachkräfte brauchen:

D4: Ganz wichtig für Eltern, weil es gibt doch immer noch diese Hemmschwellen. Weil ich sage mal, diese ganzen Beratungsinstitutionen sind in [nennt Name der Stadt] wirklich sehr gut ausgestattet. Das Problem ist oft nur, dass die Menschen es nicht schaffen, und man muss immer mal kurz von sich selbst ausgehen. […] Und dann ist man tatsächlich in der Lage und sagt, ok, ich hole mir Hilfe dazu. Dann ruft man irgendwo an und im besten Fall noch fünf Mal an der falschen Stelle, klar, und beim sechsten Mal hört man dann: „Ja, Sie können gerne kommen, aber so ungefähr in einem halben Jahr." Und dann sind, denke ich, da schon die Schwellen wieder so gesetzt, dass man einfach den Zugang nicht mehr schafft. […] Was sollte eigentlich daran hindern, denn diese Schwellen sind ja auch in beide Richtungen zu begehen. Es ist ja keine Einbahnstraße. Warum gehen Fachkräfte wie wir nicht von uns aus über diese Schwelle? Und das ist eigentlich, was was wir in der letzten Zeit versucht haben, über die Schwelle von unserer Seite, aus der Professionalität heraus zu gehen und Eltern da abzuholen, wo sie uns brauchen. Und dann entsprechende Hilfsgremien nutzen zu können und diesen Zugang schnell, einfach herstellen zu können. […].

Ergänzend wird erklärt, dass dies nur dank der neuen Personalstunden im Rahmen von Kita!Plus möglich sei.

Die reflektierende Interpretation bezieht sich auf die Frage, welche impliziten Haltungen zur Sozialraumorientierung durch die Analyse von Beschreibungen der pädagogischen Handlungspraxis expliziert werden können. Die Textpassage zeigt auf, dass insbesondere das Vorhandensein unkomplizierter und persönlicher Kontakte zu kooperierenden Einrichtungen und die Integration von Hilfsangeboten in die Kita selbst als besonders hilfreich angesehen werden. Dabei scheint es von wichtiger Bedeutung zu sein, derartige Angebote möglichst zeitnah in Anspruch nehmen zu können. Die Sozialraumorientierung scheint sich dabei in erster Linie durch die Kooperation mit Beratungsinstitutionen und durch eine „Komm-Struktur" auszuzeichnen. Die starke Gewichtung der Kooperation mit anderen Einrichtungen könnte allerdings zumindest teilweise auch auf die Art der Fragestellung zurückzuführen sein. Insgesamt zeichnet sich die Textpassage durch eine hohe gegenseitige Bezugnahme und Übereinstimmung aus.

Im Zuge der komparativen Sequenzanalyse kann festgestellt werden, dass sich die Textpassage insbesondere durch eine **Haltung** auszeichnet, welche durch **Vertrauen in die Fachkräfte der kooperierenden Institutionen** geprägt ist.

7.2.2 Zusammenfassung und Diskussion der Ergebnisse zur Rekonstruktion impliziter Haltungen

Die dargestellten Ergebnisse zur qualitativen Auswertung von Gruppendiskussionen verdeutlichen, wie vielschichtig und komplex die Thematik der eltern-, familien- und sozialraumorientierten Haltung in Kitas ist. Die Haltungen, die anhand der Dokumentarischen Methode rekonstruiert werden konnten, sind durch große interindividuelle Unterschiede zwischen den Einrichtungen bzw. den jeweiligen Gruppendiskussionen gekennzeichnet. Entsprechend kann festgehalten werden, dass die untersuchte Thematik der eltern-, familien- und sozialraumorientierten Haltung nicht allein aus theoretischer Perspektive oder losgelöst vom sozialen Umfeld beleuchtet werden kann. Vielmehr besteht eine Notwendigkeit, die Perspektiven der Fachkräfte und anderer Beteiligter im Blick zu haben und den spezifischen Bedingungen vor Ort Rechnung zu tragen. Dies bedeutet auch, dass einschlägige Erkenntnisse kaum generalisierbar bzw. nicht von Kita zu Kita übertragbar sind.

Bei aller Unterschiedlichkeit kam in den Gruppendiskussionen übereinstimmend das Bestreben zum Ausdruck, das pädagogische Handeln bzw. die Aktivitäten der Kita am Wohle der Kinder und Familien auszurichten. Mittel und Wege, die hierzu gewählt wurden, variierten jedoch sehr stark in Abhängigkeit von den Bedingungen vor Ort und von den sich an der Gruppendiskussion beteiligenden Personen. Dieses Ergebnis kann sowohl bezüglich der Eltern- und Familien- als auch bezüglich der Sozialraumorientierung festgestellt werden.

Verglichen mit der Sozialraumorientierung zeigt eine Gegenüberstellung der Ergebnisse, dass die Beteiligten überwiegend präzisere Vorstellungen bezüglich der Definition und pädagogischen Manifestation der Eltern- und Familienorientierung in der pädagogischen Handlungspraxis zu haben scheinen. Dies könnte zum Teil darauf zurückzuführen sein, dass sich das Konstrukt des Sozialraums zumindest auf den ersten Blick deutlich abstrakter darstellt als der Eltern- und Familienbegriff. Zudem korrespondiert der Befund mit den Ergebnissen der in Abschnitt 7.1.1 dargestellten Dokumentenanalyse. Diese zeigt auf, dass auch auf Trägerebene sehr unterschiedliche Verständnisse bezüglich der Definition und des Umfangs einer Sozialraumorientierung bestehen, und dass dieser Thematik noch nicht in allen Manualen zur Qualitätsentwicklung ein eigenes Kapitel gewidmet wird.

Bei der Ergebnisinterpretation soll an dieser Stelle kritisch angemerkt werden, dass einige Merkmale der durchgeführten Gruppendiskussionen bestimmten Anforderungen der Dokumentarischen Methode widersprechen. Zum einen wurden die Diskussionen nicht mit Realgruppen durchgeführt (s. hierzu Abschnitt 6.2.1). Vielmehr wurden die Anwesenden von der jeweiligen Leitung der Kindertageseinrichtung eingeladen und teilten nicht zwingend einen gemeinsamen (Arbeits-) Alltag. Zum anderen gehörten die Personen unterschiedlichen Hierarchieebenen an.

Diese Aspekte könnten den Diskussionsverlauf beeinflusst haben bzw. die Offenheit oder Motivation der Anwesenden, sich zu bestimmten Sachverhalten zu äußern. Im vorliegenden Projekt erscheint die gewählte Vorgehensweise zur Beantwortung der Forschungsfragen allerdings durchaus sinnvoll, da sie den Einbeziehung unterschiedlicher Perspektiven erlaubt. Auch aus forschungsökonomischen Gründen wäre die Analyse von Diskussionen, die sich aus mehreren Personen einer einzigen Hierarchieebene zusammensetzen, nicht möglich gewesen.

Insgesamt lässt sich festhalten, dass die Dokumentarische Methode bezüglich der Entwicklung eines Instrumentariums eine nützliche Herangehensweise darstellt, um exemplarisch Möglichkeiten und Grenzen der Eltern-, Familien- und Sozialraumorientierung und damit verbundener Haltungen aufzuzeigen.

8. Diskussion und Schlussfolgerungen

Die Ergebnisse der Dokumentenanalyse (Abschnitt 7.1) und die Rekonstruktion impliziter Haltungen (Abschnitt 7.2) sollen nun diskutiert werden. Schlussfolgerungen, die sich hieraus ergeben, wurden bei der Konzeption des Instrumentariums zur Qualitätsentwicklung im Diskurs berücksichtigt.

Ein wesentlicher Aspekt, der sich in allen durchgeführten Analysen widerspiegelte, betrifft die Thematik der Sozialraumorientierung. Während sich in der Dokumentenanalyse zeigte, dass nicht alle Manuale und Handbücher ein eigenes, einschlägiges Kapitel hierzu beinhalten, lassen sich im Zuge der Dokumentarischen Auswertung der Gruppendiskussionen korrespondierende Ergebnisse feststellen. So scheinen die Haltungen der beteiligten Personen in Bezug auf diese Thematik diffuser zu sein, verglichen mit denjenigen zur Eltern- und Familienorientierung.

Diese Befundlage verdeutlicht, dass in der Praxis vielerorts ein Klärungsbedarf bei der Definition des Sozialraumbegriffs besteht. Darüber hinaus scheint es notwendig, verstärkt die Zusammenhänge von Sozialraum (-orientierung) und pädagogischer Handlungspraxis zu veranschaulichen und konzeptionell zu verankern.

Zumindest auf den ersten Blick scheint sich der Begriff der Sozialraumorientierung deutlich abstrakter darzustellen als derjenige der Eltern- und Familienorientierung. Während vermutlich alle Menschen über Vorstellungen und eine entsprechende Haltung zu ihrer Herkunftsfamilie und ihren Eltern verfügen, ist der Begriff des Sozialraums nicht zwangsläufig bekannt. Bezogen auf eine pädagogische, professionelle Haltung bedeutet dies, dass zunächst eine Auseinandersetzung mit den Grundlagen der Sozialraumorientierung im Bereich von Kindertageseinrichtungen erforderlich ist. Innerhalb des Instrumentariums zur Qualitätsentwicklung im Diskurs wird diesem Aspekt Rechnung getragen.

Die Bereiche der Eltern- und Familienorientierung finden eine starke Berücksichtigung, sowohl in den untersuchten Dokumenten zur Qualitätsentwicklung als auch in den analysierten Textpassagen der Gruppendiskussionen. Im Vergleich zur Sozialraumorientierung scheint die Tradition der Eltern- und Familienorientierung im Handlungsfeld von Kindertageseinrichtungen stärker verankert und gewachsen zu sein. Hinzu kommen biographisch bedingte Vorstellungen von Eltern und Familie, über welche Menschen auch unabhängig von ihrer beruflichen Profession verfügen.

Derartige Vorstellungen bergen im pädagogischen Kontext die Gefahr eines Trugschlusses: Nicht zwangsläufig ist ein Bewusstsein dafür vorhanden, dass sich Vorstellungen vom Eltern- und Familienbegriff interindividuell unterscheiden können. Entsprechend sollte im Team pädagogischer Fachkräfte ein Austausch hierüber stattfinden. Ergänzend sind die eigenen Vorstellungen vor dem Hintergrund der Eltern und Familien im Kontext der eigenen Handlungspraxis zu reflektieren. Dies legt auch die Rekonstruktion impliziter Haltungen zur Eltern- und Familienorientierung nahe, welche entsprechende Unterschiede zwischen den Gruppendiskussionen aufzeigt. Aus diesem Grund ist das Instrumentarium so angelegt, dass es zu einer Auseinandersetzung mit den eigenen Vorstellungen, denjenigen der anderen Teammitglieder und den Bedingungen vor Ort einlädt.

Sowohl in der Dokumentenanalyse als auch im Zuge der Auswertung der Gruppendiskussionen wurde immer wieder deutlich, wie stark sich die Bedingungen in den Kindertageseinrichtungen unterscheiden. Neben der Trägerschaft spielen hier unter anderem die geographische Lage und die Größe der Einrichtung eine Rolle. Hinzu kommt der stetige Wandel, bedingt durch den Wechsel von Kindern und ihren Familien sowie Veränderungen im Sozialraum. Ein Instrumentarium zur Qualitätsentwicklung im Diskurs muss diesem Umstand Rechnung tragen. Anhand unterschiedlicher Methoden und Reflexionsfragen sollen pädagogische Teams dabei unterstützt werden, immer wieder die Bedingungen vor Ort zu klären, zu analysieren und hieraus Schlüsse für ihre eigene Arbeit zu ziehen. Dadurch ist der Einsatz des Instrumentariums trägerübergreifend möglich.

Was aufgrund der Dokumentenanalyse festgestellt werden kann, ist, dass eine Vielzahl unterschiedlicher Instrumente zur Qualitätsentwicklung in den Bereichen Eltern-, Familien- und Sozialraumorientierung existieren. Vielfach handelt es sich hierbei um Checklisten oder Tabellen. Um der Vielfältigkeit von Bedingungen vor Ort gerecht werden zu können, erscheint es notwendig, darüber hinaus über Leitfragen haltungsbezogene Reflexionsprozesse anzustoßen.

Die Bedeutung der Haltung für eine eltern-, familien- und sozialraumorientierte Arbeit wurde im Rahmen der Gruppendiskussionen immer wieder betont. Gleichzeitig zeigt die Dokumentenanalyse, dass die Instrumente der Handbücher und Manuale zur Qualitätsentwicklung das Thema Haltung nicht explizit aufgreifen. Auf dieser Basis wurde beschlossen, das Thema Haltung als kontinuierlichen Reflexionshorizont in das Instrumentarium zur Qualitätsentwicklung im Diskurs aufzunehmen.

9. Entwicklung eines Instrumentariums zur Qualitätsentwicklung im Diskurs in Kindertageseinrichtungen

Das Ziel des Instrumentariums zur Qualitätsentwicklung im Diskurs besteht darin, Kindertageseinrichtungen bei der Einführung bzw. Weiterentwicklung ihrer Qualität in den Bereichen Eltern-, Familien- und Sozialraumorientierung zu unterstützen. Die folgenden Ausführungen beinhalten einen Überblick über den Aufbau und die inhaltliche Ausgestaltung des Instrumentariums. Darüber hinaus wird die Erprobungsphase dargestellt, in deren Rahmen zehn Kindertageseinrichtungen in Rheinland-Pfalz im Umgang mit dem Instrumentarium geschult wurden. Die folgende Abbildung 1 visualisiert den Inhalt und die Grundgedanken des Instrumentariums.

Abbildung 1: Instrumentarium Qualitätsentwicklung im Diskurs

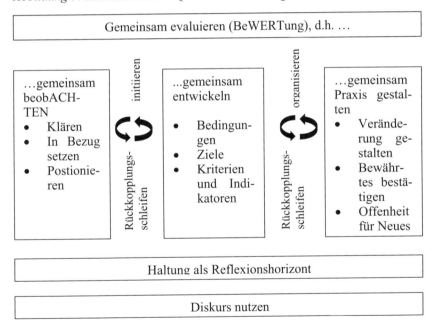

Qualitätsentwicklung im Diskurs am Beispiel Eltern-, Familien- und Sozialraumorientierung
Quelle: eigene Darstellung Schneider, Herzog, Kaiser-Hylla, Pohlmann

Die Konzipierung des Instrumentariums erfolgte auf der Basis der Empfehlungen zur Qualität der Erziehung, Bildung und Betreuung in Kindertagesstätten in Rheinland-Pfalz (im Folgenden: „Qualitätsempfehlungen"; vgl. Ministerium 2014). An diese Empfehlungen wurden auch die Bereiche der Eltern-, Familien- und Sozialraumorientierung angelehnt, die anhand des Instrumentariums bearbeitet werden können (siehe Tabelle 15). Eine ausführliche Beschreibung der Bereiche mit ihren Inhalten ist Bestandteil des Instrumentariums. Darüber hinaus wurden die Ergebnisse der Dokumentenanalyse und der Analyse von Gruppendiskussionen (siehe Kap. 7) berücksichtigt.

Die Vielfalt der Kindertageseinrichtungen stellt eine wichtige Herausforderung bei der Ausgestaltung des Instrumentariums dar. Das Hauptanliegen besteht darin, das Instrumentarium für alle Kindertageseinrichtungen mit ihren jeweiligen Sozialräumen, Konzepten und Trägerschaften nutzbar zu machen – unabhängig davon, ob sie bereits über eine mehrjährige Erfahrung in der Qualitätsentwicklung verfügen oder „noch am Anfang stehen".

Tabelle 15: Bereiche der Eltern-, Familien- und Sozialraumorientierung in Anlehnung an die Qualitätsempfehlungen.

Eltern- und Familienorientierung	Sozialraumorientierung
Erziehungs- und Bildungspartnerschaft	Sozialraum- und Gemeinwesenorientierung
Familienorientierung	Bedarfsorientierung
Elternbeteiligung	Bedarfsplanung
Gestaltung der Übergänge	Vernetzung mit anderen Institutionen

Quelle: Ministerium (2011)

In der folgenden Auflistung werden die Bereiche dargestellt, wie sie im Instrumentarium verwendet werden:

- **Eltern- und Familienorientierung**
  - o Erziehungs- und Bildungspartnerschaft
  - o Familienorientierung
  - o Elternbeteiligung
  - o Gestaltung der Übergänge
- **Sozialraumorientierung**
  - o Sozialraum- und Gemeinwesenorientierung
  - o Bedarfsorientierung
  - o Bedarfsplanung
  - o Vernetzung mit anderen

Der Grundgedanke besteht darin, pädagogische Teams dabei zu unterstützen, die Bedingungen der Eltern-, Familien- und Sozialraumorientierung in ihrer

Einrichtung vor Ort zu klären, zu analysieren und hieraus Schlüsse für ihre eigene Arbeit zu ziehen. Dies geschieht anhand unterschiedlicher Methoden und Reflexionsfragen, wodurch ein trägerübergreifender Einsatz möglich wird. Die Einzigartigkeit der Einrichtungen mit ihren jeweiligen Leitbildern bleibt dadurch gewahrt.

Die Arbeit mit dem Instrumentarium zielt darauf ab, den Diskurs auf allen Ebenen und in allen Phasen zu nutzen. Hieraus ergibt sich eine WERTschätzende Haltung, die für die Arbeit mit dem Instrumentarium handlungsleitend sein soll.

Es werden nun die wichtigsten Eckpunkte dargestellt, die den Einsatz des Instrumentariums betreffen. Handlungsleitend sind die oben genannten acht Bereiche der Eltern-, Familien- und Sozialraumorientierung.

Eine erste Aufgabe besteht für pädagogische Teams darin, ihre Arbeit in der Einrichtung zu beobachten und zu reflektieren. Auf dieser Basis können sie anschließend eine Positionierung vornehmen und einen Bereich der Eltern-, Familien- oder Sozialraumorientierung auswählen, in dem sie eine Weiterentwicklung der Qualität für besonders sinnvoll halten. Somit wird jeweils ein einziger Teilbereich der Eltern-, Familien- oder Sozialraumorientierung herausgegriffen, um die Qualität hierin weiterzuentwickeln. Entsprechend erfolgt eine Fokussierung auf einen Teilbereich.

Die im Instrumentarium vorgeschlagenen Methoden unterstützen die pädagogischen Fachkräfte in ihrer Kompetenz und helfen dabei, im Team individuelle Lösungen für die jeweilige Einrichtung zu entwickeln. Voraussetzung hierfür ist es, dass alle Teammitglieder aktiv von Beginn an in die Entwicklungs- und Veränderungsprozesse eingebunden werden und ihr Wissen im Diskurs einbringen können. Ein wesentlicher Aspekt des Instrumentariums besteht darin, dass Reflexionsfragen zum Thema Haltung in allen Bereichen vorhanden sind. Diese können und sollen, den aktuellen Bedarfen des Teams entsprechend, ausgewählt werden. Sie beziehen sich auf die individuelle Haltung der Teammitglieder in den ausgewählten Bereichen und können zudem für den gemeinsamen Diskurs eingesetzt werden.

Inhalt und Aufbau des Instrumentariums orientieren sich an drei Säulen mit den Themen: „Gemeinsam beobachten", „Gemeinsam entwickeln" und „Gemeinsam Praxis gestalten". Dabei bildet die „Haltung als Reflexionshorizont" ein grundlegendes Element zur Bearbeitung der Themen. Jede Säule folgt im Aufbau der gleichen Systematik. Zunächst wird ein kurzer theoretischer Input gegeben. Es folgen Aufgabenstellungen und mögliche Reflexionsfragen, mit denen sich jede Einrichtung, individuell auf ihre Situation bezogen, das jeweilige Thema/den jeweiligen Bereich erschließen kann. Es sollen jedoch nicht alle Reflexionsfragen und die dafür vorgeschlagenen Methoden „abgearbeitet" werden. Vielmehr geht es darum, sich mit den spezifischen Themen der jeweiligen Kindertageseinrichtung beschäftigen zu können.

Wesentlich für den Einsatz des Instrumentariums ist, dass Veränderungen gemeinsam gestaltet und Bewährtes bestätigt und erhalten werden soll. Zugleich wird angestrebt, im Team eine Offenheit für Neues zu fördern. Neue Lösungen sollen nachhaltig in die pädagogische Praxis integriert werden.

Das Instrumentarium beinhaltet Rückkopplungsschleifen. Dies bedeutet, dass während eines Prozesses der Qualitätsentwicklung immer wieder eine Überprüfung der geleisteten Arbeit möglich ist. Gegebenenfalls kann eine vertiefte Auseinandersetzung mit bestimmten Themen erfolgen. Ebenso ist es möglich, nach Abschluss eines Prozesses gemeinsam mit dem Team eine neue Positionierung vorzunehmen und neue Fragestellungen hierzu zu entwickeln.

Um diesem dynamischen Prozess gerecht zu werden, wird das verschriftete Instrumentarium in einem eigens dafür vorgesehenen Ordner bereitgestellt. Der Ordner bietet die Möglichkeit, jederzeit auf die jeweilige Themenstellung Zugriff zu nehmen, es kann „zurückgeblättert" werden, was die Nutzung der Rückkopplungsschleifen erleichtert. Der Ordner ist als Grundlage für die Qualitätsentwicklung angedacht und soll sich im Laufe der Zeit mit den Dokumenten der jeweiligen Einrichtung füllen. Wichtig ist eine kontinuierliche Dokumentation des Prozessverlaufes, welche die Erarbeitung des jeweiligen Folgeschrittes unterstützt und eine Zielüberprüfung ermöglicht.

Es wird nun eine Phase beschrieben, die dazu genutzt wurde, das Instrumentarium in der Praxis zu erproben und Anpassungen vorzunehmen. Diese Phase erstreckte sich von Oktober 2014 bis März 2015. Insgesamt nahmen zehn Kindertageseinrichtungen aus drei Regionen in Rheinland-Pfalz auf freiwilliger Basis an der Erprobungsphase teil. Die Auswahl der Einrichtungen wurde so vorgenommen, dass sie der oben angesprochenen Vielfalt im Feld der Kindertageseinrichtungen entsprachen.

Von jeder Einrichtung wurde ein sogenanntes „Tandem" benannt, das sich aus einer Leitungsperson und einer weiteren pädagogischen Fachkraft zusammensetzte. Den Tandems wurde der Ordner zum Instrumentarium als Arbeitsmaterial zur Verfügung gestellt. Das Projektteam der Hochschule Koblenz begleitete diese Tandems während der Erprobungsphase und unterstützte sie darin, die Steuerung und Umsetzung des Instrumentariums in der jeweiligen Einrichtung zu realisieren. Sie sollten im Sinne der Nachhaltigkeit in die Lage versetzt werden, zukünftig selbstständig das Instrumentarium für weitere Schwerpunkte der Eltern-, Familien- und Sozialraumorientierung zu nutzen. Es fanden in jeder der drei Regionen monatliche Treffen statt, die den Teams der Einrichtungen auch die Möglichkeit boten, sich untereinander zu vernetzen und eine Kooperation aufzubauen.

Im Rahmen des ersten Treffens erfolgte ein theoretischer Einstieg in die Themenstellung, die Auswahl von Leitfragen und die zeitliche Organisation der Erprobungsphase, um zu klären, inwieweit die regelmäßigen Teamsitzungen zur Bearbeitung genutzt werden können bzw. welche zeitlichen Ressourcen darüber hinaus zur Verfügung stehen. Den Tandems wurde die Aufgabe mitgegeben, bis zum nächsten Treffen gemeinsam mit dem Team ihrer jeweiligen Einrichtung in die Arbeit mit dem Instrumentarium einzusteigen. Dieser Einstieg sollte mit Hilfe von Methoden und Materialien des Instrumentariums erfolgen.

Allen weiteren Treffen lag ein systematischer Aufbau zugrunde. Sie wurden mit einer Reflexionsphase zur Aufgabenstellung und deren Umsetzung mit dem Team eröffnet. Anschließend erfolgte jeweils eine Theorieeinheit zur neuen Thematik. Zudem wurden Möglichkeiten zur Bearbeitung mit Leitfragen und Methoden aufgezeigt, und es wurde eine neue Aufgabenstellung zur Bearbeitung im Team mitgegeben.

Diese Vorgehensweise ermöglichte den Tandems, die Themen aus ihrer individuellen Perspektive zu bearbeiten. Darüber hinaus konnten sie die Bearbeitung der Aufgabenstellung und den Einsatz von Methoden und Materialien in einem geschützten Rahmen erproben, vor dem Einsatz im Team der Einrichtung. Die Leitfragen auf dem Reflexionshintergrund von Haltung unterstützten die Tandems darin, die unterschiedlichen Sichtweisen der pädagogischen Mitarbeiter_innen in Bezug auf Eltern-, Familien- und Sozialraumorientierung wahrzunehmen und im Team zu thematisieren. Die zeitliche Organisation der Erprobungsphase eröffnete Zeit und Raum für eine offene Diskussion. Dieser Diskurs initiierte einen Prozess, der einen Konsens für eine Haltung des Teams zu Eltern-, Familien- und Sozialraumorientierung möglich macht. In den Reflexionsphasen wurde von den Tandems mehrfach rückgemeldet, dass durch die Arbeit mit dem Instrumentarium insgesamt Veränderungsprozesse innerhalb des Teams und in der Einrichtung angestoßen wurden.

Am Ende der Erprobungsphase hatten alle pädagogischen Mitarbeiter_innen der beteiligten Einrichtungen die Möglichkeit, schriftlich anhand von Leitfragen Rückmeldungen zum Verlauf zu geben. In die Überarbeitung und „endgültige" Ausgestaltung des Instrumentariums flossen diese Rückmeldungen aus der Praxis bezüglich der Handhabung und möglicher Schwierigkeiten bei der Umsetzung ein.

Die Verstetigung des Instrumentariums zur Qualitätsentwicklung im Diskurs wird nach Abschluss der Erprobungsphase angestrebt. An der Hochschule Koblenz wird eine Weiterbildung für Multiplikator_innen des Instrumentariums eingerichtet, da der Einsatz in der Praxis möglichst unter Begleitung erfolgen sollte. Zudem wird das „überarbeitete" Instrumentarium (in Form eines Ordners) im ersten Quartal 2016 veröffentlicht.

10. Ausblick: „Ein doppelter Diskurs"

Im Sinne eines „doppelten Diskurses" bezieht sich der vorliegende Ausblick nicht vorrangig auf Erkenntnisse, die das Forschungsteam im Projektverlauf gewonnen hat. Vielmehr werden in Abschnitt 10.1 zunächst Eindrücke und Ausblicke von Personen dargestellt, die den Projektverlauf aus dem Blickwinkel der Praxis mitverfolgt, begleitet und unterstützt haben. Ein wissenschaftlicher Ausblick findet sich in Abschnitt 10.2.

10.1   Eindrücke aus der Praxis

Wie aus der Entwicklung des Instrumentariums „Qualitätsentwicklung im Diskurs" erkennbar ist, ist dieses auch in einem Diskurs entwickelt worden, daher sollen in dieser Publikation auch diejenigen zu Wort kommen, die vor Ort, im fachpolitischen Landesbeirat den Prozess der Entwicklung des Instrumentariums begleitet haben und zu seinem Entstehen beigetragen haben. Mit dabei sind Personen, die als Trägerverantwortliche im Landesbeirat vertreten sind und auch Leitungen von Kindertageseinrichtungen, die an der Erprobungsphase in den einzelnen Regionen teilgenommen haben.
Die Personen im Einzelnen:

- Stefan Backes, M.A. Englisch, Elternausschussmitglied der Kita Steinkaut in Bad Kreuznach.
- Roberta Donath; Dipl. Sozialpädagogin, Referentin für Qualitätsentwicklung für Kindertagessstätten in der Evangelischen Kirche in Hessen und Nassau; Mitglied in der Expertengruppe und interne Auditorin für das Evangelische Gütesiegel der Bundesvereinigung Evangelischer Tageseinrichtungen in Deutschland; fachpolitische Vertretung für die EKHN im Fachausschuss II des LJHA- RLP; roberta.donath.zb@ekhn-net.de
- Eva Hannöver-Meurer; Diplom-Soziologin,   Referentin für Kinderhilfe beim DiCV Limburg, Sprecherin der Fachgruppe Kita der LIGA RLP, Aufgabe in Bezug zu Kindertageseinrichtungen: spitzenverbandliche Vertretung und Lobbying.
  Email: eva.hannoever-meurer@dicv-limburg.de.
- Markus Holländer, Erzieher, systemischer Berater, Bildungs- und Sozialmanager B.A., Leiter der Prot. Kita Kastanienburg,

Konsultationskita des Landes Rheinland-Pfalz, Träger: Protestantische Gesamtkirchengemeinde Speyer.

- Heike Huf, Erzieherin, Referentin in der Qualifizierung von Kindertagespflegepersonen beim Landkreis Mainz-Bingen, Leiterin der kommunalen Kindertagesstätte St. Franziskus in Bad Kreuznach, Träger: Stadt Bad Kreuznach.
- Elena Ibel, Augenoptikerin, Mitglied im Elternausschuss der Kita St. Franziskus in Bad Kreuznach.
- Doris Kleudgen, Erzieherin, Qualitätsbeauftragte, Leiterin der katholischen Kindertagesstätte in Sessenbach/Westerwald, Träger: Kath. Kirchengemeinde St. Peter und Paul im Kannenbäckerland (Höhr-Grenzhausen).
- Gerald Kroisandt, Dr. rer. nat., Elternausschussmitglied der Kita Steinkaut in Bad Kreuznach.

Roberta Donath und Eva Hannöver-Meurer waren im Landesbeirat des Forschungs- und Entwicklungsprojektes beteiligt. Markus Holländer, Heike Huf und Doris Kleudgen haben in ihren Kindertageseinrichtungen im Rahmen der Erprobungsphase „Qualitätsentwicklung im Diskurs" erlebt und mitgestaltet. Stefan Backes und Gerald Kroisandt haben als Elternausschussmitglieder in der Kita das Instrumentarium eher von der Ferne erlebt. Angefragt waren für ein Interview auch Vertreter_innen des Landeselternbeirates und der kommunalen Spitzenverbände.

Zum Ende des Projektes wurden die nachfolgenden Interviewfragen an die einzelnen Personen gerichtet, hier die Antworten in einer Zusammenschau:

Was ist Ihre Rolle im Prozess der „Qualitätsentwicklung im Diskurs"?

Während die beiden Vertreterinnen der Verbände ihre Rolle auf der Landesebene deutlich machen und das Instrumentarium in Bezug zu den bisherigen Anstrengungen im Bereich der Qualitätsentwicklung verorten, sehen die Leitungskräfte ganz praktisch ihre Rolle in der Kindertageseinrichtung und heben die Rolle der Leitung hervor.

Backes und Kroisandt: Wir wurden über den Elternausschuss über das Projekt informiert und waren so eher passiv involviert.

Donath: Meine Rolle in Bezug auf das Verfahren des Landes RLP „QE im Diskurs" ist die Mitgliedschaft im Beirat für die EKHN, d.h. die Entwicklung fachlich begleiten, in Bezug zu den bereits vorhandenen Verfahren setzen, Rückmeldung geben etc. Des Weiteren war ich beteiligt bei der Entwicklung der Qualitätsempfehlungen des Landes RLP. Für die Qualitätsfacetten (QE) in der EKHN bin ich die zuständige Referentin und für das bundesweit gültige Evangelische Gütesiegel Mitentwicklerin und Auditorin.

Hannöver-Meurer: Meine Rolle: Spitzenverbandliche Vertretung der LIGA der freien Wohlfahrtspflege als Sprecherin der Fachgruppe Kita. Aus Sicht der LIGA ist es wichtig, dass die Qualitätsentwicklung im Diskurs kompatibel ist zu den QM-Prozessen, die bereits in den Kindertageseinrichtungen laufen. Die ersten Rückmeldungen der teilnehmenden Kitas zeigen, dass die Qualitätsentwicklung im Diskurs die schon vorhandenen QM-Systeme sinnvoll ergänzen kann.

Holländer: Grundsätzlich sind meiner Meinung nach die Leitung und der Träger verantwortlich für die Qualitätsentwicklung. Ergänzend ist eine Qualitätsentwicklerin/- beauftragte eine unterstützende Fachkraft im Prozess. Die Rolle ist von der jeweiligen Situation in der Kita und von den bisherigen erarbeiteten Themen abhängig. Sie umfasst:

- Moderation
- Partizipation
- Anregung eines Diskurses
- Aneignung von Methodenkompetenz, Anleitung und Einsatz unterschiedlicher Methoden
- Lehren und Lernen
- Dialogische Haltung
- Partizipation

Huf: Ich betrachte mich in meiner Rolle als Leitung in diesem Prozess hauptsächlich als Motor der angestrebten Veränderungsprozesse. Meine positive Haltung zu QM generell und zu einer diskursiven Entwicklung im Besonderen trägt maßgeblich zu einer gelingenden und für alle Beteiligten positiven Qualitätsentwicklung bei.

Ibel: Als Elternausschussmitglied habe ich die Aufgabe, die unterschiedlichen Meinungen der anderen Eltern herauszufinden, zu sammeln und mit dem Team der Kita darüber in den Austausch zu gehen. Durch die diskursive Vorgehensweise können wir gemeinsam herausfiltern, was in der Praxis letztlich umsetzbar ist. Unser Thema in der Qualitätsentwicklung waren die internen Übergänge in der Kita, und ich persönlich war bereits bei der Entwicklung der Reflexionsfragen aktiv eingebunden, die dann die Grundlage für weitere Elterngespräche bieten.

Kleudgen: Motor: motivieren, begeistern, Erfolge feiern; Organisatorin: gemeinsame Zeitfenster für Team- und Gruppenprozesse ermöglichen – sowohl im Team wie auch mit Eltern und weiteren Beteiligten; Planerin: Arbeitsprozesse planen, strukturieren, gestalten und koordinieren, Inhalte auswählen, Ergebnissicherung; Transporteur: Vermittlung des Instrumentariums.

Moderatorin: den roten Faden im Auge behalten; Implementierung: Arbeitsergebnisse in der praktischen Arbeit verankern; Controlling: regelmäßige gemeinsame Reflexionsschleifen veranlassen.

Was unterscheidet aus Ihrer Sicht „Qualitätsentwicklung im Diskurs" von anderen Qualitätsentwicklungs- oder Qualitätsmanagementmodellen?

Alle befragten Personen beziehen sich auf die beiden grundlegenden Reflexions- und Durchführungsprinzipien des Instrumentariums, die Haltung und den Diskurs. Anschlusselemente zu anderen Qualitätsentwicklungsinstrumenten werden benannt.

Backes und Kroisandt: Ein Vorteil dieses Qualitätsentwicklungsprozesses wäre, wenn Eltern von Anfang an am Diskurs beteiligt wären. So könnten die Ziele noch individueller auf die Kinder, die Eltern und die Kindertagesstätte abgestimmt werden.

Donath: Es kommt darauf an, mit welchen Verfahren man es vergleicht. Grundsätzlich liegt der „QE im Diskurs" ja der Demingkreis (PDCA) zu Grunde, der alle Verfahren verbindet. Natürlich ist die Entwicklung mit der Praxis, die intensive Begleitung durch Referentinnen und durch den Qualitätsbeirat ein Unterscheidungsmerkmal. Ein weiteres ist die Praxistauglichkeit- nicht abgehoben, sondern praxisnah. Allerdings ist das auch bei anderen Verfahren, z.B. auch in der EKHN oder beim Evangelischen Gütesiegel der Fall.

Hannöver-Meurer: Aus meiner Sicht setzt „Qualitätsentwicklung im Diskurs" anders als andere QM-Systeme sehr individuell bei den einzelnen Mitarbeiter_innen der Kindertageseinrichtung an. Dies bezieht sich sowohl auf die einzelne Person als auch auf das Team. Die Qualitätsentwicklung erfolgt nicht bezogen auf eine „Messlatte", die es zu erreichen gilt, sondern setzt an den Haltungen der einzelnen Mitarbeiter_innen und des Teams an.

Positiv ist die grundlegende Philosophie der wertschätzenden Haltung den Mitarbeiter_innen gegenüber. Es geht weniger um das „da müsst ihr hin, das müsst ihr alles unbedingt noch machen", sondern vielmehr um das „da stehe ich/da stehen wir gerade, das nehmen wir wahr, und da wollen wir gemeinsam, so unterschiedlich wir sind, hin".

Holländer: Die Methodenvielfalt, die in der „Qualitätsentwicklung im Diskurs" angeboten wird, ermöglicht eine vertiefte, lebendige und reflexive Diskussion mit dem Team, bei dem die Freude am Lernen ebenfalls ihren

Platz findet. Besonders beeindruckend sind die Fragen zur Haltung und der Fokus auf die Haltung in QM. Dabei können einige Fragen sehr in die Tiefe gehen und biografische Erlebnisse und Erfahrungen projizieren, die eine sensible, lösungs- und entwicklungsorientierte Begleitung der Leitung des QM-Prozesses erforderlich machen. Die angebotene Methodenvielfalt zur Erarbeitung von „EFaS", die Verbindung von Theorie – Handlungskompetenz und Haltung, die gewünschten Diskurse und die reflexiven Schleifen im Prozess sind Komponenten, die der „Qualitätsentwicklung im Diskurs" ein eigenes Profil geben.

Huf: „Qualitätsentwicklung im Diskurs" beteiligt konsequent die direkten Akteure an der Basis und erkundet so die aktuellen Themen in der Praxis. Das bedeutet, die Veränderungsprozesse kommen aus den jeweiligen Teams und werden nicht von oben herab verordnet. Daraus resultiert aus meiner Sicht eine deutlich höhere Identifikation mit der angestrebten Veränderung. Die Fachkräfte sind dabei aktive Akteure und Gestalter dieser Veränderung vom ersten Schritt an. Diese aktive Beteiligung an QE führt aus meiner Sicht auch zu einer veränderten professionellen Haltung.

Ibel: Die Beteiligung von Eltern in Qualitätsentwicklungsprozessen ermöglicht es den Eltern, die eigenen Sichtweisen darzustellen und so Einfluss zu nehmen auf die Prozesse der Veränderung. Dadurch können auch neue Wege ausprobiert werden, ohne Wege vorzugeben.

Kleudgen: Die Instrumente (Methoden/Materialien) sind sehr flexibel in allen Arbeitsbereichen einsetzbar, selbsterklärend und sehr anwenderfreundlich. Auch ohne Einführung, Implementierung und Pflege eines umfassenden Managementsystems mit diversen Qualitätsbereichen und Handbüchern bietet „Qualitätsentwicklung im Diskurs" somit die Möglichkeit, unter Einbindung aller Beteiligten die Qualität der pädagogischen Arbeit zu entwickeln und zu sichern.
    Die gemeinsame Überprüfung und Entwicklung von „Haltungen" kommt der Entwicklung eines Leitbildes und übergeordneten Qualitätszielen sehr nahe, welche in alle Arbeitsbereiche hinein wirken.
    Reflexionsschleifen ermöglichen die Umsetzung eines geschlossenen Qualitätskreislaufes: Planen – Ausführen – Überprüfen – Anpassen (PDCA-Zyklus).

Wie stellen Sie sich die zukünftige Qualitätsentwicklung in (bzw. in Ihrer) Kindertageseinrichtungen vor?

Neben den eigenen Ansätzen der Trägergruppen, die vielfach kompatibel sind, wird der Beitrag von „Qualitätsentwicklung im Diskurs" als gute Er-

gänzung beschrieben, aber auch die Sorge vorgetragen, dass es ohne feste Implementierung keine Zukunft hat.

Backes und Kroisandt: Für die Zukunft wünschen wir uns, dass die Eltern generell stärker und auch früher in solche Prozesse einbezogen werden. Wir wünschen uns, dass Eltern, pädagogische Fachkräfte und Kitateams diesbezüglich ins Gespräch kommen. So können Wege gemeinsam gestaltet werden, und die Gedanken der Eltern könnten immer wieder in die Überlegungen des Kitapersonals einbezogen werden (z.b. bei der Erarbeitung oder Fortschreibung der pädagogischen Konzeption, bei Veränderungen der Gruppenstruktur oder bei Umbaumaßnahmen).

Donath: Ganz wichtig: Nicht erst zukünftig wird Qualität entwickelt! Die QE-Verfahren dienen dazu, Qualität sichtbar zu machen, Teams sprachfähig zu machen, ihre Qualität darzustellen.

Grundsätzlich sollte QE dazu dienen, die Einrichtungen zu entlasten, da sie zunehmend lernen, systematisch, strukturiert und verbindlich ihre Abläufe und Prozesse zu bearbeiten und zu beschreiben.

Hannöver-Meurer: Die zukünftige Qualitätsentwicklung muss meines Erachtens in einem doppelten Diskurs stattfinden. In der Einrichtung selbst ist der Diskurs nach innen über die Qualität der eigenen Arbeit zu führen. Gleichzeitig muss der Diskurs sich aber auch nach außen geführt werden. Welche Rahmenbedingungen brauchen wir, damit die Qualität, die wir anstreben, auch leistbar ist. Hier ist die Politik genauso gefordert wie die Träger der öffentlichen und der freien Jugendhilfe.

So wie die Einrichtung ihre eigenen Ziele und ihr Leitbild weiter entwickeln muss, müssen auch die BEE und die Qualitätskriterien trägerübergreifend auf Landesebene weiterentwickelt werden.

Holländer: In unserer Protestantischen Kindertagesstätte ist Kita^{+QM} als Qualitätsinstrument fest implementiert. Wir gehen davon aus, kurzfristig die Zertifizierung des Evangelischen Gütesiegels zu erreichen. Grundprinzipien von Kita^{+QM} sind:

- Qualitätseinschätzung mit den Beteiligten
- Auswahl eines Prozesses
- Partizipation möglichst aller Beteiligten, z.B. Fachkräfte, Eltern, Kinder, Presbyter
- Dialogische Grundhaltung
- Erarbeitung von Qualitätsstandards in Qualitätszirkeln (Besetzung siehe oben)
- Beschreibung eines Qualitätsstandards laut den Kriterien von Kita $^{+QM}$

- Evaluation des Erreichten und gegebenenfalls Verbesserung des Prozesses
- Qualitätsentwicklung als ständiger Prozess.

Huf: Unsere Kindertagesstätte ist eine von 16 Kindertagesstätten unseres kommunalen Trägers. Derzeit erarbeiten wir Leitungskräfte in einem internen QE-Prozess – ebenfalls in einem diskursiven Prozess – unsere gemeinsame Rahmenkonzeption, die als Orientierungsqualität für weitere QE-Prozesse gedacht ist. Der Träger stellt hierzu die zeitlichen, strukturellen und fachlichen Ressourcen bereit. Somit ist unser hausinterner QE-Prozess eine Weiterführung dessen, was unser Träger fordert und fördert. Deshalb bin ich mit Blick auf eine weitere Implementierung sehr zuversichtlich.

Aus meiner bisherigen Erfahrung heraus liegt die größte Herausforderung in der Kontinuität und darin, alle Kollegen aus dem Team in diesem Prozess mitzunehmen. Insofern sind unsere nächsten Schritte zunächst die Weiterführung dessen, was wir begonnen haben, mit einer Zeitschiene bis zu den Sommerferien. Danach werden wir die Prozesse reflektieren und weitere Schritte planen….

Ibel: Ja, genauso wie bisher und darauf aufbauend. Ich möchte auch weiterhin die Möglichkeit der Elternbeteiligung angeboten bekommen und nutzen. Außerdem wünsche ich mir noch mehr Transparenz über diese Prozesse für alle Eltern, damit sie langfristig zufrieden bleiben oder künftig zufriedener werden.

Kleudgen: Ich bin sehr überzeugt von einem umfassenden Qualitätsmanagementsystem, wie z.B. dem unseren (Q-iTa), weiß aber als Einrichtungsleitung und in Personalunion als Qualitätsbeauftragte auch, dass eine Umsetzung eines solch umfassenden Systems derzeit nicht jeder Leiterin (oder beauftragten Mitarbeiterin) aus zeitlicher, fachlicher und persönlicher Sicht möglich ist. Ideal wäre eine freigestellte, gut ausgebildete Qualitätsbeauftragte, z.B. für den Verbund mehrerer Kindertagesstätten, die diese fachlich begleitet und die Qualitätsentwicklung beständig koordiniert und sichert.

„Qualitätsentwicklung im Diskurs" kann bei den derzeitigen Rahmenbedingungen für viele Einrichtungen eine gute Alternative zu einem umfassenden Qualitätsmanagementsystem sein. Ich befürchte nur leider, dass es aufgrund der alltäglichen Anforderungen und Rahmenbedingungen auch sehr schnell wieder aus dem Blick geraten kann, wenn es nicht als fester Bestandteil der Arbeit und mit den erforderlichen zeitlichen Ressourcen implementiert wird.

Welche Bedeutung haben Eltern-, Familien- und Sozialraumorientierung in Kindertageseinrichtungen derzeit? Welche Bedeutung sollten sie in der Zukunft haben?

Im Instrumentarium wurden schwerpunktmäßig die Bereiche Eltern-, Familien- und Sozialraumorientierung genutzt. Im Rahmen künftiger Forschung wäre es wünschenswert und möglich, das Instrumentarium auf viele andere Bereiche der Qualitätsentwicklung zu übertragen. Die Antworten zeigen die Notwendigkeit der Thematik, aber auch, dass die Themen nicht allein auf den Kindertageseinrichtungen lasten können.

Backes und Kroisandt: Wir haben das Gefühl, dass die Themen Eltern-, Familien- und Sozialraumorientierung im Bewusstsein beider Seiten (Eltern und pädagogische Fachkräfte) angekommen sind und man nun im Diskurs gut zusammenarbeiten kann, um diese Ansätze mit Leben zu füllen.

Wir wünschen uns in Zukunft noch mehr Austausch zwischen Kita und Eltern mit dem Ziel, die Entwicklung der Kinder Hand in Hand noch besser zu begleiten. Dabei geht es darum, gegenseitig zu erfahren, mit welchen Themen sich das Kind beschäftigt, damit gezielt auf Bedürfnisse, Interessen, Sorgen etc. eingegangen werden kann.

Donath: Derzeit: Die Bedeutung ist in den letzten Jahren stark angestiegen. Sie war zwar gesetzlich schon lange verankert, allerdings ist und war es ein langsamer Prozess, diese „kundenorientierte" Haltung in den Einrichtungen zu verankern. Viele Einrichtungen haben das aber bereits verstanden und tun viel in diesen Bereichen ihrer QE.

Zukünftig: Gemäß dem gesetzlichen Auftrag und dem Selbstverständnis vieler Träger (z.B. der EKHN) eine große. Allerdings mit entsprechenden Rahmenbedingungen, d.h. Klärung der Rollen, Kompetenzen, Entscheidungsbefugnisse, Mitspracherechte etc.

Hannöver-Meurer: Eltern-, Familien- und Sozialraumorientierung hat derzeit eine große Bedeutung. Das ist positiv, darf aber den Blick auf andere Bereiche, deren Qualität ebenfalls in den Blick zu nehmen wäre, nicht verstellen. Insbesondere die Rahmenbedingungen, in denen Kitas Eltern-, Familien- und Sozialraumorientierung entwickeln sollen, müssen so gestaltet werden, dass Kitas die Ziele, die sie sich, orientiert am Bedarf der Eltern, Familien und des Sozialraumes, setzen, auch umsetzen können.

Eltern, Familien und Sozialraum sollen eine wichtige Bedeutung haben. Gleichzeitig darf der Auftrag der Kita zu Bildung, Erziehung und Betreuung nicht grenzenlos ausufern. Das Profil der Kita muss entsprechend deutlich betont werden. Die Kita kann nicht alle misslichen gesellschaftlichen Entwicklungen auffangen und ausbügeln. Sehr wohl kann sich die Kita um „ihre" Kinder und Familien bemühen. Politische und wirtschaftliche (Fehl)Entwicklungen, die zunehmend mehr Kinder und Familien von gesellschaftlicher Teilhabe ausschließen, können nicht durch Qualitätsentwicklung in Kindertageseinrichtungen ausgeglichen werden.

Holländer: Eltern- und Familienorientierung haben in unserer Kita einen sehr hohen Stellenwert. Ohne die Beteiligung von Eltern in unterschiedlichen Bereichen ist eine gute Erziehung, Bildung und Betreuung nicht mehr umzusetzen. Als Anlage senden wir Ihnen ein Schaubild, welches unsere Erziehungspartnerschaft darstellt.

Unser Beobachtungsverfahren, das den Bildungs- und Lerngeschichten entspricht, verbindet die Beobachtungen über die Entwicklung der Kinder sehr stark mit Erziehungspartnerschaft. Die Beobachtungen, der anschließende Dialog mit den Kindern, Kolleginnen und Eltern ermöglicht es, die Interessen und Themen der Kinder zu entdecken. Die Interessen und Themen der Kinder wirken sich in den nächsten Schritten auf die Bildungsgelegenheiten aus, die wir den Kindern anbieten. In optimalen Situationen werden diese Bildungsgelegenheiten von der Kita und der Familie wahrgenommen und ermöglicht.

Unsere Kita ist innerhalb des Stadtteils und auf Stadtebene mit unterschiedlichen Institutionen vernetzt. Wir sind dadurch in vielfältiger Weise im Gemeinwesen präsent, beteiligen dabei Eltern sowie Kinder und schaffen vielfältige Begegnungsmöglichkeiten. Als protestantische Kita sind wir eng mit der Kirchengemeinde im Stadtteil verbunden. Kitas haben vielfältige Aufgaben und Aufträge zu erfüllen. Sozialraumorientierung bedeutet deshalb auch, auf die Ressourcen zu achten und möglichst Win-Win-Situationen herzustellen.

Wie werden zukünftig einzelne Bereiche deutlicher in den Fokus nehmen. Bisher hatten wir Familie etwas „verengt" als Vater, Mutter, Kind betrachtet.

Huf: Einhergehend mit dem kürzlichen Träger- und Leitungswechsel, verändert sich derzeit die Bedeutung der EFaS erheblich. In alter katholischer Tradition war in der Vergangenheit im Selbstverständnis der Kollegen die Kirchengemeinde der Sozialraum - ungeachtet des hohen Migrantenanteils in unserem Wohngebiet mit erheblichem Entwicklungsbedarf. Wir befinden uns derzeit in einer Neuorientierung. Geprägt vom Geist der GWA bauen wir derzeit Kooperations- und Vernetzungsstrukturen auf und entwickeln in unserem Haus zunehmend Geh-Strukturen mit Blick auf niederschwellige Angebote für Eltern.

Unsere zusätzlichen Personalstunden und Sachmittel aus Säule 1 Kita!Plus ermöglichen uns die Fokussierung auf diese Aufgaben.

Aus meiner Sicht sollte dies auch in der Zukunft eine sehr zentrale Rolle einnehmen und zunehmend unseren Alltag füllen. Ich bin ohnehin davon überzeugt, dass gerade in Kitas eine sehr große Chance für Frühe Hilfen liegt.

Ibel: Ich sehe die Bedeutung der Kindertagesstätte in erster Linie darin, den Familien die Vereinbarkeit von Familie und Beruf zu ermöglichen. Für die

Kinder bietet die Kita eine sehr gute Möglichkeit der Vorbereitung auf die Schule schon alleine durch die sozialen Kontakte mit anderen Kindern. Außerdem bietet die Kita uns Eltern eine gute Gelegenheit, andere Eltern zu treffen und sich untereinander auszutauschen. Das ist ein sehr breites Feld, in dem die Kita für viele Familien eine große Bedeutung hat, besonders dann, wenn die Familien nicht auf Großeltern zurückgreifen können oder andere Verwandte.

Es hat sich in der letzten Zeit schon sehr viel getan im Bereich von Kindertagesstätten, besonders im Ausbau der Ganztagsplätze und in der Anpassung der Öffnungszeiten an die Arbeitswelt der Eltern. Da sich aber die Arbeitswelt ständig verändert, muss sich auch die Kita immer wieder daran orientieren und weitere Veränderungen vornehmen. Die Kita sollte trotzdem weiterhin familienergänzend bleiben und die Eltern in der Erziehungsarbeit unterstützen. Dabei wünsche ich mir selbstverständlich auch die Achtung der familiären Besonderheiten, wie Religionszugehörigkeiten oder andere Werte.

Durch die Veränderung von Angeboten für Eltern mit ihren Kindern auch außerhalb der regulären Betreuungszeiten, beispielsweise am frühen Abend, wäre es den berufstätigen Eltern möglich, sich stärker zu beteiligen und so dem teilweise herrschenden Vorurteil von den „berufstätigen Rabeneltern" zu begegnen. Die Kita könnte durch eine am Bedarf der Familien ausgelegte Angebotsorientierung dabei helfen, dieses Bild von berufstätigen Eltern in der Öffentlichkeit zu verändern. Und das geht dann am besten, wenn Eltern mit einbezogen sind - auch in die Planungen von Angeboten für Familien.

Kleudgen: Nach meiner Einschätzung ist in erster Linie die „Erziehungspartnerschaft" von Fachkräften und Eltern, nicht zuletzt durch die rheinland-pfälzischen Bildungs- und Erziehungsempfehlungen, auf der Basis von „Beobachten und Dokumentieren" im Fokus der Einrichtungen und trägt gute Früchte in Bezug auf die Entwicklung „gemeinsamer" Erziehungs-, Bildungs- und Betreuungsangebote zum Wohle der individuellen Entwicklung der Kinder.

Die Entwicklung der Eltern- und Familienarbeit gestaltet sich aufgrund der doch oftmals sehr unterschiedlichen Bedürfnislagen und gesellschaftlichen Entwicklungen hingegen recht schwierig. Es ist eine zunehmend persönliche Begleitung der einzelnen Eltern und Familien erforderlich, welche den jeweiligen Lebensumständen und Unterstützungsbedarfen entspricht. Thematische Elternabende und -Angebote treffen nur noch das Interesse und die Zeitressourcen Weniger, und der Mittel-Einsatz ist im Blick auf die allgemeinen Anforderungen in den Kitas oft zu hinterfragen.

Daneben trägt auch der zunehmende Betreuungsumfang (erstes bis sechstes Lebensjahr, Ganztagsbetreuung, Öffnungszeiten) dazu bei, dass innerhalb der Kita sehr unterschiedliche Eltern- und Familienangebote benötigt werden. Dies wird erkannt, und es besteht durchaus das Bemühen, diesen unterschiedlichen Bedürfnislagen auch mit unveränderten Rahmenbedingungen in den Kitas gerecht zu werden.

Der entsprechende Sozialraum hat nach meinem Empfinden derzeit vorrangig eine Bedeutung als Ursache der Bedürfnislagen, welche Eltern und Familien mit sich bringen und prägt somit die Anforderungen an die jeweilige KiTa.

Ich wünsche mir ein möglichst umfangreiches Maß an Kinder-, Eltern- und Familienbeteiligung in den Kitas, damit Bedürfnislagen besser erkannt und in „Partnerschaft" aufgegriffen und gemeinsam bearbeitet werden können. Bildungs- und Erziehungsarbeit kann nur dort gut gelingen, wo wir uns an unserem Klientel, unseren Kunden, orientieren und ihnen mit Wertschätzung begegnen. Damit dies möglich ist, bedarf es nach meiner Einschätzung folgender Faktoren:

- Einer gezielten Analyse des Sozialraumes und somit der Lebenssituation der Kinder, Eltern und Familien sowie deren gezielter Auswertung.
- Einer kritischen Auseinandersetzung der pädagogischen Fachkräfte mit ihren eigenen Lebenserfahrungen, -entwürfen und -prägungen.
- Der Entwicklung einer gemeinsamen Zielsetzung der pädagogischen Fachkräfte, verbunden mit der Entwicklung einer möglichst gemeinsamen „Haltung" – mir persönlich ist hier eine christliche Prägung sehr wichtig, wenngleich daneben die Bildungs- und Erziehungsempfehlungen auch eine sehr gute Orientierung geben.
- Wege (Instrumente) zu einer möglichst umfangreichen Kinder- und Elternbeteiligung, die unter den gegebenen Rahmenbedingungen im Alltag umsetzbar sind.
- Der Entwicklung von Kooperationen, welche die Arbeit der Kita bereichern, ergänzen und entlasten und daneben wohl möglich Synergie-Effekte bewirken.
- Eine Entwicklung der Kita hin zu einer bedarfsgerechten Informations-, Vermittlungs- und Kontaktbörse, orientiert an den Bedarfen der Familien.
- Einer veränderten Wahrnehmung des Betreuungs-, Bildungs- und Erziehungsauftrages unserer pädagogischen Fachkräfte: wir sind nicht Konstrukteure, wir bereiten vielmehr das Feld für annehmbare eigene Entwicklungs- und Bildungsprozesse und die soziale Einbindung von Kindern, Eltern und Familien.

In welchen Bereichen des Forschungs- und Entwicklungsprojektes ist Ihnen Beteiligung wichtig?

Der Transfer zwischen Forschung und Praxis wird ebenso betont wie die Offenheit von Praxis für Forschung.

Backes und Kroisandt: Es fällt uns schwer, diese Frage zum jetzigen Zeitpunkt zu beantworten, weil wir noch nicht so tief in der Thematik drin sind.

Donath: Regelmäßige Überprüfung der Ergebnisse auf Praxistauglichkeit und Kompatibilität zu bereits vorhandenen und praktizierten Verfahren der einzelnen Trägerorganisationen. Einordnen in die Qualitätsdiskurse in den Einrichtungen. Entlasten, nicht zusätzlich belasten.

Hannöver-Meurer: Eine Beteiligung ist mir einmal auf der Ebene der Entwicklung des Instrumentariums wichtig, aber auch auf der inhaltlichen Ebene. Welche Bereiche sollen in den Blick genommen werden, wohin soll die Qualitätsentwicklung gehen? Und, wie müssen die BEE aufgrund der Qualitätsentwicklungsprozesse vor Ort weitergeschrieben werden.

Holländer: Unsere Kita beteiligt sich gerne in allen Bereichen von Forschungs- und Entwicklungsprojekten, die die Kita betreffen.

Huf: Ich halte es für sinnvoll, wenn die Akteure der QE-Prozesse im Diskurs in regelmäßigen Abständen durch externe Fachkräfte begleitet werden. Durch dieses Coaching können die einzelnen Schritte und Vorgehensweisen zum einen wissenschaftlich untermauert werden, und zugleich kann durch diese regelmäßigen Reflexionsphasen die Theorie mit den Realitäten in der Praxis abgeglichen und so ggf. angepasst werden. Dies dient letztlich der Qualifizierung der Fachkräfte vor Ort und kann die Implementierung von QE in der Praxis gut unterstützen.

Ibel: Wie bereits erwähnt, wünsche ich mir mehr Einbezug in die Planung von Elternangeboten, aber auch in die pädagogische Arbeit. Wobei es nicht darum geht, die Prozesse zu bestimmen, sondern vielmehr darum, den besten Weg zu finden, zum Wohle der Kinder. Aber es geht auch darum, für die Wünsche von Eltern ein offenes Ohr zu finden. Dies wurde in einem Diskurs thematisiert, z.B. bei Entscheidungen, die den Gruppenwechsel der Kinder innerhalb der Kita betrafen. Wenn Eltern informiert sind über die Beweggründe von Entscheidungen und auch ihre Wünsche äußern dürfen, sind die Entscheidungen nachvollziehbar und werden letztlich eher akzeptiert.

Kleudgen: Das Projekt kann hilfreich sein, ein Instrumentarium zur Verfügung zu stellen, welches zum einen ein Bewusstsein für die Bedeutung der „Kinder-, Eltern-, Familien- und Sozialraumorientierung" bewirkt, die Auseinandersetzung der pädagogischen Fachkräfte mit der eigenen Person und den persönlichen Haltungen fördert und zum anderen anwenderfreundliche, konkrete Methoden und Materialien für die Umsetzung einer entsprechend ausgerichteten pädagogischen Arbeit an die Hand gibt.

Wo sehen Sie Chancen durch diskursive bzw. partizipative Prozesse, wo Risiken?

Partizipation ist weder Selbstzweck noch ohne Voraussetzungen „zu machen", Befähigung, „Einübung" und Haltung sind hier wichtige Stichworte. Partizipation ist eine wichtige Grundlage gerade für eine Qualitätsentwicklung.

Backes und Kroisandt: Wir sehen als Chance eine aufeinander abgestimmte Entwicklungsbegleitung der Kinder.

Eine größere Partizipation der Eltern kann Veränderungsprozesse fördern oder auch verlangsamen, und die Kindertagesstätte muss eine eigene, begründete Position einnehmen und folglich in der Lage sein, sowohl durch starke Argumente zu überzeugen als auch die Elterninteressen im Blick zu haben.

Einzelinteressen der Eltern dürfen nicht den gesamten Entwicklungsprozess hemmen bzw. bestimmen.

Donath: Dialog und Partizipation sind nach meinem Verständnis Grundpfeiler für Qualitätsentwicklung. Im Verfahren der EKHN wird dieses stark betont und vor allem auch gelebt, z.B. bei der Entwicklung von gemeinsamen Standards.

Schwierig wird es immer dann, wenn Rollen, Verantwortlichkeiten nicht klar sind, vor allem auch die Grenzen der Beteiligung. Des Weiteren muss immer der Blick auf die Ressourcen der Einrichtungen und der übrigen Beteiligten gelegt werden. Was geht wirklich? Was ist zwar wünschenswert aber eine Überfrachtung, z.B. bei den Überlegungen zu zusätzlichen Zeiteinheiten für Arbeitsgruppen etc. Die Einrichtungen müssen lernen, nicht immer alle „Baustellen" gleichzeitig aufzumachen.

Hannöver-Meurer: Die größte Chance sehe ich darin, alle Mitarbeiter_innen mitzunehmen. Qualität ist dann nicht nur Aufgabe von Leitung/QB und Träger sondern von allen gemeinsam.

Damit verbunden ist das Risiko, sehr viele zeitliche Ressourcen einsetzen zu müssen und sich im „Kleinklein" zu verlieren. Hier ist eine gute Moderation und Anleitung notwendig.

Holländer: Hierzu eine kleine Tabelle (Tabelle 16):

Tabelle 16: Chancen und Risiken der Partizipation

Chancen	Risiken
große Zustimmung	lange Erarbeitungsphase
Identifikation	Unklarheit bei der letzten Instanz der Entscheidung
hohe Eigenverantwortung	faule Kompromisse
selbstständiges Arbeiten	zerreden und Endlosdiskussionen zum jeweiligen Thema
intensive Auseinandersetzung mit dem Thema	
Vielfältige Sichtweisen werden berücksichtigt	
Arbeitsverteilung	

Quelle: eigene Darstellung (Holländer)

Huf: Aus meinem Verständnis heraus überwiegen eindeutig die Chancen in diskursiven und partizipativen Prozessen. Ich bin grundsätzlich überzeugt, dass Veränderungsprozesse tragfähiger sind, wenn sie aus der Basis heraus kommen. Ich finde es äußerst positiv, dass alle Beteiligten mit ihren individuellen Kompetenzen mitgenommen werden können und im Prozess als Gestalter wirken. Diskursive Prozesse, besonders wenn in diesen auch biografische Fragen erarbeitet werden, verändern bzw. reflektieren die Haltung der beteiligten Personen. Es entstehen unter Umständen neue Erkenntnisse, Einsichten und Sichtweisen, oder bestehende werden gefestigt. Die intensive Auseinandersetzung mit den Lebenslagen der Familien aus unserem Wohngebiet während unserer Erprobungsphase hat unsere gemeinsame Sicht im Team der Kita auf „Familie" verändert. Es besteht für mich deshalb die Hoffnung, dass sich dadurch – quasi als Nebeneffekt – die Arbeitszufriedenheit der Mitarbeiter und auch die Beziehungen zu den Familien im Sozialraum verbessern werden.

Natürlich sind solche Prozesse für alle Beteiligten auch anstrengend und erfordern ein gewisses Maß man Offenheit – sowohl in der Diskussion aber auch in der Selbstreflexion. Viele Einflüsse erfordern ein sehr hohes Maß an Ambiguitätstoleranz, worauf man nicht immer zurückgreifen kann, und der Faktor Zeit ist eventuell hemmend. Wobei ich allerdings abschließend sagen würde: Manchmal muss man Zeit verlieren, um Zeit zu gewinnen.

Ibel: Chancen: Die Beteiligung von Eltern führt zu einer größeren Zufriedenheit in der Elternschaft und zu mehr Verständnis für einander, besonders dann, wenn Kompromisse gefunden werden müssen.

Durch Mitgestaltung in sehr vielen Bereichen erreicht man bei Eltern eine höhere Identifikation mit der Kita, und letztlich erzeugt dies bei uns Eltern das Gefühl, dass die Kinder gut aufgehoben sind, besonders wenn man – wie ich – ganztags arbeiten gehen muss. So nimmt man trotzdem noch am Geschehen des Kinderalltags teil.

Risiken: Es können nicht alle Erwartungen von Eltern in der Kita umgesetzt werden – diese Erkenntnis kann an der ein oder anderen Stelle zu Frustration führen, wenn sich Eltern beispielsweise für eine Sache stark eingebracht haben, aber es trotzdem zu anderen Entscheidungen kommt.

Dies kann einen Qualitätsentwicklungsprozess auch sehr verzögern.

Kleudgen: Diskursive/partizipative Prozesse tragen immer zu einer sehr hohen persönlichen Identifikation aller Beteiligten mit Entwicklungs- und Entscheidungsprozessen bei und erzeugen bei allen Beteiligten Motivation zur Mitarbeit. Somit sind sie sicherlich der Nährboden für gute Entwicklungsprozesse.

Partizipative Auseinandersetzungen und Entwicklungen bedürfen aber auch einer gewissen Offenheit („Haltung") zur wertschätzenden Auseinandersetzung sowie einer sorgfältigen und guten Koordinierung und Moderation. Wir benötigen in unseren Einrichtungen dann auch Menschen in Leitungsverantwortung, die dies wollen und dazu ggfls. auch befähigt werden. Wenn solche Prozesse angestoßen werden, muss auch gewährleistet sein, dass jemand sie steuern kann. Das erscheint mir bei den derzeitigen Rahmenbedingungen nicht so ganz leicht.

Welche Punkte im derzeitigen Instrumentarium von „Qualitätsentwicklung im Diskurs" sehen Sie kritisch?

Hier wird auf die Rahmenbedingungen seitens des Landes und der Kommunen hingewiesen, die (zu) viel Spielraum lassen. Hier wird Verbindlichkeit gefordert.

Backes und Kroisandt: Kinderpartizipation und Elternpartizipation sollten im Qualitätsentwicklungsprozess einen festen Platz einnehmen.

Donath: Die Gedanken zum Thema „Siegel". Mit dem Instrument werden Teilbereiche der QE einer Einrichtung in den Blick genommen; das ersetzt keine umfassende QE in den Kitas. Dieses durch ein Siegel gleichzusetzen, sehe ich sehr kritisch.

Die Frage der Finanzierung. 1.000,-€ müssen finanziert werden [Beitrag in der Modellphase, A.S.]. Gehen diese z.B. aus dem Fortbildungshaushalt, dann fehlen sie evtl. für andere Fortbildungsangebote, die auch notwendig sind. D.h. die Kita muss sich bewusst für diesen Bereich entscheiden, dann investiert sie entsprechend.

Die personellen Ressourcen. Die Leitung und eine weitere mitarbeitende Person für die AGs freizustellen, benötigt einen wenigstens einigermaßen stabilen Personalschlüssel. Das Thema LT-Freistellung grundsätzlich in RLP. Ich will zwar nicht sagen, dass QE nur mit entsprechender LT-Freistellung möglich ist, aber die bisherige Praxis (Abhängigkeit von der jeweiligen kommunalen Entscheidung) der Freistellung wird den Aufgaben und der Bedeutung der LT für eine Einrichtung und deren Qualität nicht gerecht!

Hier ist das Land RLP nicht konsequent. Es wird zwar darauf verwiesen, dass man gesetzliche Möglichkeiten in der LVO geschaffen hat, alle aber wissen, dass es landesweit sehr unterschiedlich gehandhabt wird.

Hannöver-Meurer: Mir erschließt sich noch nicht die Systematik der Dokumentation sowie der regelmäßigen Überprüfung bzw. Qualitätsweiterentwicklung.

Die systematische regelmäßige Reflexion der Qualität (PDCA Zyklus) sollte noch eingearbeitet werden.

Holländer: Die Begrifflichkeit der drei Säulen kann zur Verwirrung mit den Säulen in Kita!Plus führen.

QM legt den PDCA-Zyklus immer (?) als Grundlage für Qualitätsentwicklungsprozesse zugrunde. Eine Verbindung oder Weiterentwicklung des PDCA-Zyklus mit den drei Säulen und den Rückkopplungsschleifen könnte das starre Konstrukt des PDCA-Zyklus als ein eher systemisches, dynamisches Modell neu definieren. Hierin würde ich eine große Chance sehen.

Huf: Das Querschnittthema Haltung wird nicht deutlich genug thematisiert, obwohl die Haltung der Fachkräfte dann in der Umsetzung aus meiner Sicht ein wesentlicher Faktor für gelingende QE darstellt. Insgesamt erforderte die diskursive Vorgehensweise von den Fachkräften sehr viel Offenheit für neue Denkwege und Methoden, die in der Praxis von Kindertagesstätten nicht zwingend vorausgesetzt werden können, sondern unter Umständen ein weiteres Übungsfeld darstellen.

Ohne Vorkenntnisse ist das Instrument vielleicht etwas zu theoretisch - in unserem Team war beispielsweise bereits die Fragestellung: „Was verstehen Sie unter EFaS?" mit sehr vielen Unsicherheiten verbunden – dies zog sich durch. Der Begriff Sozialraumorientierung stammt aus der Sozialen Arbeit und ist dort geläufig. Allerdings wurde dies in der Ausbildung von Erzieherinnen, besonders wenn diese schon einige Jahre zurückliegt, nicht thematisiert. Mit Blick darauf, dass beispielsweise in rheinland-pfälzischen Kindertagesstätten die überwiegende Anzahl der Erzieherinnen über 40 Jahre ist und deren Ausbildungen dementsprechend lange zurückliegen, kann von ähnlichen Situationen ausgegangen werden. Hieran wird die Notwendigkeit einer fachlichen Begleitung verdeutlicht.

Ibel: Es gibt in der pädagogischen Arbeit noch einzelne Schlüsselsituationen, die man einer diskursiven Qualitätsentwicklung unterziehen könnte. Da wünsche ich mir mehr Engagiertheit der Eltern und die Einladung dazu durch das Team oder die Kitaleitung.

Kleudgen: Die Definition des „Sozialraumes" sollte nochmals überdacht werden. Für mich definiert sich der Sozialraum danach, was gebraucht wird und ggfls. wie erreicht werden kann. Da sehe ich durchaus einen Stadt-Land-Unterschied.

Daneben wird auch seitens der Landkreise mit Kita!Plus sehr unterschiedlich agiert, und die zusätzlichen Mittel werden nach unterschiedlichen Kriterien vergeben und eingesetzt. Die gesetzlichen Vorgaben ermöglichen sehr breite Spielräume, und sofern die Umsetzung des Konzeptes finanzielle Unterstützung benötigt, ist diese nicht überall gleichermaßen ermöglicht. Es bedarf mancherorts der Kreativität der einzelnen Einrichtungen, was in welcher Weise an Ergebnissen umgesetzt werden kann. Das Konzept gibt da in Anlehnung an Kita!Plus keine Antwort. Es bedarf da als Ergänzung vielleicht konkreter Umsetzungsempfehlungen oder verbindlicher Anpassungen und Verpflichtungen des entsprechenden Ministeriums.

Das Konzept verstehe ich derzeit als ein Angebot und hat einen Empfehlungscharakter. Eine gewisse Verbindlichkeit im Rahmen der Verknüpfung mit den angepassten Bildungs- und Erziehungsempfehlungen würde ich als durchaus positiv empfinden, dort wo kein umfassendes Qualitätsmanagementsystem implementiert ist. Daneben sehe ich aber auch, dass seitens des Landes entsprechende Stellenanteile zur Qualitätsentwicklung und – Sicherung als fester Bestandteil des Stellenplanes für jede KiTa geschaffen werden müssen. Die Umsetzung dieses Konzeptes, wie auch die Umsetzung eines umfassenden Qualitätsmanagementsystems, braucht personelle Ressourcen, welche der derzeitige Stellenplan nicht hergibt.

Welche Bereiche des Instrumentariums sehen Sie als verbesserungswürdig an?

Als verbesserungswürdig werden u.a. Dokumentation, die Befähigung der Leitungen zur Begleitung, die verbindliche Implementierung, konkrete Beispiele und Moderation und die Weiterentwicklung für andere Qualitätsbereiche genannt.

Donath: Leitungen mehr selbst in Stand zu setzen, diese Diskurse zu moderieren und fachlich zu begleiten.

Hannöver-Meurer: s.o. Dokumentation und systematische Qualitätsentwicklung. Hinweise, wie eine sinnvolle Dokumentation aussehen kann, und wie die Entwicklung der Qualität der Einrichtung insgesamt betrieben werden kann, fehlen noch.
Und es wäre natürlich toll, wenn auch ein Instrumentarium für weitere Qualitätsbereiche entwickelt würde. Z.B. Personal, Träger und Leitung, Kinder, ...

Holländer: Immer wieder schwer finde ich die Unterscheidung von Kriterien und Indikatoren. Ich habe dies am Ende verstanden und würde mir hier eine Erläuterung, vielleicht an konkreten Beispielen, wünschen.

Huf: Aus meiner Sicht bietet die diskursive Vorgehensweise eine gute Möglichkeit, sich an QE heranzutasten, ohne gleich das Gefühl der Überforderung zu bekommen - so lauteten auch die Rückmeldungen aus unserem Team. Besonders betonen möchte ich an dieser Stelle, dass es gerade der große Freiraum für Entscheidungen ist, den ich als den gelingenden Faktor betrachten würde für die Implementierung von QE. Der Spielraum für die Teams zu entscheiden, was wann und warum QE betrieben wird, führt – und davon bin ich zutiefst überzeugt – dazu , dass Qualitätsbestrebungen nicht nur punktuell forciert sondern verinnerlicht und in der Konsequenz auch gelebt werden. Dann kommt die verbindliche Entscheidung aufgrund der intrinsischen Motivation und wird nicht top down verordnet. Allerdings müssen die erforderlichen Ressourcen seitens des Trägers bereitgestellt werden, um die Motivation zu erhalten. Ich bewerte das Instrumentarium deshalb sehr positiv und zielführend, eventuell könnte man hier und da Beispiele aus der Praxis benennen …

Kleudgen: Es ist gut, aber es fehlt für mich die verbindliche Entscheidung zur Implementierung.

Wie trägt Ihrer Meinung nach die „Qualitätsentwicklung im Diskurs" mit Hilfe des Instrumentariums zur Verbesserung der Eltern-, Familien- und Sozialraumorientierung bei?

Wesentlich für die Wirkung des Instrumentariums scheinen die Analyse, die Partizipation der Beteiligten, die Diskussion im Team und die Thematisierung der Haltung zu sein.

Donath: Blick auf den Sozialraum, Bewusstsein für Familien und Kinder als Kunden, klare Positionierung der Kita mit entsprechender Gewichtung des Einsatzes der Ressourcen (Zeit, Geld, Raum).

Hannöver-Meurer: Durch die regelmäßige Reflexion der eigenen Haltung, der eigenen Werte und Bewertungen kann der Blick auf die Eltern und Familien offener werden. Das Angebot der Kita kann an die Bedarfe der Eltern und Familien angepasst werden, dies unter Berücksichtigung dessen, was es im Sozialraum schon gibt oder eben noch nicht gibt. Gleichzeitig können die eigenen Grenzen erkannt werden. Auch wenn Dinge als wünschenswert erkannt werden, die Rahmenbedingungen eine Umsetzung durch die Kita aber nicht zulassen, kann die bewusste Entscheidung, etwas nicht zu tun, schon sehr hilfreich sein.

Der Blick in den Sozialraum und die Kooperation mit weiteren Einrichtungen und Institutionen kann eine „Arbeitsteilung" ermöglichen. Gleichzeitig können für die politischen Anliegen und für die Lobbyarbeit für die Kinder und Familien Verbündete gefunden werden.

Holländer: Die intensive Auseinandersetzung mit dem Thema im Team, die Verbindung zu eigenem Erlebtem und die aktive Beteiligung schaffen eine gute Wissensbasis und Identifikation mit dem Thema. Stärken und Schwächen in der Kita werden aufgezeigt und unterschiedliche Wege können begangen werden. Eltern und Kinder können gut in den Prozess einbezogen werden. Der Einsatz der Methoden ermöglicht eine lebendige, interessante Gestaltung des Prozesses, der Lust auf mehr macht. Einige Methoden dienen der Erarbeitung, können am Ende als Dokumentation dienen und erleichtern somit die Arbeit.

Huf: Alle Veränderungen die, von der Basis ausgehend, kommen, erlangen in der Regel eine höhere Akzeptanz bei den Beteiligten. Es liegt auf der Hand, dass die Identifikation mit der Veränderung höher ist, wenn Menschen Einfluss nehmen konnten sowohl bei der Zielformulierung als auch bei der anschließenden Umsetzung und Implementierung.

Ibel: Durch die Möglichkeit der Beteiligung fühlen sich Eltern mehr eingebunden in den Alltag der Kita, und die Abläufe werden transparenter.

Durch den Dialog zwischen Eltern und den Fachkräften der Kita wächst das Vertrauen ineinander. Das bietet den Familien Unterstützung im Erziehungsalltag über die Zeit der Kita hinaus.

Wo sehen Sie für welche Beteiligten wichtige zukünftige Aufgaben im Prozess der Sicherung und Entwicklung von Qualität in Kindertageseinrichtungen?
Auch in der letzten Antwortrunde wird deutlich, dass Qualität der Anstrengung aller Beteiligten im Kontext der Kindertageseinrichtungen bedarf, und: Qualität gibt es nicht zum „Nulltarif".

Backes und Kroisandt: Der Träger hat die Aufgabe, die entsprechenden Rahmenbedingungen zu schaffen und ggf. Ressourcen bereitzustellen. Für die Kinder werden in der Kita weitere Partizipationsmöglichkeiten geschaffen. So erhalten die Kinder Gelegenheit, demokratische Prozesse zu erleben und ihre Stimme für alle Belange abzugeben, die sie betreffen.

Eltern und Kindertagesstätte bleiben im ständigen Dialog, die Bedürfnisse und Belange der Kinder werden ernst genommen, mit Kritik wird konstruktiv umgegangen, und die Ideen der Eltern fließen in die Gestaltung des Kita-Alltags mit ein.

Die Hochschule hätte die Aufgabe, den Praxisbezug im Auge zu behalten. Wir wünschen uns auch, dass eine Infostruktur entwickelt wird, in welche die Eltern von Anfang an einbezogen werden und so mehr Transparenz geschaffen wird. Evaluationen zur Überprüfung der Distanz zwischen Theorie und Praxis wären sicherlich zielführend.

Donath: s. oben Regelung der Leitungs-Freistellung, Qualifizierung der Leitung im Sinne von Management, Qualitätsentwicklung als selbstverständliche Aufgabe. Weiterentwicklung hin zum Verständnis: Qualitätsentwicklung ist die Arbeit!

Hannöver-Meurer: Qualitätsentwicklung im Diskurs ist eine Initiative des Landes im Rahmen von Kita!Plus. Ich sehe hier das Land auch zukünftig in der Verantwortung, Qualitätsentwicklungsprozesse zu unterstützen. Die Moderation des gemeinsamen Diskurses über die Qualität in Kitas zwischen Fachpraxis, Wissenschaft, Politik und Trägern und Eltern erscheint mir auch weiterhin eine wichtige Aufgabe des Landes.

Holländer: Da wir durch die QE Kita^{+QM} eine klare Struktur beschrieben haben, sehe ich für die Träger und Leitungen die wichtige Aufgabe, QM als ihre Verantwortung anzusehen und für die Erarbeitung sowie Umsetzung Zeitressourcen einzuplanen und Aufgabenprioritäten abzusprechen. Hier ist letztlich auch das Ministerium gefragt. Wenn ich eine gute Qualität erreichen, erhalten und weiterentwickeln möchte, müssen hierfür klar definierte Personalstunden bei der Personalzuweisung gesetzlich geregelt werden.

Huf: Ebene der Länder: Finanzierung von zusätzlichen Personalstunden in der Kita, Projektmittel für die Hochschule, QE als Teilaspekt in den Rahmenplan für die Erzieherausbildung aufnehmen;
Ebene der Träger: zusätzliche Personalstunden zur Umsetzung von QM, sowohl für die Leitung als auch für die Teams, externe Fachdienste zur Unterstützung der QE Prozesse;
Ebene Leitung: Qualifizierung in QM , Motor sein in der Umsetzung vom QM, Transparenz über die aktuellen Prozesse herstellen und die Eltern ein-

binden, Ergebnissicherung betreiben, Tandems und Qualitätszirkel aus dem Team heraus bilden.
Ebene Team: Offenheit für QM Prozess.
Querschnittebene: eine professionelle Haltung entwickeln, festigen, fordern und fördern.

Ibel: Die Kitaleitung muss dafür Sorge tragen, dass neue Mitarbeiter in diese Prozesse eingeführt werden, damit die Entwicklung nicht stagniert und an dem Erreichten weitergearbeitet werden kann.

Das Team der Kindertagesstätte hat ganz klar den Auftrag, die Eltern zum Diskurs aktiv einzuladen und diesen in der Umsetzung auch zu organisieren.

Von Eltern wünsche ich mir mehr Engagement und die Bereitschaft, sich einzubringen. Dazu gehört selbstverständlich auch, dass Eltern den Austausch über ihre individuelle Bewertung der pädagogischen Arbeit in die Kita verlegen und dort direkt mit dem Team diskutieren.

Auf politischer bzw. Trägerebene müssen hierzu auch die Rahmenbedingungen bereitgestellt werden, damit die Prozesse überhaupt umgesetzt werden können.

Kleudgen: Es benötigt nach meinem Ermessen:

- Zusätzliche Stellen für entsprechend ausgebildete Qualitätsbeauftragte im Verbund mehrerer Einrichtungen des Sozialraumes/der Kommune/der zukünftigen Bereiche freier Träger (z.B. Kirchengemeinden);
- Den Unterstützungsbedarfen seitens der Qualifizierung von Einrichtungsleitungen Rechnung zu tragen;
- Der Verbindlichkeit von finanzieller Unterstützung der Träger und Einrichtungen zur Entwicklung der personellen und strukturellen Voraussetzungen durch das Land;
- Im Bereich der Fort- und Weiterbildung der pädagogischen Fachkräfte eine entsprechende finanzielle Unterstützung durch den Träger und das Land;
- Klare, verbindliche Vorgaben seitens der Landesregierung;
- Verbindliche Implementierung der Qualitätsentwicklung und -sicherung im Rahmen der Ausbildung der Fachkräfte.

10.2 Wissenschaftlicher Ausblick

Das Forschungs- und Entwicklungsprojekt „Qualitätsentwicklung im Diskurs" ist abgeschlossen. Gleichwohl soll hiermit nicht die (Weiter-)Entwicklung des gleichnamigen Instrumentariums enden. Das Instrumentarium wurde mit der Intention entworfen, eine kontinuierliche Weiterentwicklung in den Bereichen der Eltern-, Familien- und Sozialraumorientierung zu ermöglichen. So sind die drei Säulen des Instrumentariums, gemeinsam BeobACHTEN, gemeinsam entwickeln, gemeinsam Praxis verändern, als statische Elemente zu verstehen, die zusammen mit den dynamischen Elementen der Rückkopplungsschleifen, dem Diskurs und der Reflexion von Haltung wirken. Damit passt sich das Instrumentarium jeweils der individuellen Situation der Einrichtung bzw. der Qualitätsfragestellung vor Ort an. Daher können die Methoden und Materialien im Instrumentarium weiter ergänzt und erweitert werden.

Neben dieser stetigen Weiterentwicklung in der Anwendung des Instrumentariums werden in der Zukunft bei einer „Qualitätsentwicklung im Diskurs" vor allem drei Aspekte von Bedeutung sein: Die Ausweitung auf andere Qualitätsfelder, die Nutzung über Rheinland-Pfalz hinaus und die weitere Erforschung der Wirksamkeit und Bedeutung von explizit qualitativen Instrumentarien in der Qualitätsentwicklung.

Insbesondere für die Bereiche der Eltern-, Familien- und Sozialraumorientierung bietet das Instrumentarium gute Voraussetzungen, Qualität voranzubringen. Zukünftig wird das Instrumentarium darauf hin zu überprüfen sein, ob dieser Ansatz des Diskurses, der bewusst als Schwerpunkt gewählt wurde, auch für andere Bereiche der Qualitätsentwicklung in einer Kindertageseinrichtung nutzbar ist. Der hier genannte und mehrfach betonte systemische Gedanke legt nahe, dass in Feldern wie der direkten pädagogischen Arbeit mit den Kindern, in der Entwicklung von Leitbildern und Konzeptionen, in der Arbeit mit Trägern und in der Zusammenarbeit zwischen Leitung und Mitarbeitenden ein diskursiver Ansatz mit den Elementen der Organisationsentwicklung und einer entwicklungsfördernden Evaluation weiterführt.

Da sowohl die Einbeziehung von Eltern und Familien als auch des Sozialraumes in nahezu allen Bundesländern ein wichtiger Bestandteil der Grundlagen für die frühkindliche Bildung, Erziehung und Betreuung ist, kann davon ausgegangen werden, dass das Instrumentarium auch über Rheinland-Pfalz hinaus eine hohe Verbreitung und Resonanz finden kann. Gerade das Communiqué der Jugend- und Familienministerkonferenz aus dem Jahre 2014 unterstreicht die Bedeutung von Eltern und Familien und die Steuerung im System, zu dem auch die Kapazitäten für Evaluation und Steuerung gehören. Die Bedeutung der Partnerschaft zwischen den Eltern und der Kindertageseinrichtung wird beispielsweise im bayerischen Bildungsplan wie folgt beschrieben:

Kindertageseinrichtung und Eltern begegnen sich als gleichberechtigte Partner in gemeinsamer Verantwortung für das Kind. Eltern sind in ihrer Elternkompetenz wertzuschätzen, ernst zu nehmen und zu unterstützen. Sie kennen ihr Kind länger und aus unterschiedlicheren Situationen als Erzieherinnen, und Kinder können sich in ihrer Familie ganz anders verhalten als in der Einrichtung. Teilhabe und Mitwirkung der Eltern an den Bildungs- und Erziehungsprozessen ihres Kindes in der Tageseinrichtung sind daher wesentlich (Bayerisches Staatsministerium 2012: 426).

Im sächsischen Bildungsplan wird die Bedeutung der Integration in das Gemeinwesen und in ein soziales Netzwerk hervorgehoben:

Kindertageseinrichtungen sind Teil des Gemeinwesens und somit in ein soziales Netzwerk eingebunden. Sie können durch ihr Tun den Sozialraum – den Stadtteil oder das Dorf – mitgestalten. Zukunft heißt Wandel: Das betrifft nicht nur die Arbeit der pädagogischen Fachkräfte, sondern auch ein Umdenken im Hinblick auf externe Unterstützungssysteme, die sowohl finanziell als auch inhaltlich wirken und dadurch die Professionalität von Erzieherinnen und Erziehern beeinflussen (Sächsisches Staatsministerium 2011: 163).

Der oben genannte Aspekt der Bedeutung und Wirksamkeit qualitativer Instrumente in der Qualitätsentwicklung bedarf einer längerfristigen Untersuchung und Beobachtung. Die entscheidende Frage wird auch die sein, inwieweit ein qualitativer Ansatz dazu beitragen kann, dass die an einem System beteiligten Personen Qualitätsentwicklungsprozesse initiieren und nachhaltig etablieren. Die Bedeutung der Partizipation ist im Instrumentarium „Qualitätsentwicklung im Diskurs" sehr stark ausgeprägt. Diesem Ansatz liegt die Annahme zugrunde, dass durch eine möglichst breite Beteiligung eine nachhaltige Wirkung besser zu erzielen ist als durch Ansätze zur Qualitätsentwicklung, die weniger Beteiligungsmöglichkeiten beinhalten. Zweifelsohne bedarf eine Beteiligung der Übung auf allen Seiten und muss auf eine gemeinsam getragene Ausrichtung abzielen, um eine Wirkung nicht zu verfehlen. Auch ist eine wertschätzende und zielorientierte Leitung erforderlich, die in einer Beteiligung und im Diskurs einen Mehrwert erkennen kann.

Forschungsbemühungen, und das kann ein Ergebnis der hier vorgelegten Untersuchungen sein, sollten in Zukunft stärker das Zusammenspiel bzw. die Wechselwirkung unterschiedlicher Wirkfaktoren im Bereich der Qualitätsentwicklung untersuchen. Zudem sollten Studien noch stärker dort ansetzen, wo Wirkungen erzielt werden sollen, nämlich in der Praxis der Kindertageseinrichtungen. Dabei sollte deren angestrebte Wirkung auf die Entwicklung der Kinder zu eigenständigen und gemeinschaftsfähigen Persönlichkeiten im Sinne der Kinder- und Jugendhilfe (§ 1 SGB VIII) immer im Blick bleiben.

In Zukunft wird auch zu untersuchen sein, wie derzeitige Qualitätsmanagementkonzepte mit dem hier vorgelegten Instrumentarium „Qualitätsentwicklung im Diskurs" eine Bereicherung erfahren können. Erste Erfahrungen von Trägern, die in ihren Kindertageseinrichtungen bereits andere, umfangreichere Qualitätsmanagementsysteme installiert haben und sich auf der Grundlage dessen haben zertifizieren lassen, legen nahe, dass „Qualitätsentwicklung im Diskurs" hier einen Mehrwert bietet und das Instrumentarium kompatibel zu diesen Systemen sein kann.

Das Instrumentarium zur „Qualitätsentwicklung im Diskurs" wurde so konzipiert, dass ein wiederholter Einsatz in der Praxis möglich sein sollte. Dabei kann entweder ein und dieselbe Fragestellung unter verschiedenen Gesichtspunkten betrachtet werden, oder es können unterschiedliche Qualitätsfragen zum Zwecke der Weiterentwicklung in den Blick genommen werden. Es ist davon auszugehen, dass der flexible Einsatz von Methoden und Materialien dazu beiträgt, Wiederholungseffekte zu vermeiden. Als Fazit bleibt festzuhalten, dass die Zeit zeigen wird, wie gut sich das Instrumentarium zur „Qualitätsentwicklung im Diskurs" den sich verändernden Bedingungen in der Praxis anzupassen vermag.

Literaturverzeichnis

AG Lernen aus Evaluationen (2005). Lernen aus Evaluationen. Leitfaden für Geberinstitutionen und GutachterInnen. Heidelberg und Saarbrücken.

Alt, Irene (2013). Kita!Plus. Mehr drin für Kita & Familie. [Flyer des Ministeriums für Integration, Familie, Kinder, Jugend und Frauen].

Alt, Irene (2014). Vorwort. In: Ministerium für Integration, Familie, Kinder, Jugend und Frauen, Rheinland-Pfalz. Berlin: Cornelsen.

Amerein, Bärbel und Amerein, Kurt (2011). Qualitätsmanagement in Arbeitsfeldern der Frühen Bildung. Köln: Bildungsverlag EINS.

Bayerisches Staatsministerium für Arbeit und Sozialordnung, Familie und Frauen und Staatsinstitut für Frühpädagogik München (2012). Der Bayerische Bildungs- und Erziehungsplan für Kinder in Tageseinrichtungen bis zur Einschulung. 5. Auflage. Berlin: Cornelsen.

Beywl, Wolfgang (2006). Evaluationsmodelle und qualitative Methoden. In: Flick, Uwe (Hrsg.). Qualitative Evaluationsforschung. Reinbek: Rowohlt, S. 92-116.

Beywl, Wolfgang et al. (2007). Evaluation Schritt für Schritt: Planung von Evaluationen. Darmstadt: Hiba-Verlag.

Bock-Famulla, Kathrin (2015). Qualität in der frühkindlichen Bildung, Erziehung und Betreuung – Was ist das? Was braucht sie? (Noch unveröffentlichter) Vortrag anlässlich des Forums des Verbandes alleinerziehender Mütter und Väter am 13. Juni 2015 in Mainz: „4 Sterne plus. Anforderungen an Kinderbetreuung (0 bis 6 Jahre) aus Sicht alleinerziehender Eltern".

Bohnsack, Ralf (2010).:Dokumentarische Methode. In: K. Bock & I. Miethe (Hrsg.). Handbuch Qualitative Methoden in der Sozialen Arbeit . Opladen: Barbara Budrich, S. 247-258.

Bohnsack, Ralf (2013): Dokumentarische Methode und die Logik der Praxis. In: A. Lenger et al. (Hrsg.). Pierre Bourdieus Konzeption des Habitus. Wiesbaden: Springer, S. 175-196.

Bourdieu, Pierre (1999): Sozialer Sinn. Kritik der theoretischen Vernunft. Frankfurt/M.: Suhrkamp.

Bundesarbeitsgemeinschaft der Landesjugendämter (BAG LJÄ) (2006): Kooperation und Vernetzung von Kindertageseinrichtungen im Sozialraum. 101 Arbeitstagung in Kiel. http://www.familienzentrum.nrw.de/fileadmin/documents/pdf/ koop_vernetzung_kitas.pdf. [Zugriff: 20.05.2015].

Chouinard, Jill Anne (2013). The Case of Participatory Evaluation in an Era of Accountability. In: American Journal of Evaluation 34(2), S. 237-253.

Coghlan, David und Brannik, Teresa (2014). Doing Action Research in your own Organisation. 4th Edition. London: Sage.

Combe, Arno (1972): Kritik der Lehrerrolle. München: List.

DeGEval-Gesellschaft für Evaluation (2008). Standards für Evaluation. Mainz: DeGEval.

Deinet, Ulrich (2010): Lebensweltanalyse – ein Beispiel raumbezogener Methoden aus der offenen Kinder- und Jugendarbeit. In: Kessl, Fabian, Reutlinger, Christian (2010): Sozialraum. Eine Einführung. Wiesbaden: VS Verlag für Sozialwissenschaften, S. 59-74.

Deinet, Ulrich (Hrsg.) (2009): Methodenbuch Sozialraum. Wiesbaden: VS Verlag für Sozialwissenschaften.

Deinet, Ulrich und Sturzenhecker, Benedikt (Hrsg.) (1998): Das Handbuch offene Jugendarbeit. Wiesbaden: Springer.

Deinet, Ulrich und Krisch, Richard (2012): Konzepte und Methoden zum Verständnis der Lebensräume von Kindern und Jugendlichen. In: Riege, Marlo, Schubert, Herbert (Hrsg.) (2012): Sozialraumanalyse. Grundlagen-Methoden-Praxis. Köln: Verlag Sozial·Raum·Management, S.127-138.

Deutscher Bundestag (2004). Drucksache 15/3676. Berlin.

Deutscher Verein für öffentliche und private Fürsorge (2013). Empfehlungen des Deutschen Vereins zu Fragen der Qualität in Kindertageseinrichtungen. Berlin: Deutscher Verein.

Deutsches Jugendinstitut (DJI) (Hrsg.). (2013). Starting Strong III. Eine Qualitäts-Toolbox für die frühkindliche Bildung, Betreuung und Erziehung. München: DJI.

Diller, Angelika und Schelle, Regine (2009): Von der Kita zum Familienzentrum. Konzepte entwickeln – erfolgreich umsetzen. Freiburg: Herder.

Düring, Diana und Krause, Hans-Ullrich (2011) (Hrsg.): Pädagogische Kunst und professionelle Haltung. Frankfurt/M.: IGfH-Eigenverlag.

Esch, Karin, Klaudy, Elke Katharina, Micheel, Brigitte und Stöbe-Blossey, Sybille (2006). Qualitätskonzepte in der Kindertagesbetreuung. Wiesbaden: VS-Verlag.

European Commission (2011). Competence Requirements in Early Childhood Education and Care (CoRe). Public open tender EAC 14/2009 issued by the European Commission, Directorate-General for Education and Culture. Cass School of Education and University of Ghent, Department for Social Welfare Studies London and University of East London. Final Report. Einsehbar im Internet.

Fiegert, Monika und Solzbacher, Claudia (2011): „Bescheidenheit und Festigkeit des Charakters…" Das Konstrukt Lehrerhaltung aus historisch-systematischer Perspektive. In: Schwer, Christina/Solzbacher, Claudia (Hrsg.): Professionelle pädagogische Haltung. Historische, theoretische und empirische Zugänge zu einem viel strapazierten Begriff. Bad Heilbrunn: Julius Klinkhardt, S. 17-45.

Flick, Uwe (2002): Qualitative Sozialforschung. Eine Einführung. Reinbek: Rowohlt.

French, Wendell L und Bell, Cecil H. (1994). Organisationsentwicklung. 4. Auflage. Bern: Haupt.

Friederich, Tina (2011a): Die Zusammenarbeit mit Eltern – Qualifikationsanforderungen an frühpädagogische Fachkräfte. In: Zusammenarbeit mit Eltern. Grundlagen für die kompetenzorientierte Weiterbildung. München: DJI. http://www.weiter bildungsinitiative.de/uploads/media/WiFF_Wegweiser_3_Zusammenarbeit_mit_ Eltern_Internet.pdf. [Zugriff am 08.05.2015].

Friederich, Tina (2011b): Zusammenarbeit mit Eltern – Anforderungen an frühpädagogische Fachkräfte. Weiterbildungsinitiative Frühpädagogische Fachkräfte (22). Leipzig: Deutsches Jugendinstitut e.V.

Fröhlich-Gildhoff, Klaus, Pietsch, Stefanie, Wünsche, Michael und Römmau-Böse, Maike (Hrsg.) (2011): Zusammenarbeit mit Eltern in Kindertageseinrichtungen. Ein Curriculum für die Aus- und Weiterbildung. Freiburg: FEL Verlag.

Fthenakis, Wassilios E. (2015). Perspektiven für eine längst fällige Reform der Frühpädagogik. (Noch unveröffentlichter) Vortrag, gehalten am 27. Juni 2015 im Rahmen eines Fachkongresses des Pestalozzi-Fröbel-Verbandes in Bad Blankenburg anlässlich des 175jährigen Bestehens des Kindergartens und dessen Gründung durch Friedrich Fröbel.

Gajo, Michael (2014). Wissen, was wirkt. Das Wirkungsmodell der GIZ. In: Zeitschrift für Evaluation. 2/2014. S. 305-330.

Grossmann, Ralph, Bauer, Günther und Scala, Klaus (2015). Einführung in die systemische Organisationsentwicklung. Heidelberg: Carl Auer Verlag.

Großmaß, Ruth und Perko, Gudrun (2011): Ethik für Soziale Berufe. Paderborn: Schöningh.

Guba, Econ G. und Lincoln, Yvonna S. (1989). Fourth Generation Evaluation. London: Sage.

Güttler, Peter O. (2000): Sozialpsychologie. Soziale Einstellungen, Vorurteile, Einstellungsänderungen. 3. Auflage. München, Wien: Oldenbourg.

Haderlein, Ralf (2015). Was ist Qualität in der Kita? In: KiTa aktuell spezial 01.2015. Qualität neu denken. S. 6-8.

Harms, Henriette (2014): Eltern sind keine Zaungäste mehr. Wie Erziehungspartnerschaft gelingen kann. In: Nachrichtendienst des Deutschen Vereins für öffentliche und private Fürsorge (NDV). Berlin: Eigenverlag. Heft 5/2014, S. 204-210.

Heckman, James (2013). Auf die Familie kommt es an. In : Die Zeit, 20. Juni 2013. S. 67-68.

Herzog, Sylvia (2010): Quo vadis? Oder: „bye-bye" Erzieherinnenberuf? Zum Stand der Diskussion und aktuelle Befunde der Professionalisierung. In: Beudels, Wolfgang, Kleinz, Nicola, Schönrade, Silke (Hrsg.): Bildungsbuch Kindergarten. Basel: Borgmann, S. 61-75.

Herzog, Sylvia, Kaiser-Hylla, Catherine, Pohlmann, Ulrike und Schneider, Armin (2014). Gemeinsam stark sein. Eltern-, Familien- und Sozialraumorientierung in Kita!Plus. In: TPS 6/2014. S. 30-31.

Hess, Simone (2012): Grundwissen Zusammenarbeit mit Eltern in Kindertageseinrichtungen und Familienzentren. Berlin: Cornelsen.

Hinte, Wolfgang (2014): Das Fachkonzept „Sozialraumorientierung" - Grundlage und Herausforderung für professionelles Handeln. In: Fürst Roland, Hinte, Wolfgang (Hrsg.): Sozialraumorientierung. Ein Studienbuch zu fachlichen, institutionellen und finanziellen Aspekten. Wien: Facultas Verlags- und Buchhandlungs AG, S. 9-28.

Hinte, Wolfgang und Treeß, Helga (2014): Sozialraumorientierung in der Jugendhilfe. Theoretische Grundlagen, Handlungsprinzipien und Praxisbeispiele einer kooperativ-integrativen Pädagogik. Weinheim, Basel: Beltz.

Höffe, Otfried (2008): Art. Tugend. In: ders. (Hrsg.): Lexikon der Ethik. 7. Auflage. München: C.H. Beck, S. 317-320.

Honig, Michael Sebastian (2004). Wie bewirkt Pädagogik, was sie leistet? Ansatz und Fragestellung der Trierer Kindergartenstudie. In: ders. et al. Was ist ein guter Kindergarten? Weinheim: Juventa. S. 17-37.

Honig, Michael Sebastian, Joos, Magdalena und Norbert Schreiber (2004). Was ist ein guter Kindergarten? Weinheim: Juventa.

Jugend- und Familienministerkonferenz (JFMK); Bundesministerium für Senioren, Frauen und Jugend (2014). Communiqué „Frühe Bildung weiterentwickeln und finanziell sichern". Einsehbar im Internet.

Kaiser-Hylla, Catherine und Pohlmann, Ulrike (2014). Trägerspezifische Leit- und Richtlinien und Instrumente zur eltern-, familien- und sozialraumorientierten

Qualitätsentwicklung in rheinland-pfälzischen Kindertagesstätten. Analyseergebnisse aus dem Forschungsprojekt „Kita!Plus: Qualitätsentwicklung im Diskurs". https://kita.rlp.de/fileadmin/dateiablage/Kita_plus/Downloads/872014K_P3-Dokumentenanalyse.pdf (Zugriff: 23.04.2015).

Kaiser-Hyll Catherine und Pohlmann, Ulrike (2015). Qualität gemeinsam gestalten. In: KiTa aktuell spezial 01.2015. Qualität neu denken. S. 22-24.

Kannicht, Andreas und Schmid, Bernd (2015). Einführung in systemische Konzepte der Selbststeuerung. Heidelberg: Carl-Auer Verlag.

Kardorff, Ernst von (2006). Zur gesellschaftlichen Bedeutung und Entwicklung (qualitativer) Evaluationsforschung. In: Flick, Uwe (Hrsg.). Qualitative Evaluationsforschung. Reinbek: Rowohlt. S. 63-91.

Kelle, Udo und Kluge, Susanne (2010): Vom Einzelfall zum Typus. Fallvergleich und Fallkontrastierung in der qualitativen Sozialforschung. 2. überarbeitete Auflage. Wiesbaden: VS Verlag für Sozialwissenschaften.

Keller, Heidi (2011). Kinderalltag. Kulturen der Kindheit und ihre Bedeutung für Bindung, Bildung und Erziehung. Berlin, Heidelberg: Springer.

Keller, Heidi (2013) (Hrsg.). Interkulturelle Praxis in der Kita. Wissen – Haltung– Können. Niedersächsisches Institut für frühkindliche Bildung und Entwicklung (nifbe). Freiburg, Basel, Wien: Herder.

Kessl, Fabian und Reutlinger, Christian (2010): Sozialraum. Eine Einführung. Wiesbaden: VS Verlag für Sozialwissenschaften.

Kita-Server Rheinland-Pfalz (2015). Kita!Plus. https://kita.rlp.de/Kita-Plus.660.0.html und Folgeseiten. (Zugriff: 18.04.2015).

Klawe, Willy (1995): Für einen sozialräumlichen Blick in der Arbeit von Kindertagesstätten. In: Schüttler-Janikulla, Klaus (Hrsg.). Handbuch für Erzieherinnen. München: Moderne Verlagsgesellschaft.

Klein, Lothar und Vogt, Herbert (2015): Was ist eigentlich Haltung? Auf der Suche nach der Bedeutung eines nebulösen Begriffs. In: TPS – Theorie und Praxis der Sozialpädagogik Heft 3: S.24-27 Seelze: Friedrich Verlag.

Kobelt Neuhaus, Daniela, Haug-Schnabel, Gabriele und Bensel, Joachim, (2014): Qualität der Zusammenarbeit mit Eltern. Ein Leitfaden für den frühpädagogischen Bereich. Bensheim: Kübel Stiftung für Kind und Familie.

König, Joachim (2007). Einführung in die Selbstevaluation. Freiburg im Breisgau: Lambertus.

König, Joachim (2009). Wie Organisationen durch Beteiligung und Selbstorganisation lernen. Einführung in die Partizipative Qualitätsentwicklung. Opladen: Verlag Barbara Budrich.

Kronberger Kreis für Qualitätsentwicklung in Kindertageseinrichtungen (1998). Qualität im Dialog entwickeln. Wie Kindertageseinrichtungen besser werden. Seelze: Kallmeyer'sche Verlagsbuchhandlung.

Kubisch, Sonja (2014): Spielarten des Rekonstruktiven. Entwicklungen von Forschung in der Sozialen Arbeit. In: E. Mührel & B. Birgmeier (Hrsg.). Perspektiven sozialpädagogischer Forschung . Wiesbaden: Springer VS, S. 155-172.

Kuckartz, Udo (2010): Einführung in die computergestützte Analyse qualitativer Daten. 3., aktualisierte Auflage. Wiesbaden: VS Verlag für Sozialwissenschaften.

Kuckartz, Udo (2014): Qualitative Inhaltsanalyse. Methoden, Praxis, Computerunterstützung. 2. Auflage. Weinheim und Basel: Beltz Juventa.

Kuhl, Julius (2001): Motivation und Persönlichkeit. Interaktionen psychischer Systeme. Göttingen: Hogrefe.

Kuhl, Julius, Schwer, Christina und Solzbacher, Claudia (2014): Professionelle pädagogische Haltung: Persönlichkeitspsychologische Grundlagen. In: Schwer, Christina und Solzbacher, Claudia (Hrsg.): Professionelle pädagogische Haltung. Historische, theoretische und empirische Zugänge zu einem viel strapazierten Begriff. Bad Heilbrunn: Klinkhardt Verlag.

Kühn, Thomas und Koschel, Kay-Volker (2011): Gruppendiskussionen. Ein Praxis-Handbuch. Wiesbaden: VS-Verlag.

Kunkel, Peter-Christian (Hrsg.) (2014). Sozialgesetzbuch VIII. Kinder- und Jugendhilfe. Lehr- und Praxiskommentar. 5. Auflage. Baden Baden: Nomos.

Kurbacher, Frauke Annegret (2008): Was ist Haltung? Überlegungen zu einer Theorie von Haltung im Hinblick auf Interindividualität: http://www.dgphil2008.de/filead min/download/Sektionsbeitraege/03-2_Kurbacher.pdf (Zugriff: 19.06.2015).

Lamnek, Siegfried (2010): Qualitative Sozialforschung. 55., überarbeitete Auflage. Weinheim und Basel: Beltz Verlag.

Liegle, Ludwig (2006): Bildung und Erziehung in früher Kindheit. Stuttgart: Kohlhammer Verlag.

May, Michael (2011). Wirkung und Qualität in den verschiedenen Ansätzen quantitativer und qualitativer Evaluationsforschung. In: Eppler, Natalie, Miethe, Ingrid und Schneider, Armin (Hrsg.). Qualitative und quantitative Wirkungsforschung. Opladen: Verlag Barbara Budrich. S. 33-52.

Mayring, Phillipp (2010): Qualitative Inhaltsanalyse. Grundlagen und Techniken. 11. aktualisierte und überarbeitete Auflage. Weinheim und Basel: Beltz Verlag.

Merchel, Joachim (2010). Evaluation in der Sozialen Arbeit. München: Ernst Reinhardt-Verlag.

Ministerium für Bildung, Frauen und Jugend, Rheinland-Pfalz (2009). Bildungs- und Erziehungsempfehlungen für Kindertagesstätten in Rheinland-Pfalz. Berlin: Cornelsen.

Ministerium für Bildung, Wissenschaft, Jugend und Kultur, Rheinland-Pfalz (2010). Empfehlungen zur Qualität der Erziehung, Bildung und Betreuung in Kindertagesstätten in Rheinland-Pfalz. Berlin: Cornelsen.

Ministerium für Integration, Familie, Kinder, Jugend und Frauen (2012a). Kita!Plus. Gemeinsam mit Eltern: Das Kind im Blick. Mainz. [Konzeptpapier 20.08.2012].

Ministerium für Integration, Familie, Kinder, Jugend und Frauen (2012b): Bildungs-und Erziehungsempfehlungen für Kindertagesstätten in Rheinland-Pfalz. Berlin: Cornelsen.

Ministerium für Integration, Familie, Kinder, Jugend und Frauen Rheinland-Pfalz (2014). Bildungs- und Erziehungsempfehlungen in Kindertagesstätten in Rheinland-Pfalz plus Qualitätsempfehlungen. Berlin: Cornelsen.

Moesby, Egon (2004): Reflections on making a change towards Project Oriented and Problem-Based Learning. In: World Transactions on Engineering and Technology Education. Vol. 3. Nr. 2.

Müller, Carl Wolfgang (1978). Begleitforschung in der Sozialpädagogik. Weinheim: Beltz.

Müller, Hans-Peter (2014): Pierre Bourdieu. Eine systematische Einführung. Frankfurt/M.: Suhrkamp.

Nagel, Reinhart und Wimmer, Rudolf (2015). Einführung in die systemische Strate-
gieentwicklung. Heidelberg: Carl-Auer Verlag.

Nentwig-Gesemann Iris et al. (2011): Professionelle Haltung – Identität der Fachkraft
für die Arbeit mit Kindern in den ersten drei Lebensjahren. Eine Expertise der
Weiterbildungsinitiative Frühpädagogische Fachkräfte (WIFF). München: Deutsches Jugendinstitut.

Nentwig-Gesemann, Iris, Fröhlich-Gildhoff, Klaus, Harms, Henriette und Richter,
Sandra (2011): Professionelle Haltung – Identität der Fachkraft für die Arbeit mit
Kindern in den ersten drei Lebensjahren. München: DJI.

Nentwig-Gesemann Iris und Nicolai, Katharina (2014): Pädagogische Fachkräfte als
selbst-reflexive und forschende Professionelle. In: Völkel, Petra und Wihstutz,
Anne (Hrsg.): Das berufliche Selbstverständnis pädagogischer Fachkräfte. Köln:
Bildungsverlag EINS, S. 140-161.

Noack, Michael (2015): Kompendium Sozialraumorientierung. Geschichte, theoretische Grundlagen, Methoden und kritische Positionen. Weinheim: Beltz.

Orban, Rainer und Wiegel, Gabi (2009). Ein Pfirsich ist ein Apfel mit Teppich drauf.
Systemisch arbeiten im Kindergarten. Heidelberg: Carl-Auer Verlag.

Patton, Michael Quinn (2011) Developmental Evaluation: Using complexity concepts
to enhance innovation and use. New York: Guilford Press.

Patton, Michael Quinn (2014). [Antwort auf einige Fragen von Armin Schneider zur
Nutzung von Developmental Evaluation im Kontext des Forschungsprojektes
„Qualitätsentwicklung im Diskurs"; E-Mail vom 6.10.2014]

Peters, Friedhelm (2011): Warum „Haltungen" nicht ausreichen, aber man dennoch
darüber sprechen muss… In: Düring, Diana/Krause, Hans-Ullrich (Hrsg.) Pädagogische Kunst und professionelle Haltung. Frankfurt/M.: IGfH-Eigenverlag, S.
216-238.

Preissing, Christa und Ujma, Ilona (2009). Einleitung. In: Preissing, Christa, Boldaz-
Hahn, Stefani (Hrsg.). Qualität von Anfang an. Offensive Bildung. Berlin: Cornelsen. S. 10-16.

Preissing, Christa und Boldaz-Hahn, Stefani (Hrsg.) (2009). Qualität von Anfang an.
Offensive Bildung. Berlin: Cornelsen.

Przyborski, Aglaja und Wohlrab-Sahr, Monika (2014): Qualitative Sozialforschung.
Ein Arbeitsbuch. München: Oldenbourg

Rabe-Kleberg, Ursula (2006).: Mütterlichkeit und Profession – oder: Mütterlichkeit,
eine Achillesferse der Fachlichkeit? In: Diller, Angelika, Rauschenbach, Thomas
(Hrsg.): Reform oder Ende der Erzieherinnenausbildung? Beiträge zu einer kont-
roversen Debatte. München: DJI, S. 95-110.

Rabe-Kleberg, Ursula (2006): Mütterlichkeit und Profession – oder: Mütterlichkeit,
eine Achillesferse der Fachlichkeit? In: Diller, Angelika/Rauschenbach, Thomas
(Hrsg.): Reform oder Ende der Erzieherinnenausbildung? Beiträge zu einer kont-
roversen Fachdebatte. München: DJI Verlag, S. 95-109.

Rätz, Regina (2011): Professionelle Haltungen in der Gestaltung pädagogischer Beziehungen. In: Düring, Diana/Krause, Hans-Ullrich (Hrsg.): Pädagogische Kunst
und professionelle Haltung. Frankfurt/M.: IGfH-Eigenverlag, S. 65-74.

Rätz-Heinisch, Regina, Schröer, Wolfgang und Wolff, Mechthild (2009): Lehrbuch
Kinder- und Jugendhilfe. Grundlagen, Handlungsfelder, Strukturen und Perspektiven. Weinheim: Juventa Verlag.

Rauschenbach, Thomas (2014). Mehr Kita, mehr Qualität? In: Gewerkschaft Erziehung und Wissenschaft (Hrsg.). Was bringt ein Bundeskitagesetz? Berlin. S. 12-25.

Reh, Sabine (2004): Abschied von der Profession, von Professionalität oder vom Professionellen? Theorien und Forschungen zur Lehrerprofessionalität. In: Zeitschrift für Pädagogik 50, S. 358-372.

Renoldner, Christa, Scala, Eva und Rabenstein, Reinhold (2007): einfach systemisch! Systemische Grundlagen & Methoden für Ihre pädagogische Arbeit. Munster: Ökotopia.

Riege, Marlo und Schubert, Herbert (Hrsg.) (2012): Sozialraumanalyse. Grundlagen – Methoden – Praxis. Köln: Verlag Sozial·Raum·Management.

Robson, Colin (2004). Small-Scale Evaluation. London: Sage.

Rodner, Manuela und Greine, Rita (2012): Die Haltung macht's! Kinder brauchen sie - Wege aus dem Konzeptdschungel. Berlin: Cornelsen.

Rossi, Peter H., Lipsey, Mark W. und Freemann, Howard E. (2004). Evaluation. Thousand Oaks: Sage.

Roth, Xenia (2010): Handbuch Bildungs- und Erziehungspartnerschaft. Zusammenarbeit mit Eltern in der Kita. Freiburg im Breisgau: Herder.

Roth, Xenia (2014a). Handbuch Elternarbeit. Bildungs- und Erziehungspartnerschaft in der Kita. 2. Auflage. Freiburg im Breisgau: Herder.

Roth, Xenia (2014b). Was ist denn nun eigentlich Erziehungs- und Bildungspartnerschaft? In: Tschöpe-Scheffler, Sigrid (Hrsg.): Gute Zusammenarbeit mit Eltern in Kitas, Familienzentren und Jugendhilfe. Opladen: Verlag Barbara Budrich. S. 141-151.

Roth, Xenia (2015). Frühe Bildung weiterentwickeln – Fachpolitische Entwicklungen pädagogischer Qualität. In: KiTa aktuell spezial 01.2015. Qualität neu denken. S. 19-21.

Sächsisches Staatsministerium für Kultus (Hrsg.) (2011). Der Sächsische Bildungsplan – ein Leitfaden für pädagogische Fachkräfte in Krippen, Kindergärten und Horten sowie für Kindertagespflege. Weimar: Verlag das Netz.

Schneider, Armin (2005). Wege zur verantwortlichen Organisation. Frankfurt/Main: IKO-Verlag.

Schneider, Armin (2014). Kitas entwickeln sich. In: Welt des Kindes 6/2014. S. 15-17.

Schneider, Armin (2014). Qualität im Diskurs entwickeln. In: KiTa aktuell HRS 12.2014. S. 272-274.

Schneider, Armin (2015b). Qualität neu denken. In: KiTa aktuell spezial 01.2015. Qualität neu denken. S. 9-12.

Schneider, Armin (Hrsg.) (2015a). Die Kita als Türöffner - Wege zur Sozialraumorientierung. Berlin: Cornelsen.

Schneider, Armin, Herzog, Sylvia, Kaiser-Hylla, Catherine und Pohlmann, Ulrike (2014). Eltern-, Familien- und Sozialraumorientierung fördern. In: frühe Kindheit 01/2014. S. 37-45.

Schreiber, Norbert (2004). Qualität von was? Qualität wozu? Zur Perspektivität von Eltern- und Erzieherinnenurteilen. In: Honig, Michael Sebastian, et al. Was ist ein guter Kindergarten? Weinheim: Juventa. S. 39-59.

Schwer, Christina und Solzbacher, Claudia (2014) (Hrsg.): Professionelle pädagogische Haltung. Historische, theoretische und empirische Zugänge zu einem viel strapazierten Begriff. Bad Heilbrunn: Julius Klinkhardt.

Schwer, Christina und Solzbacher, Claudia (2014): Einleitung der Herausgeberinnen. In: dies. (Hrsg.): Professionelle pädagogische Haltung. Historische, theoretische und empirische Zugänge zu einem viel strapazierten Begriff. Bad Heilbrunn: Julius Klinkhardt, S. 7-14.

Seichter, Sabine (2007): Zur Einführung. In: Eykmann, Walter/dies. (Hrsg.): Pädagogische Tugenden. Würzburg: Königshausen & Neumann, S.7-10.

Senger, Jorina (2010): Erziehungspartnerschaft in Kindertageseinrichtungen. In: Weegmann, Waltraud, Kammerlander, Carola (Hrsg.): Die Jüngsten in der Kita. Ein Handbuch zur Krippenpädagogik. Stuttgart: Kohlhammer, S. 281-291.

Simon, Fritz B. (2006). Gemeinsam sind wir blöd!? Die Intelligenz von Unternehmen, Managern und Markten. 2. Auflage. Heidelberg: Carl Auer.

Simon, Fritz B. (2007). Die Kunst, nicht zu lernen. Und andere Paradoxien in Psychotherapie, Management, Politik. 4. Auflage. Heidelberg: Carl Auer.

Six, Bernd (2000): Einstellungen. In: Wenninger, Gerd (Hrsg.): Lexikon der Psychologie: in fünf Bänden. Band 1. Heidelberg: Spektrum Akademischer Verlag, S.361-363.

SPD und Bündnis 90 Die Grünen Rheinland-Pfalz (2011). Koalitionsvertrag. Den sozial-ökologischen Wandel gestalten. Mainz.

Spiegel, Hiltrud von (2000): Jugendarbeit mit Erfolg. Arbeitshilfen und Erfahrungsbericht zur Qualitätsentwicklung und Selbstevaluation. Münster: UTB Reinhard.

Spiegel, Hiltrud von (2013): Methodisches Handeln in der Sozialen Arbeit. 5. Auflage. München und Basel: Reinhardt.

Stockmann, Reinhard und Meyer, Wolfgang (2014). Evaluation. Eine Einführung. 2. Auflage. Opladen: Verlag Barbara Budrich.

Stolz, Uta und Thiel, Thomas (2010): Kein Kind kommt allein – Erziehungspartnerschaft und Kooperation. In: Beudels, Wolfgang, Kleinz, Nicola, Schönrade, Silke(Hrsg.): Bildungsbuch Kindergarten. Erziehen, Bilden und Fördern im Elementarbereich. Basel: Borgmann.

Strehmel, Petra (2015). Leitungsfunktion in Kindertageseinrichtungen. Aufgabenprofile, notwendige Qualifikationen und Zeitkontingente In: Viernickel, Susanne, Fuchs-Rechlin, Kirsten et al. Qualität für alle. Wissenschaftlich begründete Standards für die Kindertagesbetreuung. Freiburg im Breisgau: Herder. S. 131-252.

Systemische Gesellschaft (o.J.). Was ist systemisch? In: Internetportal der Systemischen Gesellschaft. Einsehbar unter: http://systemische-gesellschaft.de/ systemischer-ansatz/was-ist-systemisch/. (Zugriff: 30.06.2015).

Tenorth, Heinz-Elmar (2006): Professionalität im Lehrerberuf. Ratlosigkeit der Theorie, gelingende Praxis. In: Zeitschrift für Erziehungswissenschaft 9, S. 580-597.

Tenorth, Heinz-Elmar und Tippelt, Rudolf (2007) (Hrsg.): Lexikon Pädagogik. Weinheim und Basel: Beltz.

Terhart, Ewald (1992): Lehrerberuf und Professionalität. In: Dewe, Bernd/Ferchhoff, Wilfried/Radtke, Frank-Olaf (Hrsg.): Erziehen als Profession. Zur Logik profesionellen Handelns in pädagogischen Feldern. Wiesbaden: Springer, S. 103-131.

Thiersch, Hans (2006): Die Erfahrung der Wirklichkeit: Perspektiven einer alltagsorientierten Sozialpädagogik (Edition Sozialer Arbeit). Weinheim: Juventa.

Thiersch, Hans (2014): Zur sozialpädagogischen Haltung. Vortrag am 09.04.2014 anlässlich des Fachtages des AKKA: http://www.hans-thiersch.de/Hans-Thiersch.de/Veroeffentlichungen_files/Haltung--Endfassung.pdf (Zugriff: 19.06.2015)

Thiersch, Hans und Renate (2000): Sozialraumorientierung und Stadtteilbezug. Alte und neue Herausforderungen für Kindertageseinrichtungen. In: TPS. Theorie und Praxis der Sozialpädagogik: Mittendrin – Kita im Sozialraum. Ausgabe: 5/2000, S. 4-9.

Thiersch, Renate (2002): Sozialräumliche Aspekte von Bildungsprozessen – Sozialraumorientierung als Aufgabe für Kindertageseinrichtungen. In: Liegle, Ludwig, Tretow, Rainer (Hrsg.). Freiburg: Lambertus, S. 242-257.

Thole, Werner und Küster-Schapfl, Ernst-Uwe (1997): Sozialpädagogische Profis. Beruflicher Habitus, Wissen und Können von PädagogInnen in der außerschulischen Kinder- und Jugendarbeit. Opladen: Leske und Budrich.

Tietze, Wolfgang (Hrsg.) (1998): Wie gut sind unsere Kindergärten? Eine Untersuchung zur pädagogischen Qualität in deutschen Kindergärten. Neuwied: Luchterhand.

Tietze, Wolfgang, Becker-Stoll, Fabienne et al. (2013). NUBBEK. Nationale Untersuchung zur Bildung, Betreuung und Erziehung in der frühen Kindheit. Weimar/Berlin: Verlag das netz.

Tietze, Wolfgang, Rossbach, Hans-Günther und Grenner, Katja (2005): Kinder von 4 bis 8 Jahren. Zur Qualität der Erziehung und Bildung in Kindergarten, Grundschule und Familie. Weinheim: Beltz.

Tschöpe-Scheffler, Sigrid (Hrsg.) (2014): Gute Zusammenarbeit mit Eltern in Kitas, Familienzentren und Jugendhilfe. Qualitätsfragen, pädagogische Haltung und Umsetzung. Opladen/Berlin/Toronto: Verlag Barbara Budrich.

Viernickel, Susanne (2009): Beobachtung und Erziehungspartnerschaft. Berlin: Cornelsen.

Viernickel, Susanne und Fuchs-Rechlin, Kirsten (2015). Expertise. Fachkraft-Kind-Relationen und Gruppengrößen in Kindertageseinrichtungen. In: dies. et al. Qualität für alle. Wissenschaftlich begründete Standards für die Kindertagesbetreuung. Freiburg im Breisgau: Herder. S. 11-130.

Walgenbach, Peter (2006). Qualitätsmanagement [Artikel]. In: Wirtschaftslexikon. Stuttgart: Schäffer-Poeschel. Band 9. S. 4889-4897.

Wenzel, Joachim (2012). Die Systemtheorie. In: Portal systemische Theorie und Praxis: www.systemische-Beratung.de. (Zugriff: 02.07.2015).

Wildfeuer, Armin (2008): Eine Frage der Haltung. Ankerpunkte für professionelles Handeln in der Arbeit mit Menschen: http://jugendpastoral.erzbistum-koeln.de/ex port/sites/jugendpastoral/religio_altenberg/Galerie/Downloads/Vortragstext_Wil dfeuer_-_Religio_Altenberg.pdf (Zugriff: 19.06.2015)

Winkler, Michael (2011): Haltung bewahren - sozialpädagogisches Handeln unter Unsicherheitsbedingungen. In: Düring, Diana und Krause, Hans-Ullrich (Hrsg.): Pädagogische Kunst und professionelle Haltung. Frankfurt/M.: IGfH-Eigenverlag, S. 14-34.

Wolff, Reinhart (2008): Erziehungs- und Bildungspartnerschaft in der Frühpädagogik. In: von Balluseck, Hilde (Hrsg.) (2011): Professionalisierung der Frühpädagogik. Opladen: Budrich, S 189-194.

Verzeichnis der Autor_innen

Frink, Monika, **Prof. Dr.**, Diplom-Pädagogin, Diplom-Theologin, lehrt und forscht an der Hochschule Koblenz zu Theorien und Geschichte der Bildung und Erziehung, Ethik und Bildung sowie Pädagogischer Professionalität.

Herzog, Sylvia, Bachelor of Arts „Bildungs- und Sozialmanagement", Dipl. Sozialpädagogin (FH), Qualitäts-Assessorin (EFQM), wissenschaftliche Mitarbeiterin im Projekt Kita!Plus: „Qualitätsentwicklung im Diskurs" an der Hochschule Koblenz. Sie leitete fast zwei Jahrzehnte eine mit dem „Deutschen Arbeitgeberpreis für frühkindliche Bildung 2010" ausgezeichnete Konsultations-Kindertagesstätte des Landes RLP mit dem Schwerpunkt „Inklusion/Integration von Kindern U3 in Kindertageseinrichtungen". Lehrauftrag an der HS Koblenz und langjährige Erfahrungen in der Fort- und Weiterbildung für pädagogische Fachkräfte. Trägerin des „Carl Link Bachelor Award" (2008).

Kaiser-Hylla, Catherine, Dr., Diplom-Psychologin lehrt an der Hochschule Koblenz im Fachbereich Sozialwissenschaften mit dem Schwerpunkt Psychologie in der Sozialen Arbeit, wissenschaftliche Mitarbeitern im Forschungsprojekt Kita!Plus „Qualitätsentwicklung im Diskurs" an der Hochschule Koblenz.

Patton, Michael Quinn is an independent evaluation consultant with more than 40 years of experience. He is former President of the American Evaluation Association (AEA). IIe has authored six evaluation books including Developmental Evaluation: Applying Complexity Concepts to Enhance Innovation and Use (2011), a 4th edition of Qualitative Research and Evaluation Methods (2015), and Essentials of Utilization-Focused Evaluation (2012). He is recipient of the Alva and Gunnar Myrdal Award for "outstanding contributions to evaluation use and practice" and the Paul F. Lazarsfeld Award for lifetime contributions to evaluation theory, both from AEA. Michael is based in Minnesota, USA.

Pohlmann, Ulrike, M.A. Erziehungswissenschaft, B.A. Bildungs- und Sozialmanagement, Erzieherin, wissenschaftliche Mitarbeiterin im Forschungsprojekt Kita!Plus „Qualitätsentwicklung im Diskurs" an der Hochschule Koblenz.

Roth, Xenia, Diplom-Psychologin, Diplom-Theologin (kath.). Referatsleiterin „Kindertagesbetreuung" und stellvertretende Abteilungsleitern „Kinder und Jugend" im Ministerium für Integration, Familie, Kinder, Jugend und Frauen des Landes Rheinland-Pfalz.

Schneider, Armin, Prof. Dr., Sozialarbeiter, Diplom-Pädagoge, Berater für Organisations- und Personalentwicklung, lehrt und forscht an der Hochschule Koblenz zu den Bereichen Forschung, Management und Leadership. Leiter des Institutes für Forschung und Weiterbildung an der Hochschule Koblenz, wissenschaftlicher Leiter des Forschungsprojektes Kita!Plus „Qualitätsentwicklung im Diskurs".

Anhang

Leitfaden für die Gruppendiskussionen

Kita!Plus, Säule 3, Leitfaden für Gruppengespräch

Begrüßung/Einführung: **5 min.**

- _Dank_ und _Vorstellung_ eigene Person **und persönlicher Bezug zum Thema** (Erzieherin, Studium Koblenz)
- _Anlass:_ Thema des Projektes (MIFKJF, BEE, QE), Hinweis Homepage (www.kita.rlp.de)
- _Freiwilligkeit,_ Aufzeichnung, _Datenschutz_/Vertraulichkeit , Datenschutzerklärung

  -PAUSE-

- _Gesamtdauer_ ankündigen(ca. 60-75 min.)
- _Methode_ vorstellen: Gruppengespräch
- _Regeln:_ Erläuterung der Gesprächsregeln
  (1 Person spricht, persönliche Erfahrungen u. Ansichten im Zentrum, ihre Erfahrungen in Kita u. Sozialraum, keine richtigen oder falschen Antworten, ihre

---

"warm-up", Vorstellungsrunde der Teilnehmer/innen: **5-10 min.**

Bezug zur Kita/Rolle

(Eltern: Anzahl Kinder, deren Alter; Fachkräfte: Arbeitsbereich;

Sonstige: Bezug zur Kita, Arbeitsbereich)

Einstiegsfrage: (Poster) **10 min.**

1.Integration von Eltern/Familien und Sozialraum in den pädagogischen Alltag/in pädagogische Prozesse

Schildern Sie bitte aus Ihrer persönlichen Sicht typische Situationen, in denen Sie in den pädagogischen Alltag/päd. Prozesse eingebunden sind bzw. Eltern und Familien einbinden.

Eltern: **Wie können Sie sich im Alltag einbringen? Wie bringen Sie sich gerne ein?**

Fachkräfte: **Beschreiben Sie Situationen, in denen die Eltern sich in den Alltag einbringen können. Was wirkt? Wie integrieren Sie den Sozialraum in päd. Prozesse?**

Nachhaken: QEK, Anlässe, Veränderungen früher-heute

Aufrechterhaltungsfragen:

Bsp: Eltern als Experten bei Projekten

Können Sie das noch näher beschreiben?

Wie ist das für Sie?

Ihre persönliche Einschätzung?

Haben Sie noch Ergänzungen?

197

HOCHSCHULE
KOBLENZ
UNIVERSITY OF APPLIED SCIENCES
■ RheinMoselCampus
INSTITUT
FÜR FORSCHUNG
UND WEITERBILDUNG

Hauptteil, Themenblock:

*2. Eltern, Familie und Sozialraum und die Haltung
pädagogischer Fachkräfte*   **10 min.**

In Interviews wurde die Bedeutung der Haltung der päd.
FK deutlich.

**Wie zeigt sich Eltern-, Familien- und
Sozialraumorientierung in der Haltung
pädagogischer Fachkräfte?**

Eltern: Woran machen Sie diese fest?

Fachkräfte: Wie können Sie etwas verändern?

                    Ihr Bild von Familie, eigene Biografie

Bezug QEK:

Wie ist Ihr QEK in den Alltag integriert? Inwieweit nutzen
Sie Methoden Ihres QEK? Methodische Unterstützung
z.B. durch Selbstreflexion/ Bild von Eltern und Familie?

Aufrechterhaltungsfragen:

Können Sie das noch näher
beschreiben?

Wie ist das für Sie?

Welche Methoden Ihres QEK bieten
Ihnen Unterstützung?

Haben Sie noch Ergänzungen?

Hauptteil, Themenblock:

*3. Stärkung der Erfassung elterlicher Bedürfnisse und
ihrer Erziehungskompetenz*

*Einflüsse auf die Entwicklung der Kinder sowie
Rückwirkungen in den Sozialraum?*   **10 min.**

**Eltern: Können Sie Situationen beschreiben, wo Sie
es gut fanden, von den Erzieherinnen angesprochen
und unterstützt zu werden?**

**Fachkräfte: Können Sie Situationen beschreiben,
die Ihnen geholfen haben, mit Eltern in Kontakt zu
kommen und ihre Bedürfnisse zu erfassen?**

**Welchen Tipp würden Sie einer anderen Einrichtung
für die Umsetzung der an EFS orientierten Arbeit
geben?**

Welche Kontakte funktionieren gut? Und warum?

Sind aus Ihrer Sicht Rückwirkungen im Sozialraum
erkennbar?

Aufrechterhaltungsfragen:

Welche positiven Erfahrungen haben
Sie gemacht?

Was brauchen Sie noch?

Haben Sie noch Ergänzungen?

Hauptteil, Themenblock:

4. Qualität der EFS-Orientierung

„Es geht uns um Qualität..."   **10 min.**

<u>Fachkräfte</u>: Inwieweit spielen Ihre Konzeption, die

BEE, QE und Ihr QEK <u>im Alltag</u> eine

Rolle?

Was ist aus Ihrer Sicht bei der <u>Umsetzung</u> der BEE,

QE und Ihres QEK hilfreich oder auch nicht hilfreich?

Aufrechterhaltungsfragen:

Worauf sind Sie stolz?

Welche positiven Erfahrungen haben
Sie gemacht?

Was brauchen Sie noch?

Haben Sie noch Ergänzungen?

<u>Leitung:</u> **Wie bringen sie die wesentlichen**
Inhalte Ihres QEK, der BEE und QE mit
Ihrem Team in den Alltag ein?

Was ist Ihnen bei neuen
Teammitgliedern wichtig?

<u>Eltern:</u> **Kennen Sie die Konzeption der Kita, die**

BEE und die QE von RLP?

Gesprächsabschluss: **10 min.**

5. "Kitas, in denen an Eltern, Familien und Sozialraum orientiert gearbeitet wird"

Was sind aus Ihrer persönlichen Perspektive die wichtigsten *Maßnahmen* hierfür, die

Sie *Entscheidungsträgern* vorschlagen würden?

Vielen Dank!

Transkriptionsregeln
(in Anlehnung an Kuckartz, 2014: 38ff.)

- wörtliche Transkription, nicht lautsprachlich oder zusammenfassend, vorhandene Dialekte in Hochdeutsch übersetzen.
- Sprache und Interpunktion werden an das Schriftdeutsch angenähert.
- Alle Angaben, die einen Rückschluss auf eine befragte Person erlauben, werden anonymisiert.
- Der Buchstabe bezieht sich auf die Funktion der Person (z.B. KL = Kitaleitung, I = InterviewleiterIn, FK = Fachkraft) anhand der Zahlen werden die Personen mit derselben Funktion durchnummeriert. Gruppendiskussion 1 hat demnach KL1 usw., siehe Kodierungstabelle.
- Alle Namen, die genannt werden, werden anonymisiert durch [nennt Name des Erziehers], [nennt Name des Kindes] etc.
- Namen der Kitas [nennt Name der Kita], der Stadt [nennt Name der Stadt], des Trägers [nennt Name des Trägers] werden ebenfalls entsprechend anonymisiert.
- Wenn die befragte Person jemand Drittes zitiert, mit Doppelpunkt arbeiten, z.B.:
- Da müssen wir gucken: wen wollen wir erreichen, mit welchem Thema wollen wir wen ansprechen, was interessiert auch gerade?
- Längere Pausen werden durch Auslassungspunkte markiert […].
- Besonders betonte Begriffe werden durch Unterstreichungen gekennzeichnet.
- Sehr lautes Sprechen durch Schreiben in GROSSSCHRIFT kenntlich machen.
- Zustimmende bzw. bestätigende Lautäußerungen der Interviewer werden nicht mit transkribiert, sofern sie den Redefluss der befragten Person nicht unterbrechen.
- Einwürfe der jeweils anderen Person werden in Klammern gesetzt, z.B. [OK, wie war das?].
- Lautäußerungen wie z.B. husten oder lachen werden durch [hustet] oder [lacht] dargestellt.
- Jeder Sprecherwechsel wird durch zweimaliges Drücken der Enter-Taste (Leerzeile) zwischen den Sprechern deutlich gemacht, um die Lesbarkeit zu erhöhen.
- Störungen unter Angabe der Ursache in Klammern notieren, z.B. [Handy klingelt] bzw. wenn eine dritte Person das Gespräch unterbricht, muss diese Unterhaltung nicht mitgeschrieben werden, son-

dern durch [Unterbrechung durch dritte Person] gekennzeichnet sein.

- Zitationen dritter Personen werden in Anführungszeichen gesetzt:
- Da hat die Mutter zu mir gesagt „Seitdem die regelmäßigen Gespräche stattfinden".
- Unverständliche Wörter werden durch [unv.] kenntlich gemacht.
- Die Zahlen Eins bis Dreizehn werden ausgeschrieben, außer bei Uhrzeiten.
- Gängige Formen wie bzw., etc., z.T. und Ähnliches werden abgekürzt.

Theorie, Forschung und Paxis
der Sozialen Arbeit